FOTOedição

FOTOedição
O Guia Essencial de pós-Produção com
Photoshop Lightroom e Adobe Camera Raw

Autor: Joel Santos
Editor: Centro Atlântico
Colecção: Tecnologias
Revisão: Centro Atlântico
Fotografia: Joel Santos
Capa e paginação: António J. Pedro
Imagens de capa, contracapa e interior do livro: © Joel Santos

Impressão e acabamento: Papelmunde, SMG, Lda.

1ª edição: Novembro de 2012
2ª edição: Janeiro de 2013
ISBN: 978-989-615-180-5
Depósito Legal: 351032/12

Centro Atlântico, Lda.
Ap. 413
4760-056 V. N. Famalicão, Portugal
Tel. 808 20 22 21

geral@centroatlantico.pt
www.centroatlantico.pt

RESERVADOS TODOS OS DIREITOS POR CENTRO ATLÂNTICO, LDA.
Qualquer transmissão ou reprodução, incluindo fotocópia, só pode ser feita com autorização expressa dos editores da obra.

Marcas registadas: Todos os termos mencionados neste livro conhecidos como sendo marcas registadas de produtos e serviços foram apropriadamente capitalizados. A utilização de um termo neste livro não deve ser encarada como afectando a validade de alguma marca registada de produto ou serviço. O Editor e o Autor não se responsabilizam por possíveis danos morais ou físicos causados pelas instruções contidas no livro nem por endereços Internet que não correspondam aos sítios pretendidos.

Este livro é uma publicação independente, não filiada em nenhuma das empresas com produtos/serviços referidos neste livro nem endossada ou patrocinada pela Adobe Systems Incorporated, editora do Adobe Photoshop CS6 e do Adobe Photoshop Lightroom.
Adobe, Lightroom e Photoshop são *trademarks* ou marcas registadas pela Adobe Systems Incorporated nos EUA e/ou noutros países.

Nota de privacidade (relativa ao envio dos ficheiros referidos ao longo do livro): O leitor consente, de forma expressa, a incorporação e o tratamento dos seus dados nos ficheiros automatizados da responsabilidade do Centro Atlântico, para os fins comerciais e operativos do mesmo. O leitor fica igualmente informado sobre a possibilidade de exercer os direitos de acesso, rectificação e cancelamento dos seus dados nos termos estabelecidos na legislação vigente, junto do Centro Atlântico, por qualquer meio escrito.

Joel Santos
FOTOedição

O GUIA ESSENCIAL DE PÓS-PRODUÇÃO COM
PHOTOSHOP LIGHTROOM E **ADOBE CAMERA RAW**

Dedicatória

Este livro é dedicado a todos os leitores, não só deste **FOTOedição**, mas dos recentemente editados **FOTOgrafia, FOTOpad** e **ÍNDIA – A Cor do Contraste**. A forma fantástica como receberam, leram, comentaram e partilharam esses livros merece o meu mais profundo e sincero agradecimento. A fotografia é a minha paixão, e foi com essa mesma paixão que escrevi cada linha e seleccionei cada imagem, sempre movido pelo genuíno gosto por partilhar conhecimentos e experiências. Este livro é vosso e faço votos de que seja um precioso companheiro fotográfico.

Um muito especial agradecimento à minha editora, Centro Atlântico, concretamente ao editor, Libório Manuel Silva, pela aposta continuada e reforçada no meu trabalho como fotógrafo e autor. A mútua paixão pela fotografia, a defesa incondicional de um trabalho rigoroso e o desejo de fazer sempre melhor são os pilares desta colecção sobre fotografia e do fantástico trabalho de equipa envolvido.

À minha família agradeço o incondicional apoio e o facto de estarem presentes em todos os momentos fulcrais. Nem uma centena de páginas chegaria para expressar o quão importante, único e insubstituível cada um de vocês é. É um privilégio fazer parte da vossa vida.

Termino agradecendo a todos os meus verdadeiros amigos, não só aos que me acompanham desde a infância, mas também a todos os que conheci graças à fotografia, em Portugal e pelo mundo. As vossas palavras, gestos e acções têm um valor incalculável.

«FAZER FOTOGRAFIAS
SIGNIFICA SABOREAR
A VIDA INTENSAMENTE,
A CADA CENTÉSIMO
DE SEGUNDO.»

Marc Riboud

Índice

Introdução — 11
Sobre este livro — 13
Sobre a edição de imagem — 15

Os programas de edição de imagem — 19
Adobe Photoshop Lightroom (Lr) — 21
Módulos de trabalho (Library, Develop, Map, Book, Slideshow, Print e Web) — 21
Painéis e barras de trabalho — 29
Adobe Camera Raw (ACR) — 33
Adobe Photoshop CS (Ps) — 35

Importação de imagens — 39

Gestão das imagens importadas — 51
Localização e organização das imagens — 53
Catálogo (Catalog) — 54
Pastas (Folders) — 54
Colecções (Collections) — 56
Modos de exibição das imagens — 57
Grade (Grid) — 58
Lupa (Loupe) — 59
Comparação X/Y (Compare) — 59
Pesquisa (Survey) — 60
Categorização das imagens — 61
Sinalização (Flags) — 62
Avaliação (Rating) — 63
Rótulos de cor (Color label) — 63
Descrição das imagens — 64
Coordenadas de GPS e data/hora de registo (EXIF) — 65
Metadados (Metadata – IPTC) — 66
Palavras-chave (Keywording) — 66
Pesquisa de imagens — 68
Filtros de pequisa (Filter) — 69
Barra de pesquisa (Find) — 69

Edição de imagem
O essencial — 71

Modos de processamento (Process)	73
Reenquadrar e alinhar a imagem	75
Reenquadrar a imagem (Crop)	76
Alinhar a imagem (Straighten)	79
Perfis de ajuste da câmara fotográfica (Camera Profiles)	82
Ajuste do equilíbrio de brancos (White Balance)	84
BÁSICO	85
Equilíbrio de brancos (Auto)	85
Equilíbrio de brancos (Predefinições)	86
AVANÇADO	87
Equilíbrio de brancos (Temp e Tint)	87
Equilíbrio de brancos (Pipeta selectora)	88
Ajuste da exposição	91
ANÁLISE DA EXPOSIÇÃO	92
Histograma (Histogram)	92
Avisos de sub/sobreexposição (Shadow/Highlight Clipping)	95
BÁSICO	97
Ajuste automático da exposição (Auto)	97
Exposição (Exposure)	98
Contraste (Contrast)	103
Realces (Highlights)	105
Sombras (Shadows)	109
Whites (Brancos)	113
Pretos (Blacks)	118

AVANÇADO	125
Curva de tons (Tone Curve)	125
Filtros em gradiente (Graduated filtre) – ajuste da exposição	137
Pincéis de ajuste (Adjustment Brush) – ajuste da exposição	145
Ajuste das cores	153
BÁSICO	153
Saturação (Saturation)	154
Vibração (Vibrance)	156
AVANÇADO	158
Matiz, Saturação e Luminância (Hue, Saturation, Luminance – HSL)	158
Matiz (Hue)	160
Saturação (Saturation)	161
Luminância (Luminance)	163
Uso conjunto das opções Hue, Saturation e Luminance	165
Filtros em gradiente (Graduated Filtre) – Ajuste da Saturação (Saturation), Correcção de dominantes de cor (Color) e Ajuste do Equilíbrio de Brancos (Temp e Tint)	167
Pincéis de ajuste (Adjustment Brush) – Ajuste da Saturação (Saturation), Correcção de dominantes de cor (Color) e Ajuste do Equilíbrio de Brancos (Temp e Tint)	170
Ajuste da nitidez	173
BÁSICO	174
Aumento da nitidez – Quantidade (Sharpening – Amount)	175
Aumento da nitidez – Raio (Sharpening – Radius)	178

AVANÇADO	181
Controlo da nitidez – Detalhe (Sharpening – Detail)	181
Controlo da nitidez – Máscara (Sharpening – Masking)	184
Pincéis de ajuste (Adjustment Brush)	
– Ajuste da Nitidez (Sharpness)	190
Filtros em gradiente (Graduated Filtre)	
– Ajuste da Nitidez (Sharpness)	193
Claridade (Clarity)	197
Redução do ruído digital	202
Redução de ruído (Noise Reduction)	203
Pincéis de ajuste (Adjustment Brush)	
– Redução de Ruído (Noise)	210
Correcção de elementos indesejados	212
Remoção de manchas (Spot Removal)	213
Correcção de problemas ópticos	219
BÁSICO	221
Perfis de correcção (Lens Corrections – Profile)	221
AVANÇADO	223
Aberrações cromáticas e franjas de cor (Lens Corrections – Color)	224
Pincéis de ajuste (Adjustment Brush) – Eliminação das franjas de cor (Defringe)	228
Correcção das distorções (Lens Corrections – Transform – Distortion)	230
Correcção de perspectiva (Lens Corrections – Transform – Vertical/Horizontal)	233
Correcção da vinhetagem (Lens Corrections – Lens Vignetting e Effects – Post-Crop Vignetting)	237
Correcção do padrão Moiré	241
Pincéis de ajuste (Adjustment Brush) e Filtros em Gradiente (Graduated Filtre) – Correcção do Padrão Moiré (Moiré)	242
Correcção do efeito de olhos vermelhos	245
Correcção do efeito de 'olhos vermelhos' (Red Eye Correction)	246
Preto-e-branco	248
Imagem monocromática através de uma dessaturação (Saturation)	249
Preto-e-branco (Black & White) e Grão (Grain)	255
Preto-e-branco (Black & White) e Tonalização Dividida (Split Toning)	261
Avaliação dos resultados	265
Antes/Depois (Before/After)	265
Editar imagens no Adobe Photoshop CS	269

Recursos de produtividade 277

Histórico (History)	279
Instantâneos (Snapshots)	282
Predefinições (Presets)	285
Importação de imagens com ajustes predefinidos	289
Cópia virtual (Virtual copy)	292
Sincronização de ajustes (Synchronize)	296
Gravação de metadados para o ficheiro de imagem	299
Optimizar e fazer cópias de segurança do catálogo (Optimize catalog e backup)	302
Envio de imagens por e-mail	304

Exportação/gravação das imagens 309

Exportação de imagens no Lr 311
Online 314
Arquivo 317
Impressão 319
Exportação de imagens no ACR através do Ps 322

Importação e exportação do catálogo 325

Exportação do catálogo 327
Importação do catálogo 330

Caso prático 335

Anexo 351

Particularidades dos formatos RAW, JPEG e DNG, analisadas em função das especificidades da exposição digital 352
Como é processada a informação: RAW vs JPEG 353
Preservação da informação registada: RAW vs JPEG 354
Redefinição das configurações originais: RAW vs JPEG 355
Quantidade de tons/informação: RAW vs JPEG 355
As especificidades da exposição digital 356
A validade do formato JPEG 357
Uma palavra final: o formato DNG 358

ICONOGRAFIA

Dica de edição

Dica fotográfica

Passo a passo

Evolução do histograma

Atalho de teclado

Ferramenta ou ajuste parecido no Ps

Ferramenta ou ajuste igual no ACR

Introdução

Sobre este livro	13
Sobre a edição de imagem	15

Deserto do Thar, Jaiselmer, Índia.
Canon EOS 7D
1/1600 sec; f/7.1; ISO 400
Dist focal: 121 mm

Introdução

Este livro foi escrito de raiz para ir de encontro às necessidades de todos os apaixonados por fotografia, fornecendo o conhecimento essencial sobre os programas Adobe Photoshop Lightroom e Adobe Camera Raw para que o leitor possa extrair o máximo potencial das suas imagens na fase de pós-produção, aumentando a eficiência do seu fluxo de trabalho e potenciando a sua criatividade.

Para tal, a cada página, poderão ser encontrados exemplos estimulantes e casos práticos que visam resolver as questões fotograficamente pertinentes, nomeadamente ao nível do ajuste global ou localizado da exposição, das cores, da nitidez, do ruído digital, dos problemas ópticos, entre muitos outros aspectos. Adicionalmente, tanto num grau essencial como avançado, serão partilhadas diversas dicas fotográficas e de pós-produção, numa verdadeira interligação entre a fase de registo da fotografia e a fase de edição digital de imagem.

Para cumprir estes desígnios, o autor recorreu a uma linguagem acessível, mas intencionalmente rica em conhecimento, aprofundando os assuntos que reconhecidamente tornarão o leitor num fotógrafo mais completo, quer no terreno, quer em frente ao computador. Paralelamente, serão explorados temas e conceitos que, regra geral, se encontram pouco desenvolvidos na literatura da especialidade – assim, a pretexto das várias ferramentas e ajustes de pós-produção, serão transmitidas noções sobre histogramas, curvas de tons, diferentes tipos de contraste, fenómenos ópticos, tipologias de ruído digital, preto-e-branco, formatos de ficheiro de imagem, especificidades da exposição digital, entre outros assuntos que o leitor poderá desbravar de uma forma original e intuitiva.

Em suma, uma fotografia jamais estará terminada quando o botão do obturador é premido. É precisamente a partir desse momento que surge uma nova e empolgante fase do processo criativo, aquela em que se 'revelarão' todas as potencialidades de uma imagem, concretizando um mundo de oportunidades que se encontra ao alcance do leitor à medida que for virando cada página deste livro. E, neste processo, existe apenas um verdadeiro risco: ficar ainda mais apaixonado por fotografia.

Sobre este livro

Tendo como base os programas Adobe Photoshop Lightroom (Lr, de forma abreviada) e o *plugin* Adobe Camera Raw (ACR, de forma abreviada), este livro pretende ser uma ferramenta prática e intuitiva, visando ajudar o leitor nas principais questões relacionadas com a pós-produção de imagens digitais, sem esquecer a ligação existente com o momento do registo da fotografia.

Para a concretização deste objectivo, o autor regeu-se por alguns princípios orientadores, nomeadamente os seguintes:

- **EDIÇÃO DIGITAL DE IMAGEM** — este é o tema central do livro, especificamente na vertente de pós-produção, com o intuito de 'revelar' o máximo potencial de uma fotografia através das ferramentas e ajustes disponibilizados pelo Lr e ACR.
- **PÓS-PRODUÇÃO COMO PARTE INTEGRANTE DO PROCESSO FOTOGRÁFICO** — serão frequentes as relações estabelecidas entre o acto de fotografar e a fase de pós-produção, disponibilizando informações, técnicas e dicas que permitirão atingir melhores resultados no terreno e, consequentemente, em frente ao computador.
- **ORDENAÇÃO LÓGICA DO FLUXO DE TRABALHO E AGRUPAMENTO TEMÁTICO DAS FERRAMENTAS** — a sequência dos assuntos abordados neste livro não ficou refém da ordem pela qual as ferramentas surgem na interface dos programas. Acima de tudo, serão abordadas as melhores ferramentas para resolver uma determinada questão de pós-produção, apresentando-as pela ordem considerada relevante. Esta metodologia pretende simplificar a experiência de leitura e melhorar a subsequente aplicação prática dos conhecimentos.
- **APRENDIZAGEM PROGRESSIVA** — sempre que justificável será feita uma divisão entre ajustes básicos e avançados, para que a familiarização com as diferentes ferramentas seja fácil, progressiva e independente da experiência inicial do utilizador.

[1] Para conhecer bem as diferenças entre o formato JPEG e RAW, em particular no que diz respeito à exposição digital e respectivas consequências ao nível da edição de imagem, é fortemente recomendada a leitura do anexo **Particularidades dos formatos RAW, JPEG e DNG, analisadas em função das especificidades da exposição digital**, p. 351.

- **OBTENÇÃO DOS MELHORES RESULTADOS** — apesar de os programas visados neste livro trabalharem com ficheiros de imagem em JPEG ou RAW, apenas o formato RAW permite explorar o verdadeiro potencial de uma fotografia[1]. Por esta razão, todos os exemplos serão baseados em imagens registadas no formato RAW, para que o leitor possa ter uma percepção clara e abrangente dos resultados que pode esperar obter — e, até, ultrapassá-los.
- **CASOS REAIS** — todos os exemplos partilhados neste livro resultam de casos reais relacionados com o trabalho do autor, bem como da compilação das questões e dificuldades sentidas pelos seus formandos durante os cursos sobre edição de imagem. Espera-se, assim, que esta obra trate das questões que realmente importam e que farão a diferença na experiência prática do leitor.
- **MAIS DO QUE UM LIVRO TÉCNICO** — este livro não se quedará pela mera exposição das ferramentas oferecidas pelos programas. Por exemplo, no caso dos histogramas e das curvas de tons, temas fotográficos muitas vezes descartados pela sua aparente complexidade, estes serão progressiva e paralelamente explicados, fazendo uso de exemplos intuitivos e sempre a pretexto do uso prático das ferramentas.
- **PAIXÃO PELA FOTOGRAFIA** — um dos principais desígnios deste livro será estimular ainda mais a paixão do leitor pela fotografia. Para tal, irá recorrer a exemplos estimulantes e a uma linguagem clara, para que a única preocupação seja o desfrutar das muitas oportunidades criativas que estão à espera do leitor.

Legenda: O autor registou todas as fotografias e editou todas as imagens presentes neste livro, sendo essa experiência real, multifacetada e integrada que ficará patente em todos os exemplos criados ao longo dos vários capítulos, transmitindo conhecimentos essenciais e efectivamente úteis ao leitor. Os dados técnicos relativos às variáveis da exposição (abertura, velocidade e sensibilidade ISO) estarão muitas vezes presentes nas capturas de ecrã partilhadas, como acontece nesta imagem, imediatamente abaixo do histograma.

Sobre a edição de imagem

No momento em que uma fotografia é feita e a exposição ocorre, parte da sua natureza técnica e estética fica determinada, sendo com base nesse 'negativo digital' que todo o trabalho de pós-produção irá assentar, melhorando e explorando as características originais de uma imagem. E é nessa fase que todo um novo mundo de oportunidades entusiasmantes é criado, começando o processo de 'revelação' da fotografia.

Neste contexto, para tornar mais claro o que se entende por edição de imagem e perceber qual é a sua verdadeira relevância, existem três aspectos que merecem uma breve reflexão:

1. A edição de imagem não é precisa ou deve ser evitada?

Por melhor fotógrafo que se possa ser, todas as imagens precisam de ser 'reveladas', mesmo que minimamente, para se conseguir explorar o seu potencial. Tanto assim é que, quando se fotografa definindo o formato JPEG, todas as imagens são, de forma automática, processadas internamente pela câmara, sofrendo ajustes de contraste, saturação e nitidez, já para não falar nas correcções de cor aplicadas pelo equilíbrio de brancos e/ou pelos perfis específicos de cada câmara[2]. Ao fotografar no formato RAW, muitos destes ajustes não serão aplicados pela câmara, transitando essa tarefa para o fotógrafo, que a poderá realizar com muito mais discernimento e em função dos seus objectivos técnicos e estéticos. Em suma, a edição de imagem é uma parte integrante da fotografia – sempre foi, antes na câmara escura, hoje na câmara clara que é o computador –, sendo a extensão lógica do processo criativo e da forma como o fotógrafo pretende transmitir uma mensagem através de uma imagem.

[2] Ver **Camera Profiles**, p. 82.

2. Os programas de edição de imagem eliminam a necessidade de se obter a melhor fotografia possível no terreno?

Como se constatará ao longo deste livro, as ferramentas de edição de imagem abordadas têm capacidades extraordinárias e, por vezes, inesperadas. Todavia, estas não devem ser vistas como uma forma de 'resolver' problemas, mas sim como um meio de 'revelar' o máximo potencial de uma imagem. Isto porque, quando se abdica de obter o melhor registo fotográfico possível no terreno, está-se a prescindir de conseguir a melhor imagem em pós-produção. De facto, os programas de edição, por muito avançados que sejam, trabalham com a informação registada, estando condicionados pelas opções que o fotógrafo tomou no terreno e por aquilo que a câmara registou, nomeadamente a luz disponível, o enquadramento, o motivo, a exposição, o formato do ficheiro de imagem, entre muitos outros aspectos[3].

3. A edição de imagem e manipulação são sinónimos?

Não obstante o esforço que se possa fazer para tornar um conceito o mais claro e estanque possível, na prática as suas fronteiras são sempre permeáveis e existem áreas de indefinição, até porque o grau de subjectividade é sempre elevado – sobretudo em fotografia. É o que acontece com os termos 'edição' e 'manipulação'. Ainda assim, num sentido lato, a **edição** de imagem concentra-se essencialmente nas *técnicas fotográficas ditas tradicionais*, mas fazendo uso das ferramentas digitais actualmente existentes. Já a **manipulação** envolve uma *alteração extensiva e criativa do conteúdo original* de uma fotografia. Novamente, sem que exista um claro determinismo, a maioria das ferramentas oferecidas pelo Lr e ACR estão vocacionadas para a edição de imagem e orientadas para o fluxo de trabalho típico de um fotógrafo, razão pela qual este livro terá como orientação essa mesma abordagem, sem deixar de apelar ao uso criativo das ferramentas. Será sempre o leitor a decidir até onde deve levar o esforço de pós-produção, não sendo papel do autor influenciá-lo.

---

[3] Ver anexo **Particularidades dos formatos RAW, JPEG e DNG, analisadas em função das especificidades da exposição digital**, p. 351.

Legenda: A pós-produção é uma componente fundamental do processo fotográfico, permitindo ajustar a exposição, as cores, a nitidez, entre outros aspectos essenciais para 'revelar' o máximo potencial de uma fotografia. Ainda assim, a edição digital de imagem nunca deverá substituir ou levar a menosprezar o trabalho fotográfico no terreno, razão pela qual essas duas vertentes surgirão interligadas ao longo do livro. De facto, por exemplo, esta fotografia beneficiou da técnica de pintura com luz para iluminar as rochas no primeiro plano e de uma longa exposição que evitasse o arrastamento das estrelas no céu, duas decisões técnicas efectuadas no terreno que lançaram as bases para um processo de edição de imagem bastante simples – ajuste selectivo do equilíbrio de brancos, aumento de nitidez, correcção de aberrações cromáticas e incremento subtil do contraste, apenas algumas das técnicas que serão desbravadas no decorrer dos vários capítulos.

Os programas de edição de imagem

Adobe Photoshop Lightroom (Lr) — 21
Módulos de trabalho (Library, Develop, Map, Book, Slideshow, Print e Web) — 21
Adobe Camera Raw (ACR) — 33
Adobe Photoshop CS (Ps) — 35

Machu Picchu, Peru
Canon EOS 5D Mark III
1/8 sec; f/16; ISO 100
Dist focal: 21 mm

Os programas de edição de imagem

Este livro centra-se nos programas de edição de imagem orientados para a pós-produção de fotografia digital mais conceituados do mercado, designadamente o Adobe Photoshop Lightroom (Lr) e o *plugin* Adobe Camera Raw (ACR), sendo estabelecida, dada a sua complementaridade com estes programas, a devida relação com o Adobe Photoshop CS (Ps, de forma abreviada).

Existem diversos programas de edição de imagem disponíveis, mas o Lr (como programa independente) e o ACR (como *plugin*[1] do Ps), apresentam argumentos únicos para quem deseja trabalhar as suas fotografias ao mais elevado nível, mas de uma forma intuitiva, rápida e eficiente. Sucintamente, eis alguns dos seus pontos fortes:

- **SIMPLICIDADE DA INTERFACE** — as principais funções são alcançadas a partir de botões e, mais importante ainda, a grande maioria dos ajustes são aplicados através de ponteiros deslizantes. O recurso a menus é raro e as funções/ferramentas possuem nomes intuitivos.
- **EDIÇÃO NÃO DESTRUTIVA** — o ficheiro de imagem original nunca é alterado, sendo todos os ajustes, globais ou localizados, aplicados sobre pré-visualizações da imagem original. Qualquer ajuste é reversível, sem qualquer consequência para outros já aplicados e, claro, sem nunca afectar o ficheiro original.
- **EFICIÊNCIA E VELOCIDADE DE PROCESSOS** — ao trabalhar com base em pré-visualizações (que ocupam uma fracção do espaço dos ficheiros originais) e sendo os ajustes meras instruções (pequenos conjuntos de metadados), todas as operações são mais céleres e exigem um menor esforço de processamento.
- **SUPORTE DO FORMATO DNG** — o DNG é um formato de ficheiro RAW com vantagens inequívocas sobre aqueles que são produzidos pelas câmaras fotográficas digitais, as quais se encontram identificadas no Anexo 'Particularidades dos formatos RAW, JPEG e DNG, analisadas em função das especificidades da exposição digital'[2].

Para além destas características comuns ao Lr e ao ACR, existem outras tantas que os diferenciam, pois, afinal de contas, o primeiro é um programa independente com funções que excedem a edição de imagem propriamente dita, enquanto o ACR é um *plugin* do Ps desenvolvido especificamente para processar os ficheiros de imagem criados pelas câmaras digitais.

Os próximos subcapítulos irão caracterizar cada um destes programas, sobretudo o Lr, pois, pelas razões que serão referidas adiante, a maioria dos exemplos contidos neste livro assentarão em imagens e figuras provenientes da sua interface.

---

[1] O Adobe Camera Raw (ACR) é um *plugin*, o que significa que corre sobre outro programa que lhe serve de plataforma, neste caso o Adobe Photoshop CS (Ps). Como *plugin*, o ACR expande as capacidades de pós-produção nativas do Ps, sobretudo ao nível do processamento dos ficheiros no formato RAW produzidos pelas câmaras fotográficas digitais.

[2] Ver anexo **Particularidades dos formatos RAW, JPEG e DNG, analisadas em função das especificidades da exposição digital**, p. 351.

Adobe Photoshop Lightroom
(Lr)

O Lr foi desenvolvido tendo em consideração o fluxo de trabalho típico de um fotógrafo digital, correspondendo a necessidades que vão desde a gestão, organização, categorização, edição, georreferenciação, apresentação, impressão e partilha *online* das imagens.

Todas estas vertentes são cobertas pelas funcionalidades existentes nos seus sete módulos de trabalho, os quais funcionam como se fossem vários programas distintos, mas, neste caso, perfeitamente integrados e interligados num único programa de base – o Lr. Cada módulo apresenta painéis e barras de trabalho distintos, resultado das diferentes ferramentas e funcionalidades que são oferecidas, mas também painéis de trabalho que permanecem iguais, responsáveis pela interligação entre os diferentes módulos. São estes elementos que preenchem a interface do Lr e que a tornam, como se verá, bastante intuitiva e organizada.

Assim, de seguida, importa começar por apresentar os sete módulos de trabalho, mostrando, logo depois, os seus painéis e barras de trabalho.

 TESTE O ADOBE PHOTOSHOP LIGHTROOM (LR) GRATUITAMENTE
Uma versão de teste do Lr, com a validade de trinta dias, poderá ser obtida em *https://www.adobe.com/downloads/*

Módulos de trabalho (Library, Develop, Map, Book, Slideshow, Print e Web)

Como foi mencionado, o Lr oferece sete módulos de trabalho, cada um com o seu propósito, congregando de uma forma organizada e simples as tarefas mais recorrentes de um fotógrafo, sem nunca deixar de apresentar um elevado nível de interligação entre eles.

Para aceder aos diferentes módulos de trabalho – Library, Develop, Map, Book, Slideshow, Print e Web –, bastará clicar nos respectivos nomes no canto superior direito da interface do Lr.

Sucintamente, eis a caracterização de cada um dos módulos de trabalho do Lr.

LIBRARY (BIBLIOTECA) – Este é o módulo inicial do Lr, a partir do qual o utilizador poderá importar, gerir, visualizar, comparar, classificar, introduzir metadados e exportar os ficheiros de imagem.

Uma vez que este módulo representa a porta de entrada no Lr, quer do utilizador, quer dos ficheiros de imagem, este livro dedicar-lhe-á a merecida atenção[3].

Legenda: Módulos de trabalho presentes no painel superior da interface do Lr, em inglês e em português.

Legenda: Visão geral do módulo Library (com a designação Biblioteca, na interface em português).

[3] Ver **Importação de imagens**, p. 39, e **Gestão das imagens importadas**, p. 51.

DEVELOP (REVELAÇÃO) — Este é o módulo onde todas as ferramentas e ponteiros de ajuste dedicados à correcção, melhoramento e alteração dos ficheiros de imagem se concentram, trabalhando aspectos como a exposição, as cores, a nitidez, o ruído, os problemas ópticos, os elementos indesejados e o reenquadramento, entre muitos outros.

Uma vez que o tema central deste livro é a pós-produção, será dedicada uma atenção quase exclusiva a este módulo do Lr, o qual, como se mostrará adiante[4], apresenta uma correspondência directa com o ACR ao nível das ferramentas e ajustes oferecidos.

Assim, por uma questão de simplificação, a maioria dos exemplos serão suportados por imagens e figuras provenientes da interface do Lr, com a garantia de que qualquer passo executado no módulo Develop/Revelação do Lr poderá ser levado a cabo com resultados idênticos no ACR[5].

No entanto, visto que existem algumas diferenças entre as interfaces do módulo Develop do Lr e a do ACR, sempre que pertinente serão apresentadas imagens de ambas, para que o leitor se sinta perfeitamente contextualizado, independentemente do programa que pretenda usar.

Legenda: Visão geral do módulo Develop (com a designação Revelação, na interface em português).

[4] Ver **Adobe Camera Raw (ACR)**, p. 33.

[5] Para facilitar o recurso a informação adicional, nomeadamente a disponibilizada através da Internet, e para garantir uma uniformidade dos termos usados entre os diversos programas de edição de imagem existentes, os nomes das ferramentas aparecerão em inglês no texto e nas figuras. Porém, importa sublinhar que os exemplos serão sempre perceptíveis, mesmo por quem não se sinta confortável com o uso da língua inglesa, pois todas as ferramentas e ajustes estarão traduzidos para português, quer nas designações dos capítulos e subcapítulos, quer ao nível do seu respectivo conteúdo.

[6] Ver http://maps.google.pt

MAP (MAPA) — Este módulo permite georreferenciar as imagens, adicionando coordenadas de GPS aos seus metadados, um processo que pode ser levado a cabo manualmente ou recorrendo aos serviços de pesquisa do Google Maps[6], os quais se encontram nativamente incorporados no Lr.

No caso de a câmara fotográfica usada possuir um sistema de GPS integrado ou externo, então os ficheiros de imagem já terão as coordenadas de GPS embebidas nos seus metadados, fazendo com que as fotografias surjam automaticamente georreferenciadas e apresentadas de forma organizada directamente sobre o mapa.

Legenda: Visão geral do módulo Map (com a designação Mapa, na interface em português).

BOOK (LIVRO) — Este módulo permite paginar um livro de fotografia com base numa qualquer selecção de imagens existentes no Lr, podendo o resultado ser gravado no formato PDF ou JPEG (ideal para quando se pretende imprimir por conta própria ou disponibilizar através da Internet) ou ser directamente enviado para a Blurb, um dos serviços de impressão de álbuns fotográficos *online* mais reconhecidos do mundo.

Uma vez que as opções de paginação (estilo, dimensões e tipos de papel) e que o leque de configurações personalizadas da Blurb estão nativamente integradas no Lr, não só é possível ter uma estimativa do preço a pagar em euros, mas também proceder à encomenda, bastando possuir uma conta criada em *www.blurb.com* e uma ligação activa à Internet.

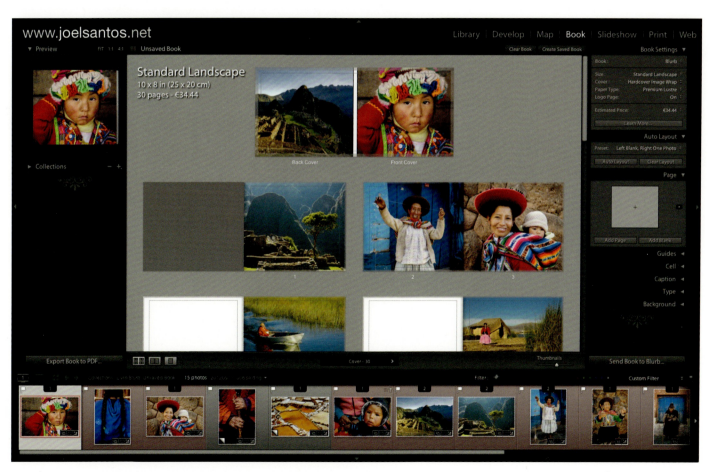

Legenda: Visão geral do módulo Book (com a designação Livro, na interface em português).

SLIDESHOW (APRESENTAÇÃO DE SLIDES) – Este módulo permite elaborar uma apresentação de slides, oferecendo múltiplas configurações personalizadas ao nível da disposição das imagens, tipos de fundo, inserção de legendas ou outras informações (sobre a exposição, equipamento, local ou coordenadas GPS, só para citar alguns exemplos), presença de uma banda sonora (no formato MP3), entre outros aspectos.

A apresentação de slides poderá ser exibida directamente na interface do Lr ou exportada para outros formatos facilmente partilháveis, designadamente sob a forma de ficheiros JPEG (um por cada slide), de um documento em PDF ou de um vídeo em MP4, sendo possível escolher diversas resoluções.

Legenda: Visão geral do módulo Slideshow (com a designação Apresentação de slides, na interface em português).

PRINT (IMPRIMIR) – Este módulo serve de plataforma para a impressão de imagens presentes no Lr, partindo do princípio de que existe uma impressora ligada ao computador de trabalho, directamente ou em rede.

As predefinições existentes são bastantes diversificadas e todas elas personalizáveis, pelo que será bastante fácil definir áreas de impressão (total, em tríptico, tipo passe, entre muitas outras), sem nunca perder o controlo total da sobre o processo de impressão (tipo de papel, qualidade de impressão, gestão de cores, aplicação de nitidez adicional, entre outros aspectos relevantes).

Legenda: Visão geral do módulo Print (com a designação Impressão, na interface em português).

WEB (WEB) – Este módulo permite a construção de páginas de Internet com galerias de fotografias, fazendo uso das tecnologias Flash ou HTML. Existem diversas predefinições que poderão ser modeladas pelo utilizador, ajustando não só o aspecto das páginas, mas também as características das imagens exibidas.

As galerias criadas poderão ser gravadas no computador, para depois serem integradas noutro programa de criação de páginas de Internet, ou enviadas directamente para um serviço de alojamento *online*, já que o Lr possui um cliente de FTP incluído nativamente.

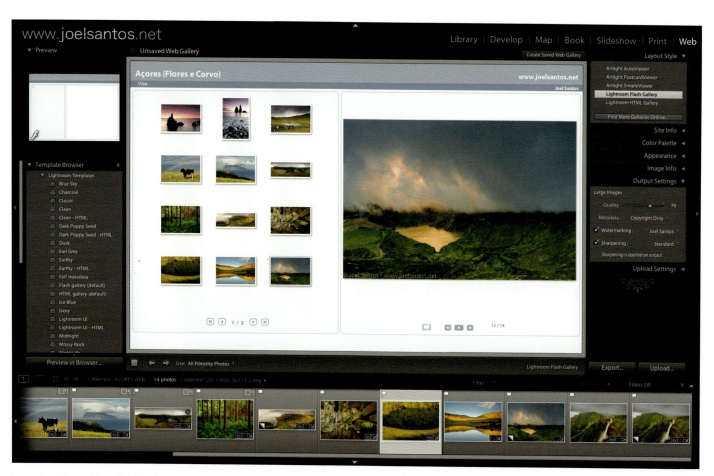

Legenda: Visão geral do módulo Web (com a mesma designação na interface em português).

Painéis e barras de trabalho

A interface do Lr é composta por quatro painéis de trabalho, os quais se encontram alojados nas suas quatro extremidades, concentrando as principais funcionalidades, ferramentas e ajustes oferecidos por este programa.

Como se pode constatar pelas imagens usadas no subcapítulo anterior, existem painéis de trabalho que permanecem constantes independentemente do módulo de trabalho activado (caso dos painéis superior e inferior), enquanto os restantes (esquerdo e direito) exibem funcionalidades e ferramentas diferentes em função do módulo de trabalho seleccionado.

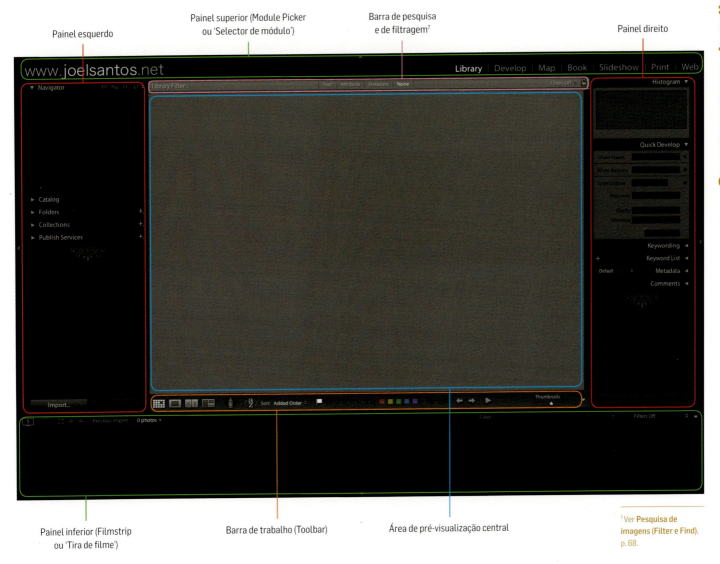

Painel esquerdo

Painel superior (Module Picker ou 'Selector de módulo')

Barra de pesquisa e de filtragem[7]

Painel direito

Barra de trabalho (Toolbar)

Área de pré-visualização central

Painel inferior (Filmstrip ou 'Tira de filme')

[7] Ver **Pesquisa de imagens (Filter e Find)**, p. 68.

Assim, começando pelo painel superior, também designado de *Module Picker*, este permite escolher um dos setes módulos de trabalho já apresentados, mostrando também uma 'placa de identificação' com o nome do programa ou outra designação escolhida pelo utilizador[8]. Já o painel inferior, também conhecido por *Filmstrip*, tem como principal objectivo exibir as miniaturas das imagens com que se está a trabalhar, mas também permite activar/desactivar os filtros de categorização das imagens[9]. Quanto aos painéis que variam de acordo com o módulo de trabalho seleccionado – o esquerdo e o direito –, estes serão descritos com maior detalhe ao longo do livro, à medida que as diversas funcionalidades, ferramentas e ajustes forem explorados, nomeadamente as oferecidas pelos módulos Library e Develop[10].

Para além dos painéis de trabalho, a interface do Lr também possui uma barra de trabalho, posicionada imediatamente acima do painel inferior, podendo ser mostrada/escondida através da tecla de atalho ⌨ 'T' ou do menu View ▸ Hide/Show Toolbar. As funções oferecidas por esta barra variam consoante o módulo de trabalho e, quando pertinente, também serão desenvolvidas ao longo do livro, sobretudo a pretexto dos módulos Library e Develop.

Legenda: Barra de trabalho do módulo Library, mostrando quatro modos de exibição (Grid/Grade, Loupe/Lupa, Compare/Comparação, Survey/Pesquisa, assinalados a vermelho) e as funções Painter/Pintor (assinalada a verde), Sort/Classificação (assinalada a azul), Flagging/Sinalização (assinalada a laranja), Rating/Avaliação (assinalada a roxo), Color Label/Rótulo de Cor (assinalada a magenta), Rotate/Girar (assinalada a castanho), Navigate/Navegar (assinalada a cinza), Slideshow/Apresentação de slides (assinalada a ciano) e Thumbnails/Tamanho da miniatura (assinalada a rosa)[11].

Legenda: Barra de trabalho do módulo Develop, mostrando os modos de exibição (Loupe/Lupa e Before-After/Antes-Depois assinalados a vermelho) e as funções Flagging/Sinalização (assinalada a laranja), Rating/Avaliação (assinalada a roxo), Color Label/Rótulo de Cor (assinalada a magenta), Navigate/Navegar (assinalada a cinza), Slideshow/Apresentação de slides (assinalada a ciano), Zoom (assinalada a verde) e Soft Proofing/Prova Virtual (assinalada a azul)[12].

---

[8] Ver dica **Modifique a Identidade Visual (Identity Plate)**, p. 32.
[9] Ver **Pesquisa de imagens (Filter e Find)**, p. 68.
[10] Importa referir que, por uma questão de simplificação, nos diversos exemplos construídos ao longo do livro, será frequente esconder um ou mais painéis de trabalho, permitindo concentrar a atenção naqueles em que os ajustes são levados a cabo ou nos quais se encontrem as funções em análise. Os painéis podem ser escondidos/mostrados carregando num ícone com a forma de um pequeno triângulo existente na extremidade de cada um deles.

[11] Ver **Categorização das imagens (Flags, Rating, Color Label)**, p. 61, **Descrição das imagens (Metadados – EXIF, IPTC, Keywording)**, p. 64, e **Pesquisa de imagens (Filter e Find)**, p. 68, onde muitas destas funções se encontram descritas.
[12] Ver **Categorização das imagens (Flags, Rating, Color Label)**, p. 61, **Descrição das imagens (Metadados – EXIF, IPTC, Keywording)**, p. 64, e **Pesquisa de imagens (Filter e Find)**, p. 68, onde uma parte destas funções se encontra descrita.

Quando se usa o Lr pela primeira vez, é possível que diversas funções da barra de trabalho estejam ocultadas ou que sejam visíveis outras que o utilizador não tenciona utilizar. Assim, em cada um dos módulos de trabalho, é possível seleccionar as funções desejadas, bastando clicar no pequeno triângulo existente na extremidade direita da barra de trabalho, como mostra a imagem seguinte.

Legenda: Clicando sobre o pequeno triângulo localizado na extremidade direita da barra de trabalho (assinalado a vermelho) será possível aceder a um menu onde se conseguem seleccionar as funções que serão exibidas pela barra de trabalho (assinaladas a azul).

 ESCONDA OS PAINÉIS DE TRABALHO

Com o objectivo de maximizar a área de pré-visualização central, muitas vezes necessário para melhor avaliar os ajustes operados nas imagens, é possível esconder/mostrar um ou mais painéis de trabalho, bastando para tal clicar no triângulo posicionado a meio de cada um deles[13]. O painel escondido reaparecerá quando se levar o cursor do rato até à parte lateral do ecrã correspondente à sua localização, escondendo-se automaticamente assim que o rato for movido para fora da área ocupada pelo painel. Para voltar a fixar um painel de trabalho de forma permanente na interface do Lr, bastará clicar no triângulo já mencionado. Opcionalmente, podem usar-se os seguintes atalhos (Windows e Mac OS):

- **F5** – Mostrar/esconder painel superior (Module Picker)
- **F6** – Mostrar/ esconder painel inferior (Filmstrip)
- **F7** – Mostrar/ esconder painel esquerdo
- **F8** – Mostrar/ esconder painel direito
- **Tab** – Mostrar/ esconder simultaneamente os painéis esquerdo e direito
- **Shift+Tab** – Mostrar/ esconder todos os painéis

Legenda: Interface do Lr com dois painéis escondidos, mais concretamente o inferior (Filmstrip) e o esquerdo, estando activado o módulo Develop. Este género de apresentação da interface do Lr será frequente em muitos dos exemplos neste livro, já que permite concentrar a atenção nos ajustes definidos e nos resultados com eles obtidos.

[13] Tal como foi mencionado numa nota anterior, por uma questão de simplificação, nos diversos exemplos construídos ao longo do livro será frequente esconder um ou mais painéis de trabalho, permitindo concentrar a atenção naqueles em que os ajustes são levados a cabo ou nos quais se encontrem as funções em análise.

MAXIMIZE A ÁREA DE TRABALHO DO LR

Para além de recolher os painéis de trabalho como forma de maximizar a área de pré-visualização central, também é possível esconder elementos da interface do Lr e do sistema operativo. Para tal, basta usar a tecla de atalho 'F', sendo que esta funciona de um modo cíclico: o primeiro toque fará desaparecer a barra de minimização/maximização do Lr, o segundo toque esconderá o ambiente de trabalho do sistema operativo e ocultará a barra de menu do Lr, e o terceiro toque fará com que se regresse ao estado inicial. A título de curiosidade, a maioria das imagens da interface do Lr usadas neste livro foi registada com a área de trabalho maximizada, o que corresponde ao segundo toque na tecla de atalho.

[14] Ver **Categorização das imagens (Flags, Rating, Color Label)**, p. 61.
[15] Ver **Pesquisa de imagens (Filter e Find)**, p. 68.

NÃO CONFUNDA A FINALIDADE DOS ÍCONES DA BARRA DE TRABALHO COM A DOS DO PAINEL INFERIOR

Dada a semelhança entre alguns dos ícones presentes na barra de trabalho e os que se encontram na parte superior direita do painel inferior, nomeadamente os respeitantes às funções de categorização Flagging/Sinalização, Rating/Avaliação e Color Label/Rótulo de Cor, existe a possibilidade de estes serem confundidos ao nível da sua finalidade. Contudo, os ícones existentes na barra de trabalho *atribuem* essas categorizações às imagens[14], enquanto os ícones do painel inferior *filtram* as imagens de acordo com essas categorizações[15].

Legenda: Apesar de serem semelhantes, os ícones presentes na barra de trabalho (a vermelho) têm uma finalidade diferente da dos existentes no painel inferior (a verde) – os primeiros atribuem categorizações, enquanto os segundos permitem activar/desactivar filtros de pesquisa, logo estão vocacionados para encontrar imagens que possuam determinadas categorizações.

MODIFIQUE A IDENTIDADE VISUAL (IDENTITY PLATE)

Uma particularidade interessante do Lr é o facto de a sua interface poder ser personalizada, algo que não contribui directamente para o desempenho do programa, mas que pode ser aliciante para os seus utilizadores. De facto, é possível substituir o logótipo original criado pela Adobe, presente no canto superior esquerdo do painel superior, por uma qualquer designação, seja ela um nome, um endereço de um *website* ou até um logótipo. Esta identidade visual (Identity Plate), poderá ainda ser útil, por exemplo, nos módulos Slideshow e Web, servindo, respectivamente, como forma de identificação das imagens na apresentação de slides ou como cabeçalho de uma galeria de fotografias.

Legenda: A 'identidade visual' do Lr (assinalada a verde) poderá ser modificada acedendo ao menu Edit ▸ Identity Plate Setup. Depois, na janela Identity Plate Editor (assinalada a vermelho), bastará digitar o texto pretendido e formatá-lo de acordo com o desejado. Alternativamente, escolhendo a opção 'Use a graphical identity plate', poder-se-á usar uma imagem como Identity Plate, nomeadamente um logótipo.

Adobe Camera Raw
(ACR)

Legenda: O plugin ACR a correr sobre o Ps, uma relação de complementaridade que permite extrair o máximo potencial dos ficheiros de imagem no formato RAW.

O Adobe Camera Raw (ACR) é um *plugin*, o que significa que necessita de outro programa para poder ser usado, neste caso do Adobe Photoshop (Ps). O ACR confere capacidades de pós-produção que não existem nativamente no Ps, sobretudo ao nível do processamento dos ficheiros no formato RAW produzidos pelas câmaras fotográficas digitais.

Apesar de existirem algumas diferenças ao nível da interface, o ACR é funcionalmente idêntico ao módulo Develop do Lr, já que apresenta o mesmo conjunto de ferramentas e ajustes dedicados à pós-produção de imagens. Assim, como foi referido anteriormente, este livro recorrerá a imagens da interface do Lr para ilustrar a maioria dos exemplos, mostrando, sempre que se justifique, imagens da interface do ACR. Importa reiterar que, ao nível das ferramentas e ajustes dedicados à pós-produção, tudo o que pode ser feito no módulo Develop do Lr poderá ser replicado com resultados idênticos no ACR.

Como seria de esperar, dada a equiparação entre o ACR e o módulo Develop do Lr, o ACR não está vocacionado para satisfazer outras necessidades típicas do fluxo de trabalho fotográfico, como a gestão/categorização de ficheiros ou a partilha de imagens sob as mais diversas formas. Estas supostas lacunas são colmatadas pelo uso de outros programas pertencentes ao ecossistema da Adobe, designadamente o Adobe Bridge (em muitos aspectos semelhante ao módulo Library do Lr) e o próprio Adobe Photoshop CS.

 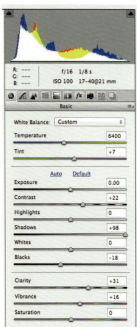

Legenda: Interface do Adobe Bridge, um programa que, entre outros aspectos, tem o propósito de servir de 'ponte' entre o ACR e o Ps. Dadas as funcionalidades existentes ao nível da 'importação', organização, categorização, descrição e pesquisa de imagens, existe uma forte semelhança entre o Adobe Bridge e o módulo Library do Lr, pelo que os utilizadores se sentirão familiarizados apesar das diferenças ao nível da interface.

Legenda: Exemplo de partes da interface do Lr (módulo Develop) e do ACR, ambas mostrando as secções Histogram e Basic. Apesar das diferenças ao nível estético e da localização de algumas funcionalidades, as ferramentas e ajustes oferecidos são idênticos.

  TESTE O ADOBE CAMERA RAW (ACR) GRATUITAMENTE

Uma versão de teste do Adobe Photoshop CS e do *plugin* Adobe Camera Raw, com a validade de trinta dias, poderá ser obtida em *https://www.adobe.com/downloads/*

Adobe Photoshop CS
(Ps)

Legenda: Interface do Adobe Photoshop CS6, um programa de edição de imagem que oferece um vasto leque de ferramentas de edição de imagem, seja para fotógrafos, designers ou outros géneros de utilizadores.

O **Adobe Photoshop CS (também designado, de forma mais simples, por Photoshop ou Ps, de forma abreviada) é, segundo a opinião generalizada, a mais avançada e poderosa ferramenta de edição de imagem existente, servindo os propósitos criativos de inúmeros utilizadores que têm a imagem como base do seu trabalho, esteja ele ligado ao design gráfico, ao *web design* ou à fotografia.** Desde recortar uma fotografia a construir um elaborado cartaz publicitário, não há praticamente nada que este programa não possa fazer. Assim, o Ps é um programa plural por excelência, concebido com diversos perfis de utilizadores em mente, mas sem estar desenhado à medida de nenhum em particular. Esta constatação revela, simultaneamente, a principal força deste programa, mas também abre as portas para a necessidade de programas ou *plugins* especificamente criados para lidar com a fotografia digital – é o caso do Lr e do ACR.

De facto, no caso dos fotógrafos digitais, estes possuem um fluxo de trabalho muito específico, o qual não se reflecte de forma óbvia na interface e nas ferramentas oferecidas nativamente pelo Ps. Começando pela interface, a quase ilimitada capacidade do Ps assenta numa excessiva complexidade, pois as suas múltiplas ferramentas encontram-se 'enterradas' em menus e submenus que, por sua vez, abrem janelas com diversas opções, muitas das quais com nomes pouco intuitivos e sem uma relação lógica com o léxico fotográfico. Já no que diz respeito às ferramentas existentes no Ps, é um facto que muitas delas jamais serão usadas por um fotógrafo, havendo outras tantas que não estão vocacionadas para trabalhar directamente com ficheiros de imagem no formato RAW.

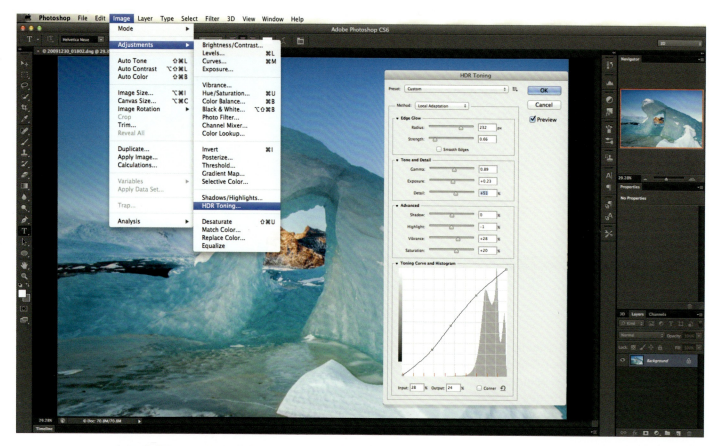

Legenda: Por vezes, a interface do Ps pode tornar-se excessivamente complexa, recorrendo a demasiados menus, submenus e janelas para levar a cabo uma dada tarefa de pós-produção. Adicionalmente, uma breve exploração do Ps também revela que este não oferece soluções para a gestão e categorização de ficheiros de imagem (razão pela qual é necessário recorrer ao Adobe Brigde e Mini Bridge), bem como uma ausência de suporte específico para ficheiros no formato RAW (aspecto em que conta com o *plugin* ACR).

Assim, pelas razões acima avançadas, tanto o Lr como o ACR surgem como uma solução indicada para as exigências dos fotógrafos digitais, estando prevista uma relação de complementaridade com o Ps. De facto, o Ps é uma referência incontornável para levar a cabo certas tarefas de pós-produção fotográfica, até porque existem ferramentas que lhe são exclusivas (como a *Merge to HDR*, a *Photomerge*[16] ou os diversos filtros criativos) ou que apresentam uma natureza mais evoluída (trabalho com *layers*/máscaras, definição de selecções e algoritmos de ajuste de nitidez, entre outros exemplos).

Em suma, apesar deste livro se concentrar no Lr e, por inerência, no ACR, a relação simbiótica entre estes e o Ps será frequentemente abordada ao longo dos vários capítulos, aprofundando-a sempre que se mostre pertinente[17].

TESTE O ADOBE PHOTOSHOP (Ps) GRATUITAMENTE

Uma versão de teste do Adobe Photoshop, com a validade de trinta dias, poderá ser obtida em *https://www.adobe.com/downloads/* ⌧

Legenda: No âmbito da edição digital de imagem, sobretudo numa vertente mais criativa, o Ps oferece ferramentas sem paralelo, permitindo o uso de múltiplos filtros criativos, o trabalho por camadas e a definição de selecções com elevado grau de refinamento, entre muitos outros exemplos. Adicionalmente, para criar imagens panorâmicas ou HDR, as ferramentas Photomerge e Merge to HDR Pro são, respectivamente, soluções incontornáveis.

[16] Ver **Editar imagens no Adobe Photoshop**, p. 269, onde se exemplificará o uso da ferramenta Photomerge directamente a partir da interface do Lr.
[17] Ver **Editar imagens no Adobe Photoshop**, p. 269, e **Exportação de imagens no ACR através do Ps**, p. 322.

Importação de imagens

Hongcun, China
Canon EOS 5D Mark II
147.0 sec; f/11; ISO 200
Dist focal: 17 mm

Importação
de imagens

Toda a experiência de trabalho com o Lr começa quando os ficheiros de imagem 'originais' são importados. Nesse momento, as imagens passam a estar indexadas pelo *catálogo* do Lr (um ficheiro executável com a extensão .lrcat), a base de dados onde são gravadas e lidas todas as informações relativas às imagens importadas. Paralelamente, é criado um ficheiro (com a extensão Previews. lrdata) que irá congregar todas as pré-visualizações das imagens 'originais' sobre as quais os ajustes serão aplicados. Em conjunto, estes dois ficheiros constituem não só a base do Lr, mas também o pilar do método de edição não destrutiva[1] e da velocidade com que todos os processos são levados a cabo.

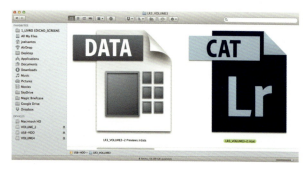

Legenda: Tanto o ficheiro do catálogo (.lrcat) como o das pré-visualizações (Previews.lrdata) são automaticamente criados no disco rígido (interno ou externo) quando o Lr é usado pela primeira vez, encontrando-se, nessa fase inicial, sem qualquer conteúdo. À medida que os ficheiros de imagem 'originais' são importados estes dois ficheiros irão crescendo, sendo eles os pilares do funcionamento do Lr[2]. Se uma dada imagem não for importada, então não poderá ser trabalhada através do Lr.

---

[1] Ver **Os Programas de edição de imagem**, p. 19.
[2] Dada a relevância destes dois ficheiros, sobretudo do catálogo (.lrcat), é fundamental que sejam feitas cópias de segurança com regularidade, como é explicado em **Optimizar e fazer cópias de segurança do catálogo (Optimize Catalog e Backup)**, p. 302. Evidentemente, será tão ou mais importante realizar cópias de segurança dos ficheiros de imagem originais ou exportar as imagens mais relevantes com o intuito de as arquivar, como é explicado em **Exportação de imagens no Lr**, p. 311.

Apesar de o processo de importação parecer uma fase banal, na verdade existem diversos aspectos relacionados com a conversão, organização, renomeação, descrição e até ajuste das imagens que podem ser automaticamente concretizados nesta etapa, simplificando de uma forma considerável uma parte do fluxo de trabalho típico de um fotógrafo.

Adicionalmente, embora o método de edição não destrutiva signifique que as imagens 'originais' não são tocadas, tal não implica que não sejam relevantes – muito pelo contrário. De facto, estas últimas terão que estar presentes num local em que o Lr lhes possa aceder constantemente, daí que seja vital entender e dominar o processo de importação, para que o mais importante – os ficheiros originais – nunca sejam incorrectamente manobrados durante esta fase.

Os passos seguintes explicarão como pode ser conduzido o processo de importação no Lr, salientando algumas das principais opções que o utilizador deverá ter em consideração.

CRIAÇÃO DE UM NOVO CATÁLOGO

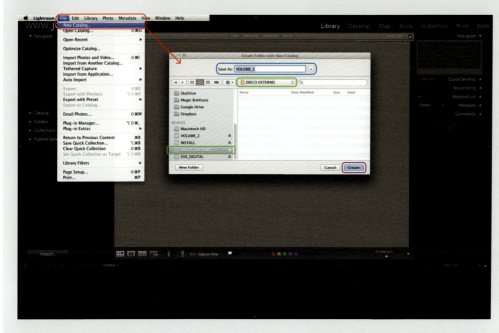

01. Caso seja a primeira vez que se usa o Lr, então, antes de importar imagens, poderá ser uma boa altura para criar um novo catálogo, o qual servirá de base para as futuras sessões de importação. Para tal, basta ir ao menu File ▸ New Catalog (assinalado a vermelho), fazendo aparecer uma janela do sistema operativo, através da qual se poderá seleccionar o local onde o catálogo ficará alojado (neste exemplo, escolheu-se um disco externo, assinalado a verde) e digitar em 'Save As' o nome do catálogo (assinalado a azul). Depois de clicar em 'Create' (assinalado a roxo), o Lr irá fechar-se e, automaticamente, abrir-se-á de novo, já com o novo catálogo pronto a ser usado. Se já existisse um catálogo criado numa localização desejada, então este passo poderia ser ignorado, transitando directamente para o passo 02.

INICIAR O PROCESSO DE IMPORTAÇÃO DAS IMAGENS

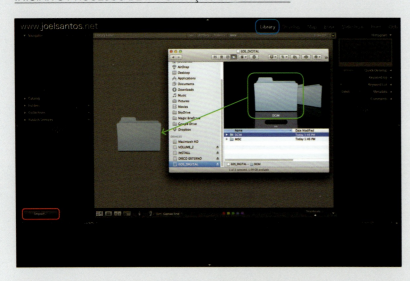

02. Já com o Lr aberto, o processo de importação pode ser iniciado clicando no botão 'Import…', situado no painel esquerdo (assinalado a vermelho). Opcionalmente, como uma espécie de atalho, poder-se-á simplesmente arrastar uma pasta ou conjunto de ficheiros para a área de pré-visualização central (assinalada a verde), assumindo que se está no módulo de trabalho Library (assinalado a azul).

SELECCIONAR ORIGEM E O DESTINO DAS IMAGENS

03. Independentemente do método eleito para iniciar o processo de importação, irá surgir a janela de importação, onde as principais decisões acerca deste procedimento são tomadas, como se mostrará durante os próximos passos. No entanto, para começar, deverá clicar-se no rectângulo 'From', posicionado no canto superior esquerdo desta janela (assinalado a vermelho), indicando/confirmando a origem dos ficheiros de imagem. Nas situações em que os ficheiros de imagem se encontrem dispersos em várias subpastas, poderá ser necessário activar a opção 'Include Subfolders' (assinalada a verde) ou indicar com maior rigor a sua localização na secção Source (assinalada a azul). Depois de escolhida a origem das imagens, neste exemplo um cartão de memória inserido num leitor de cartões, será necessário clicar no rectângulo 'To' (assinalado a laranja) para indicar a pasta de destino, neste caso o disco rígido externo onde se havia criado o catálogo no passo 01[3].

---

[3] Como se perceberá no passo seguinte, não é preciso escolher uma pasta de destino quando se opta pelo método de importação 'Add', visto que as imagens ficam indexadas no catálogo (base de dados do Lr), mas sem que estas sejam copiadas ou movidas da sua localização original.

MODOS DE IMPORTAÇÃO

04. Uma vez escolhida a origem e o destino dos ficheiros de imagem 'originais', é necessário seleccionar o método de importação, uma decisão que dependerá das necessidades de cada utilizador ao nível da organização dos seus arquivos de imagens. Contudo, a escolha do método ideal deverá ser feita com a plena consciência do seu significado, pelo que importa descrever as quatro opções existentes (assinaladas a vermelho):

- Copy as DNG – os ficheiros de imagem ficam indexados no catálogo e são *copiados* do local de origem para o de destino, sendo convertidos para o formato DNG durante esse processo;
- Copy – os ficheiros de imagem ficam indexados no catálogo e são *copiados* do local de origem para o de destino, permanecendo no seu formato original (tipicamente, RAW ou JPEG);
- Move – os ficheiros de imagem ficam indexados no catálogo e são *movidos* do local de origem para o de destino, sendo apagados do local de origem durante esse processo.
- Add – os ficheiros de imagem ficam indexados no catálogo, mas permanecem na sua localização original.

Na maioria das situações, a opção Copy as DNG será a mais indicada, visto que esta converterá os ficheiros RAW para o formato DNG[4], mantendo inalterados os demais formatos (JPEG e TIFF, por exemplo) e importando-os na mesma. A opção Add justifica-se quando existe a certeza absoluta de que se pretende manter os ficheiros de imagem na sua localização actual, por exemplo num disco rígido externo que já se encontre com as imagens devidamente organizadas.

[4] Ver anexo **Particularidades dos formatos RAW, JPEG e DNG, analisadas em função das especificidades da exposição digital**, p. 351, para saber mais acerca das vantagens do formato DNG.

OPÇÕES DE IMPORTAÇÃO

05. Passando agora para as opções existentes no lado direito da janela de importação, deverá começar-se pela secção File Handling (assinalada a vermelho). Assim, em Render Previews poderá escolher-se a dimensão das pré-visualizações geradas durante a importação, sendo aconselhável a opção Standard ou até mesmo 1:1[5]. Também é fortemente recomendável activar a opção 'Don't Import Suspected Duplicates', já que esta evitará que uma mesma imagem, porventura localizada em pastas distintas no computador ou num cartão de memória cujo conteúdo foi anteriormente 'importado', seja novamente importada para o Lr. Por fim, ainda na secção File Handling, resta a opção 'Make a Second Copy To:', a qual permite fazer uma cópia de segurança dos ficheiros de imagem originais enquanto a importação decorre[6].

06. A secção seguinte, denominada de File Naming (assinalada a vermelho), permite definir o método de renomeação dos ficheiros à medida que estes são importados, uma opção muito útil para alterar os quase sempre imperceptíveis nomes dos ficheiros gerados pelas câmaras fotográficas, de preferência criando um sistema que impossibilite a existência de ficheiros com o mesmo nome. Para tal, será preciso activar a opção 'Rename Files' e, em Template, seleccionar 'Edit...', fazendo aparecer a janela Filename Template Editor (assinalada a verde). No interior desta janela, como mera sugestão, poder-se-á escolher a opção 'Date (YYYYMMDD) em Additional (assinalado a roxo) e Sequence #00001 em Numbering (assinalado a azul), criando um sistema de renomeação do tipo ''Date (YYYYMMDD)_Sequence #00001' (assinalado a laranja), o qual tem a vantagem de proporcionar uma ligação cronológica com a data em que as fotografias foram realizadas e de criar nomes que nunca se repetirão.

Quando a interface do Lightroom está definida para língua portuguesa, a opção relativa à data surge no formato DDMMAAAA (dia-mês-ano), precisamente o inverso do que acontece em inglês (YYYYMMDD, ou seja, ano-mês-dia). Assim, para poder adoptar o formato aqui aconselhado (AAAAMMDD), será necessário construir esta ordenação por outra via, começando por escolher, isolada e progressivamente, as opções AAAA, MM e, por fim, DD.

[5] Recorde-se que é sobre estas pré-visualizações que o Lr aplica os ajustes e que estas fundamentam a sua velocidade de trabalho, pois o espaço que ocupam é manifestamente inferior ao das imagens 'originais'. O facto de se gerarem as pré-visualizações no momento da importação tornará esse processo inicial mais lento, mas trará fortes dividendos posteriormente, nomeadamente quando se estiver a seleccionar e a editar as imagens, visto que o Lr já não consumirá tempo a criá-las à medida que vão sendo necessárias.

[6] Embora a opção 'Make a Second Copy To:' pareça uma forma ideal de fazer cópias de segurança dos ficheiros de imagem originais, na prática será preferível deixar essa tarefa para outros programas especializados em duplicação de dados. Dois bons exemplos são o Synctoy (Windows, *freeware*) e o ChronoSync (Mac OS, pago).

07. Prosseguindo para a secção Apply During Import (assinalada a vermelho), esta abre a possibilidade de, através das opções em Develop Settings, serem aplicados ajustes durante a importação, recorrendo às predefinições nativamente fornecidas pelo Lr ou às criadas anteriormente pelo utilizador[7]. Quanto à opção Metadata, esta permite criar um perfil de metadados a aplicar automaticamente a todas as imagens importadas (assinalado a verde), 'assinando' digitalmente as imagens com palavras-chave e outras informações designadas de IPTC[8] (dados relativos ao autor, contactos, direitos de utilização, entre muitos outros). Por fim, no campo Keywords, surge novamente a possibilidade de inserir palavras-chave, as quais, sobretudo se o lote de imagens importadas for muito heterogéneo (locais, motivos ou situações diferentes), deverão ser o mais englobantes possível nesta fase[9].

08. Já perto de concluir as opções relativas ao processo de importação, resta a secção Destination (assinalada a vermelho). Assim, em Organize (assinalado a verde) é possível definir a forma como as imagens importadas serão 'arrumadas' por pastas, existindo as seguintes hipóteses: By original folders (o Lr cria uma pasta com um nome idêntico ao da pasta de origem), Into one folder (o utilizador escolhe a pasta de destino) e By date (o Lr cria pastas de acordo com a data de registo das fotografias, colocando estas últimas nas primeiras). Dependendo da opção escolhida em Organize, imediatamente abaixo poder-se-á antever o número e nome das pastas criadas, bem como a quantidade de fotos que cada uma irá conter (assinalado a azul).

---

[7] Ver **Predefinições (Presets)**, p. 285.
[8] IPTC é o acrónimo de International Press Telecommunications Council, e diz respeito a um vasto conjunto de metadados que poderão ser embebidos num ficheiro de imagem, sendo estes inseridos pelo seu autor ou outro utilizador recorrendo a um programa de edição de imagem, designadamente o Lr ou o Ps (através da função File ▶ File Info...).
[9] Ver **Descrição das imagens (Metadados – EXIF, IPTC, Keywording)**, p. 64, para mais informação sobre metadados, nomeadamente os relacionados com o EXIF, IPTC e palavras-chave.

FINALIZAR O PROCESSO DE IMPORTAÇÃO DAS IMAGENS

09. Para que nunca escape uma opção de importação que seja relevante, é aconselhável seguir a ordenação lógica inerente à janela de importação (assinalada a verde). Nos casos em que seja previsível o uso das mesmas opções em futuros processos de importação, poderá ser gravada uma predefinição que as conserve, clicando na função oferecida pela discreta barra negra localizada na parte inferior da janela de importação (assinalada a azul). Ainda assim, o Lr manterá constantes as principais opções da última sessão de importação, embora nunca se deva descurar a já mencionada verificação rotineira das opções mais relevantes. Para iniciar a importação propriamente dita basta clicar no botão Import (assinalado a vermelho).

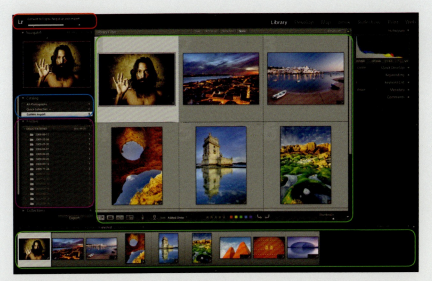

10. Depois de iniciada a importação, aparecerá uma barra de progresso no painel superior (assinalado a vermelho), surgindo as pré-visualizações das imagens na área central e no painel inferior (ambas assinaladas a verde). Simultaneamente, aparecerá o número de imagens importadas na secção Catalog (assinalada a azul) e as pastas criadas em Folders (assinalado a roxo)[10]. Uma das características distintivas do Lr é que, enquanto o processo de importação decorre e todas as opções anteriormente definidas são aplicadas, é possível activar o módulo Develop e começar imediatamente a definir ajustes nas imagens já importadas.

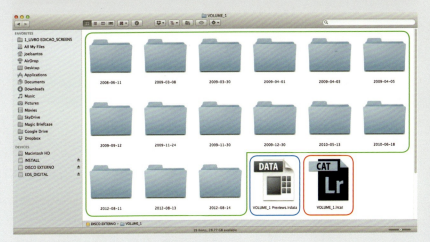

11. A título de curiosidade, veja-se como, neste exemplo, ficou a disposição de pastas e ficheiros no disco rígido externo para o qual se importaram as imagens. As pastas contêm os ficheiros de imagem originais (assinaladas a verde), o ficheiro .lrdata incorpora as pré-visualizações dos originais (assinalado a azul) e o ficheiro .lrcat reúne o catálogo onde estão indexadas as imagens originais e os metadados/ajustes aplicados às pré-visualizações (assinalado a vermelho). Neste caso particular, uma vez que os originais, as pré-visualizações e o catálogo se encontram num mesmo local do disco rígido, tal significa que o trabalho poderia ser continuado noutro computador com o Lr instalado, bastando ligar esse disco rígido externo a outro computador e clicar no ficheiro .lrcat para o Lr ser lançado com este catálogo.

[10] Ver **Localização e Organização das imagens (Catalog, Folders e Collections)**, p. 53.

IMPORTAÇÃO DE IMAGENS NO ACR VIA ADOBE BRIDGE

Em rigor, não existe um processo de importação quando se usa o ACR, visto que este pode aceder aos ficheiros de imagem no formato RAW através do Ps ou do Adobe Bridge, bastando que se tente abrir um RAW no primeiro ou que se identifique uma pasta com ficheiros de imagem no segundo. No caso do Adobe Brigde, este poderá inclusivamente ser usado para 'forçar' o ACR a abrir ficheiros que não estejam no formato RAW, nomeadamente JPEG ou TIFF, beneficiando das mesmas funcionalidades, ferramentas e ajustes, tal como já acontece nativamente com o Lr.

01. Neste caso, o Adobe Brigde foi usado para encontrar a pasta no cartão de memória que continha as imagens que se desejavam trabalhar no ACR, um misto de ficheiros no formato JPEG, TIFF e RAW, tal como no exemplo de importação mostrado para o Lr. Assim, depois de encontrados e seleccionados os ficheiros pretendidos, bastou clicar com o botão direito do rato sobre uma das imagens e, no menu resultante, escolher a opção 'Open in Camera Raw' (assinalado a vermelho). Opcionalmente, também se poderia ter clicado no pequeno ícone com a forma de um diafragma, presente na parte superior esquerda da interface do Adobe Bridge (assinalado a verde).

02. Como se pode constatar, os ficheiros seleccionados via Adobe Brige surgem todos disponíveis no painel esquerdo do ACR, podendo agora ser alvo dos ajustes de pós-produção considerados necessários. Embora de uma forma distinta, os resultados poderão ser exportados/gravados, como será explicado no subcapítulo dedicado a esse tema[11]. ⌧

[11] Ver **Exportação de imagens no ACR através do Ps**, p. 322.

Gestão das imagens importadas

Localização e organização das imagens
(Catalog, Folders e Collections) 53
Modos de exibição das imagens
(Grid, Loupe, Compare e Survey) 57
Categorização das imagens
(Flags, Rating, Color Label) 61
Descrição das imagens
(Metadados – EXIF, IPTC, Keywording) 64
Pesquisa de imagens
(Filter e Find) 68

Ovar, Portugal
Canon EOS 5D Mark II
10.0 sec; f/11; ISO 200
Dist focal: 28 mm

Gestão das imagens importadas

Uma vez concluída a importação dos ficheiros de imagem, chega a altura de passar para uma das etapas mais relevantes do fluxo de trabalho fotográfico, mesmo antes da pós-produção: a categorização e a selecção das imagens.

De facto, num contexto em que rapidamente se produzem centenas ou milhares de imagens numa única sessão fotográfica, mais difícil do que determinar os ajustes para melhorar/corrigir uma fotografia será determinar quais as verdadeiras candidatas à pós-produção. Os critérios de selecção/apreciação de uma fotografia são iminentemente subjectivos, mas, regra geral, envolvem aspectos técnicos (nitidez, foco, enquadramento, qualidade de imagem), emocionais (representatividade para o fotógrafo, mensagem transmitida), estéticos (composição, impacto visual, uso das linhas e formas, perspectiva), comerciais (potencial de venda dos direitos de imagem), editoriais (relevância ao nível ilustrativo, informativo ou documental), sociais (impacto ou aceitação por parte de terceiros), entre tantos outros.

Muito embora os critérios de selecção de uma fotografia variem consoante quem a aprecia e o seu propósito de utilização, importará sempre estabelecer alguns que permitam fundamentar a escolha de uma imagem em detrimento de outra. Neste contexto, particularmente ao nível da análise dos aspectos técnicos, o Lr oferece um conjunto de funcionalidades que são extremamente úteis nesse processo de selecção, sem deixar de consagrar soluções para organizar e categorizar as imagens de uma forma eficiente e intuitiva.

Os próximos subcapítulos desenvolverão precisamente esta temática, apresentando as funcionalidades mais relevantes, a maioria delas concentradas no módulo Library do Lr[1].

---

[1] Muitas das funcionalidades que serão apresentadas também são oferecidas pelo Adobe Bridge, sobretudo ao nível da exibição, classificação, descrição e pesquisa de imagens, atestando as suas semelhanças com o módulo Library do Lr.

Localização e organização das imagens
(Catalog, Folders e Collections)

Antes de iniciar a selecção de imagens é essencial saber onde é que estas se encontram e de que forma podem ser organizadas. Para cumprir esse desígnio, o painel esquerdo do Lr disponibiliza três secções – *Catalog (Catálogo)*, *Folders (Pastas) e Collections (Colecções)* –, cada com uma forma de funcionamento distinta, mas complementar.

Como ficou implícito no capítulo dedicado à importação de imagens, existe uma distinção entre os ficheiros de imagem originais (alojados dentro de pastas 'fora' do Lr, mas que o Lr indexa através da importação) e as pré-visualizações que o Lr apresenta (imagens representativas dos ficheiros originais presentes no catálogo e sobre as quais o Lr baseia as suas operações). Tal como se evidenciará de seguida, esta lógica encontra-se reflectida nas secções Catalog, Folders e Collections.

Legenda: Secções Catalog, Folders e Collections, presentes no painel esquerdo do Lr quando o módulo Library está activado. No caso específico da secção Colections, esta aparece também nos restantes módulos de trabalho do Lr, sendo uma das formas de organizar e agrupar imagens provenientes de diversas localizações.

Catálogo (Catalog)

Legenda: A secção Catalog apresenta, no mínimo, três opções distintas (assinaladas a vermelho): All Photographs (mostra todas as imagens existentes no catálogo aberto pelo Lr, resultado de todas as sessões de importação já efectuadas), Quick Collection (mostra uma colecção temporária de imagens seleccionadas através da tecla de atalho 'B' ou do menu Photo ▸ Add to Quick Collection) e Previous Import (mostra apenas as imagens integradas no catálogo durante a última sessão de importação). Ao clicar numa destas opções, irão aparecer automaticamente as respectivas imagens na área de pré-visualização central e no painel inferior (assinaladas a verde). Importa que fique claro que o Lr só mostra imagens que tenham sido importadas, ou seja, que estejam indexadas pelo catálogo.

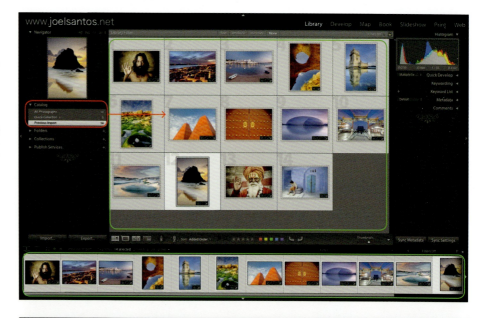

Pastas (Folders)

Legenda: A secção Folders (assinalada a vermelho) traduz uma relação directa com as pastas existentes no disco rígido e que contêm os ficheiros de imagem originais[2]. Ao clicar numa pasta, a área de pré-visualização central do Lr mostrará as imagens nela contidas, desde que tenham sido importadas (caso contrário, não aparecerão no Lr, tal como já foi referido). Dada a relação 'real' entre a secção Folders e o sistema operativo, o acto de mover pastas e ficheiros fará com que essas acções tomadas no Lr se reflictam no sistema operativo – contudo, importa frisar com veemência, o contrário não é verdade[3]. O mesmo sucede com a renomeação das pastas no Lr, já que ao clicar sobre a pasta desejada com o botão direito e escolhendo a opção Rename no menu (assinalado a verde), esta acção permitirá modificar o nome da pasta também no sistema operativo – novamente, se esta acção fosse levada a cabo através do sistema operativo, o catálogo do Lr não iria 'ver' esse passo.

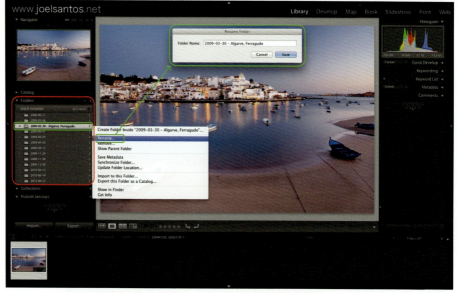

[2] Como se evidenciou no capítulo dedicado à importação de imagens, estas pastas poderiam já existir ou ter sido criadas durante o processo de importação. No exemplo dado, as pastas foram criadas e renomeadas de acordo com a data em que as fotografias foram realizadas, colocando estas últimas dentro da pasta com a designação correspondente a essa mesma data.
[3] Ver dica **Faça a gestão das pastas sempre no Lr**, p. 55.

Localização e organização das imagens (Catalog, Folders e Collections) | 55

Gestão das imagens importadas

 FAÇA A GESTÃO DAS PASTAS SEMPRE NO LR

Depois de importadas, as imagens são colocadas em pastas, aparecendo estas últimas na secção Folders do painel esquerdo. Contudo, caso se use o sistema operativo para alterar as pastas originais (localização ou nome, por exemplo) ou o seu conteúdo (apagar, copiar, mover ou renomear os ficheiros de imagem), essas modificações não se reflectem no Lr. Assim, é fortemente aconselhável que toda a gestão de pastas e ficheiros seja sempre realizada através do Lr e nunca através do sistema operativo, para que não surjam problemas ou conflitos inesperados. ⊠

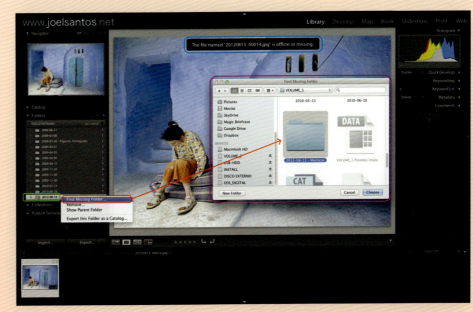

Legenda: Se por algum motivo o Lr perder o rasto de uma determinada pasta (por ter sido movida ou renomeada 'fora' do Lr), então surgirá um ponto de interrogação sobre a respectiva pasta na secção Folders (assinalado a verde) e as imagens pertencentes a essa pasta aparecerão com um aviso do tipo 'The file named [nome do ficheiro] is offline or missing' (assinalado a azul). Para resolver este problema, será preciso clicar sobre a pasta com o ponto de interrogação com o botão direito e escolher a opção 'Find Missing Folder' (assinalada a vermelho), indicando qual o novo paradeiro ou nome da pasta 'desaparecida' através da janela do sistema operativo que irá aparecer (assinalada a roxo).

SINCRONIZE O CONTEÚDO DAS PASTAS

Para assegurar que as pastas da secção Folders reflectem o conteúdo das pastas originais de onde as imagens foram importadas, poder-se-á recorrer à função 'Synchronize Folder'. ⊠

Legenda: Para sincronizar o conteúdo entre as pastas originais e as representadas na secção Folders, será necessário clicar com o botão direito sobre a pasta pretendida e, no menu resultante, escolher a opção 'Synchronize Folder'. De imediato, aparecerá uma janela onde se poderá definir o âmbito da sincronização, nomeadamente através das opções 'Import new photos' (importa imagens que estejam nas pastas originais, mas que não estão indexadas pelo catálogo do Lr), 'Remove missing photos from catalog' (apaga do catálogo imagens que já não se encontrem na pasta original) e 'Scan for metadata updates' (confronta os metadados existentes no ficheiro original com os atribuídos via Lr, permitindo actualizá-los no sentido desejado).

Colecções (Collections)

Legenda: Ao contrário da secção Folders, a secção Collections (assinalada a vermelho) permite construir colecções 'virtuais' de imagens provenientes de várias pastas, mas sem que isso implique uma duplicação 'real' dos ficheiros originais. Assim, clicando no pequeno sinal '+' presente no canto superior direito desta secção, poder-se-á criar uma colecção escolhendo a opção 'Create Collection' no menu (assinalado a verde). Depois, bastará arrastar as imagens para dentro das colecções criadas, podendo uma imagem estar presente em mais do que uma colecção, mas havendo apenas um ficheiro original. A secção Collections também permite a criação de colecções inteligentes (opção Create Smart Collection[4]), para além de aparecer no painel esquerdo de todos os módulos de trabalho, sendo a melhor forma de aceder a conjuntos específicos de imagens para, por exemplo, criar apresentações (módulo Slideshow) ou imprimir (módulo Print). Naturalmente, para que as imagens contidas numa colecção sejam exibidas, basta clicar sobre o nome da respectiva colecção na secção Collections.

[4] Ver dicas **Encontre todas as imagens que já sofreram alterações ao nível dos metadados**, p. 301, e **Localize as imagens que já sofreram ajustes**, p. 302, para explorar alguns usos específicos das Smart Collections.

Modos de exibição das imagens
(Grid, Loupe, Compare e Survey)

Para seleccionar fotografias será vital recorrer ao modo de exibição mais adequado, avaliando as características técnicas e estéticas de uma imagem não só de uma forma isolada, mas também comparando-as com as de outras imagens, estreitando as escolhas até se chegar àquelas em que, na fase seguinte, se investirá ao nível da pós-produção.

Tendo essa necessidade em mente, o Lr oferece quatro modos de exibição distintos – Grade (Grid), Lupa (Loupe), Comparação X|Y (Compare) e Pesquisa (Survey) –, sendo que cada um oferece uma perspectiva de análise própria e, em alguns casos, a possibilidade de ampliar a imagem ou as miniaturas para facilitar essa tarefa. Veja-se, então, o que distingue cada um destes modos de exibição.

Legenda: Modos de exibição Grade (Grid), Lupa (Loupe), Comparação X|Y (Compare) e Pesquisa (Survey).

Grade (Grid)

Legenda: O modo de exibição Grid do módulo Library pode ser activado através da tecla de atalho 💬 'G' ou do ícone com a forma de uma grelha presente na barra de trabalho (assinalado a vermelho). Este modo de exibição dispõe múltiplas imagens na área de pré-visualização central do Lr, permitindo ter uma visão geral de um dado conjunto de imagens, inserido, por exemplo, numa pasta (Folders) ou colecção (Collections). A partir deste modo de exibição poderá fazer-se uma primeira escolha de imagens, usando as funcionalidades que serão abordadas no próximo subcapítulo (Flags, Rating e Color label). O tamanho das miniaturas pode ser ajustado através do ponteiro Thumbnails, também ele localizado na barra de trabalho (assinalado a verde).

AGRUPE AUTOMATICAMENTE FOTOS SEMELHANTES

Não será raro fazer múltiplas fotografias de um mesmo assunto num curtíssimo espaço de tempo, sendo que, tendencialmente, as imagens são praticamente iguais e apenas se escolherá uma delas – algo muito frequente em fotografia de vida selvagem e/ou de retrato espontâneo. Nestes casos, a função 'Auto Stack by Capture Time' torna-se muito interessante, já que permite agrupar automaticamente imagens realizadas dentro de um determinado intervalo de tempo, com a vantagem de não sobrecarregar a área de pré-visualização central do Lr com fotografias praticamente idênticas.

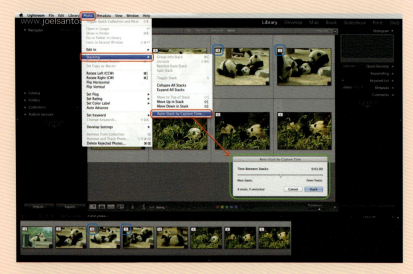

Legenda: A função 'Auto Stack by Capture Time' é activada através do menu Photo ▸ Stacking ▸ Auto Stack by Capture Time (assinalada a vermelho). Na janela resultante (assinalada a verde), bastará definir o intervalo de tempo desejado, sendo que, em função do valor introduzido, o Lr analisará o momento exacto – até ao segundo – em que cada foto foi realizada, produzindo automaticamente as Stacks/Pilhas de fotos (alguns exemplos assinalados a azul). Assim, quanto maior for esse intervalo, mais imagens ficarão englobadas por este critério, logo haverá uma menor quantidade de Stacks. O contrário acontece se o intervalo de tempo for curto – mais Stacks, portanto. Será imprescindível procurar-se o equilíbrio ideal, para que não se formem conjuntos incoerentes de imagens. Como ponto de partida, é aconselhável testar intervalos entre um e trinta segundos, fazendo os ajustes necessários a partir daí.

Lupa (Loupe)

Legenda: O modo de exibição Loupe do módulo Library pode ser activado através da tecla de atalho ![] 'E' ou do ícone com a forma de fotograma localizado na barra de trabalho (assinalado a vermelho). Através deste modo será possível concentrar a atenção em apenas uma imagem, fazendo com que esta ocupe toda a área de pré-visualização central. Para uma análise ainda mais minuciosa, é possível alterar a ampliação com que a imagem é exibida, bastando escolher uma das opções presentes na secção Navigator do painel esquerdo (assinaladas a verde). O modo de exibição Loupe estará predefinido no módulo de trabalho Develop, pois, tipicamente, será editada uma fotografia de cada vez.

Comparação X/Y (Compare)

Legenda: O modo de exibição Compare X|Y do módulo Library pode ser activado através da tecla de atalho ![] 'C' ou do ícone com as letras 'X|Y' situado na barra de trabalho (assinalado a vermelho). Esta forma de exibição das imagens é ideal para comparar duas imagens, sejam elas distintas ou muito parecidas entre si, com o intuito de escolher uma delas ou avaliar se uma complementa a outra. É possível definir o factor de ampliação de ambas as imagens através do ponteiro Zoom (assinalado a verde), escolhendo, por exemplo, 1:1 para se determinar qual das imagens apresenta maior nitidez. Adicionalmente, através do ícone com a aparência de um cadeado (assinalado a laranja), poderá estabelecer-se áreas de comparação diferentes para cada uma das imagens (cadeado aberto) e, depois, fixar essa relação (cadeado fechado). Por fim, a função Swap, representada pelo ícone X|Y com setas em sentidos opostos (assinalada a azul), fará com que as duas imagens troquem de posição entre si, permutando o seu estatuto de Select/Candidate. Já a função Make Select, representada pelo ícone X|Y com apenas uma seta a apontar para a esquerda (assinalada a roxo), promove a imagem candidata (Candidate) a eleita (Select), colocando de seguida uma nova imagem como candidata (caso exista).

Pesquisa (Survey)

Legenda: O modo de exibição Survey do módulo Library pode ser activado através da tecla de atalho 'N' ou do ícone com a forma de uma mini-mesa de luz presente na barra de trabalho (assinalado a vermelho). Este modo permite seleccionar diversas imagens para que estas apareçam na área de pré-visualização central, com a possibilidade de as fazer desaparecer clicando numa pequena cruz (assinalada a verde), a qual surge quando se passa o rato por cima de uma dada imagem. À medida que vão 'desaparecendo' imagens, a área de pré-visualização reconfigura-se automaticamente, dispondo as imagens de forma a que estas sejam exibidas na máxima dimensão possível. Trata-se de uma forma perfeita para estreitar o leque de imagens escolhidas, com um grau de interactividade e flexibilidade que o modo de visualização Grid não oferece.

Categorização das imagens
(Flags, Rating, Color Label)

Depois de canalizados todos os esforços para aferir quais são as 'melhores' fotografias, importa encontrar uma forma de as sinalizar ou classificar, para que, posteriormente, estas possam ser rapidamente encontradas, mesmo que o catálogo do Lr possua largos milhares de imagens indexadas.

Para levar a cabo esta tarefa, o Lr disponibiliza um conjunto de funcionalidades – Flags, Rating e Color Label –, podendo tirar-se partido delas de forma isolada ou combinada em função das preferências e necessidades do utilizador.

Legenda: Formas de categorização das imagens – Flags, Rating, Color Label.

Sinalização (Flags)

Legenda: A mais simples e eficaz forma de categorização das fotos é a Flags, através da qual se poderá sinalizar uma foto como escolhida (marcando-a com uma bandeira branca) ou como rejeitada (marcando-a com uma bandeira negra). Existem diversas formas para sinalizar uma foto como escolhida, mas as mais práticas envolvem utilizar a tecla de atalho 'P' (flag as Pick) ou clicar no ícone com uma bandeira branca na barra de trabalho (assinalado a vermelho). Quanto à bandeira negra, a de rejeição, esta também poderá ser atribuída através da barra de trabalho ou usando a tecla de atalho 'X' (flag as Rejected). Em qualquer um dos casos, as bandeiras ficarão visíveis no canto superior esquerdo das miniaturas das imagens, quer na área de pré-visualização central, quer no painel inferior (assinalado a verde). Para remover as bandeiras de selecção ou rejeição de uma determinada fotografia, bastará usar a tecla de atalho 'U' (Unflag) ou voltar a clicar na respectiva bandeira na barra de trabalho.

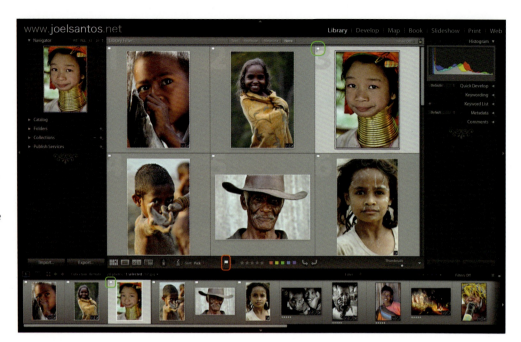

APAGUE AUTOMATICAMENTE TODAS AS IMAGENS REJEITADAS

Um aspecto potencialmente útil relativo ao uso das flags como forma de classificação das imagens é o facto de ser possível apagar automaticamente todas as imagens que foram marcadas como rejeitadas (flag as Rejected), recorrendo à função Delete Rejected Photos. Esta última poderá ser acedida através do menu Photo ▸ Delete Rejected Photos ou do atalho Ctrl+Backspace (Windows) / ⌘+Backspace (Mac Os).

Legenda: Uma vez desencadeada a função Delete Rejected Photos, irá aparecer uma janela de confirmação, através da qual se poderá escolher uma das seguintes opções: Remove (elimina a imagem apenas do catálogo do Lr, ou seja, esta deixa de estar indexada e de ser visível no Lr, mas o ficheiro de imagem original permanecerá na sua respectiva pasta), Delete from Disk (elimina a imagem do catálogo, mas também apaga o ficheiro de imagem original do disco rígido) ou Cancel (cancela a operação desencadeada, não eliminando ou apagando as imagens marcadas como rejeitadas). Como se pode depreender, a opção Delete from Disk é a mais radical, embora as imagens sejam enviadas para o lixo (Recycle Bin/Trash do sistema operativo).

Avaliação (Rating)

Legenda: Outra forma de categorização clássica das imagens consiste na atribuição de uma avaliação, podendo esta variar entre zero e cinco estrelas. Por omissão, todas as imagens apresentam uma classificação de zero estrelas, podendo este estatuto ser alterado através das teclas de atalho numéricas 1 a 5, ou clicando no número de estrelas pretendido na barra de trabalho (assinalado a vermelho). Para repor a avaliação inicial, zero estrelas, basta usar a tecla de atalho '0' ou clicar no número de estrelas anteriormente atribuído através da barra de trabalho (ou seja, caso se tenha clicado na terceira estrela, para eliminar esta avaliação terá que se repetir essa acção também na terceira estrela).

Rótulos de cor (Color label)

Legenda: A última forma de categorização das imagens consiste na atribuição de rótulos de cor através da função Color Label. As cores disponíveis são o vermelho (tecla 6, como atalho), o amarelo (tecla 7), o verde (tecla 8), o azul (tecla 9) e o violeta (sem atalho definido). Para além dos atalhos de teclado, é possível atribuir os rótulos de cor clicando nos ícones coloridos existentes na barra de trabalho (assinalados a vermelho). O significado de cada cor dependerá exclusivamente das intenções do utilizador, mas, por exemplo, a cor vermelho poderá destacar as melhores imagens, a cor azul as imagens de cariz pessoal, a cor verde as imagens já publicadas em revistas ou partilhadas na Internet, entre outros exemplos. Note-se que é impossível atribuir rótulos de cor distintos a uma mesma imagem.

Descrição das imagens
(Metadados – EXIF, IPTC, Keywording)

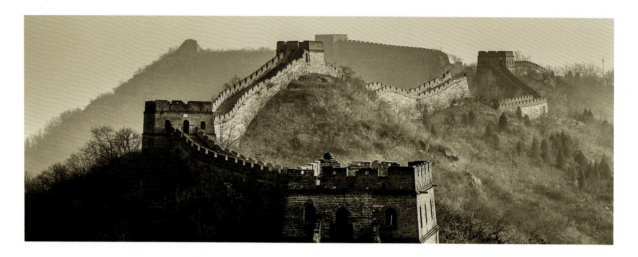

Por melhor que seja a organização e categorização das fotografias importadas, dificilmente esses passos descreverão com exactidão uma imagem, apresentando algumas limitações quando for necessário detalhar uma parte significativa das suas características únicas, principalmente o nome da cidade em que se fotografou, as particularidades do motivo fotografado e os conceitos invocados pela observação da imagem, apenas para citar alguns dos exemplos mais comuns.

Importa saber que uma porção dos aspectos descritivos de uma fotografia encontram-se automaticamente embebidos no ficheiro de imagem original, já que as câmaras fotográficas digitais gravam nos campos de EXIF[5] os dados relativos ao modo de exposição usado, aos valores de exposição definidos, ao modo de medição de luz activado, à data/hora de registo da fotografia, às configurações de flash, à marca da câmara e da objectiva usadas, às coordenadas de GPS, entre outras informações.

Embora a maior parte dos dados de EXIF não possam ser alterados, sendo uma espécie de impressão digital da fotografia, existem algumas excepções, como as coordenadas de GPS e a data/hora de registo da fotografia. Adicionalmente, também existem campos de preenchimento opcional por parte do utilizador, nomeadamente os relativos às diferentes categorias de IPTC[6] e palavras-chave. Serão precisamente estas situações de introdução/alteração de dados ao nível do EXIF, IPTC e palavras-chave que serão abordadas de seguida.

---

[5] EXIF é o acrónimo de Exchangeable Image File Format, tratando-se de uma especificação usada para gravar informações sobre aspectos técnicos do registo de uma fotografia, sendo esses metadados embebidos pela câmara fotográfica directamente no ficheiro de imagem no formato JPEG, RAW, TIFF ou DNG.

[6] IPTC é o acrónimo de International Press Telecommunications Council, uma especificação de metadados considerada complementar do EXIF, podendo conter uma descrição mais específica acerca do autor da imagem e outros dados relativos à imagem propriamente dita, com a possibilidade de estes serem introduzidos ou alterados depois do momento da criação do ficheiro de imagem.

Coordenadas de GPS e data/hora de registo (EXIF)

Legenda: Tipicamente, os dados EXIF não podem ser modificados, com a excepção das coordenadas de GPS e a data/hora de registo da fotografia, os quais poderão ser redefinidos através do módulo Library. Assim, no caso das coordenadas GPS, estas podem ser inseridas na secção Metadata presente no painel direito (assinalada a vermelho), activando a opção EXIF (assinalada a verde) e introduzindo os dados no campo denominado GPS (assinalado a azul)[7]. Já no caso da data/hora em que a fotografia foi realizada, uma informação que poderá estar errada devido a uma incorrecta configuração da câmara fotográfica, esta pode ser alterada através do menu Metadata ▸ Edit Capture Time (assinalado a laranja), definindo o momento correcto na janela que surgirá (assinalada a roxo). Note-se que esta operação poderá ser realizada num conjunto de imagens, desde que estas sejam inicialmente escolhidas através do modo de exibição Grid ou do painel inferior, assumindo que já estariam seleccionadas as pastas ou as colecções desejadas.

[7] Ver **Caso Prático**, p. 335, para um exemplo de como introduzir coordenadas de GPS através do módulo de trabalho Maps do Lr.

Metadados (Metadata – IPTC)

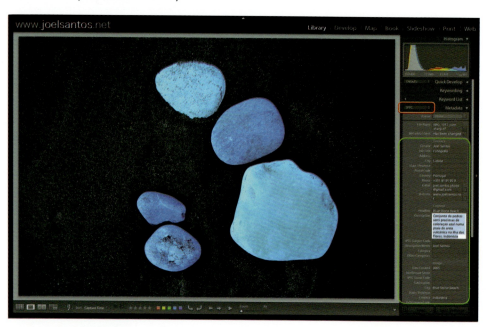

Legenda: Contrariamente à maioria dos dados EXIF, os respeitantes ao IPTC podem ser introduzidos e alterados pelo utilizador, servindo para descrever da melhor forma possível não só o autor da imagem, mas também o seu conteúdo visual, funcionando como uma espécie de legenda electrónica que posteriormente servirá para recordar aspectos relevantes sobre a fotografia. Para tal, recorrendo novamente à secção Metadata do painel direito, será preciso seleccionar a opção IPTC (assinalada a vermelho), preenchendo depois todos os campos que sejam significativos para a imagem em questão (assinalados a verde).

Palavras-chave (Keywording)

Legenda: A derradeira forma de descrever uma imagem consiste na atribuição de palavras-chave. Visto que a sua utilidade está relacionada com a pesquisa de imagens[8] (no Lr, mas também *online*), é fulcral que sejam consagrados alguns aspectos descritivos pertinentes, nomeadamente o local (nome do país, região, cidade, etc.), o género fotográfico (retrato, paisagem, natureza, viagem, etc.), a situação (pôr-do-sol, festa, concerto, etc.), as cores predominantes (vermelho, amarelo, verde, etc.) e os conceitos implícitos (poder, fraqueza, tristeza, felicidade, calma, frio, calor, etc.). As palavras-chave podem ser adicionadas através da secção Keywording presente no painel direito (assinalada a vermelho), devendo cada palavra estar separada por uma vírgula (assinalado a verde). Com base nas palavras-chave atribuídas no passado, o Lr irá sugerir termos que possam estar relacionados em Keyword Suggestions, sendo possível construir conjuntos predefinidos de palavras em Keyword Set (ambos assinalados a azul). Por fim, através da secção Keyword List (assinalada a laranja), poder-se-á aceder à listagem de todas as palavras-chave usadas, bastando clicar numa delas para que o Lr mostre as respectivas imagens.

USE A FUNÇÃO PAINTER PARA ATRIBUIR PALAVRAS-CHAVE

Quando se pretende atribuir um grupo de palavras-chave a um conjunto disperso de imagens, torna-se ineficiente digitar esses termos repetidamente em cada imagem, bem como seleccionar imagens no modo de exibição Grid para depois adicionar esses mesmos termos através da secção Keywording. A forma mais rápida e intuitiva de satisfazer esta necessidade será através da função *Painter*, a qual permite 'pintar' sobre as imagens determinadas características, entre elas a atribuição de um conjunto de palavras-chave.

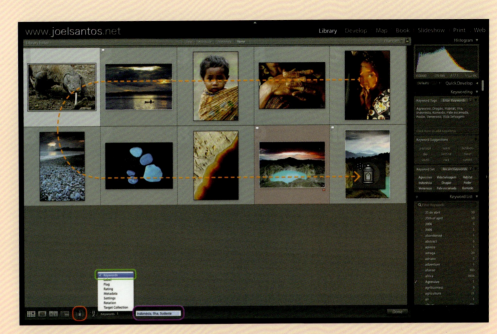

Legenda: A função Painter pode ser activada através da barra de trabalho, clicando no ícone com a forma de uma lata de *spray* (assinalado a vermelho). Depois, será preciso certificar que está escolhida a opção 'Keywords' (assinalada a verde) e digitar os termos pretendidos na caixa de texto (assinalada a roxo). Uma vez cumpridos estes passos, restará clicar sobre as imagens às quais se pretende atribuir as palavras-chave ou, melhor ainda, clicar e deixar o botão do rato pressionado enquanto se passa sobre as imagens, tal como se se estivesse a 'pintar' sobre elas (assinalado a laranja).

GRAVE OS METADADOS NO FICHEIRO DE IMAGEM

Como será desenvolvido no subcapítulo 'Gravação de metadados para o ficheiro de imagem' (p. 299), é conveniente gravar os metadados (onde se incluem os respeitantes ao IPTC e às palavras-chave) directamente no ficheiro de imagem, para que estes não fiquem somente registados no catálogo do Lr[9]. Para tal, poder-se-á usar o atalho Ctrl+S (Windows) / ⌘+S (Mac OS).

[8] Ver **Pesquisa de imagens**, p. 68.
[9] Ver **Importação de imagens**, p. 39, e **Importação e Exportação do Catálogo**, p. 325, para ter uma noção mais precisa sobre o que é o catálogo do Lr.

Pesquisa de imagens
(Filter e Find)

[10] Ver **Categorização das imagens (Flags, Rating e Color Label)**, p. 61.
[11] Ver **Descrição das imagens (Metadados – EXIF, IPTC, Keywording)**, p. 64.

O principal objectivo de categorizar[10] e de descrever[11] as fotografias será, na maioria dos casos, para melhorar a probabilidade de as encontrar através de uma pesquisa. De facto, quando se deseja localizar uma determinada imagem ou um conjunto de imagens que partilhem um certo elemento em comum, fazê-lo manualmente está fora de consideração, sobretudo quando se possuem largos milhares de ficheiros de imagem indexados pelo Lr.

Deste modo, assumindo que se categorizou e descreveu minimamente as imagens, uma tarefa que consome poucos minutos no presente e que poupa horas de esforço desnecessário no futuro, o módulo Library do Lr fornece métodos de pesquisa extremamente eficazes e, acima de tudo, rápidos. Isto porque todas as informações estão contidas no catálogo, a já mencionada base de dados do Lr, pelo que não é preciso percorrer ou abrir todos os ficheiros de imagem para conduzir uma pesquisa bem sucedida.

Genericamente, o Lr oferece duas funcionalidades para pesquisar imagens, nomeadamente os filtros de pesquisa (primordialmente orientados para as categorizações e metadados contidos no EXIF) e a barra de pesquisa (orientada não só para a procura de palavras-chave e nomes dos ficheiros de imagem, mas também *qualquer* outro campo de metadados). Serão estas funcionalidades que se irão explorar imediatamente a seguir.

Filtros de pequisa (Filter)

Legenda: Os filtros de pesquisa permitem encontrar imagens que tenham sido categorizadas (através de Flags, Rating ou Color Label) e/ou que correspondam a certos critérios contidos no EXIF. Alguns dos filtros de pesquisa podem ser activados no painel inferior, mas é preferível usar o painel Library Filter do módulo Library (assinalado a roxo), pois oferece um leque de opções mais completo. Assim, a título de exemplo, como base de pesquisa escolheram-se todas as imagens presentes no catálogo (secção Catalog, opção All Photographs), neste caso mais de 88.000 (assinalado a laranja). Depois, através do painel inferior ou da opção Attribute do painel Library Filter, começou por se activar o filtro relativo às imagens sinalizadas com uma bandeira branca (assinalado a vermelho). De seguida, recorrendo à opção Metadata do painel Library Filter, definiu-se uma sucessão de filtros: fotografias realizadas em 2011 com a câmara Canon EOS 5D Mark II e a objectiva EF 17-40mm f/4 USM, considerando todos os rótulos de cor (todos assinalados a verde). Por fim, activou-se um filtro que permitisse mostrar apenas as imagens originais, para que fossem ocultadas quaisquer cópias virtuais[12] ou filmes (assinalado a azul). Deste modo, em apenas dez segundos, o Lr encontrou as 199 imagens que correspondiam às exigências impostas por todos estes critérios, confirmando o seu desempenho notável.

Barra de pesquisa (Find)

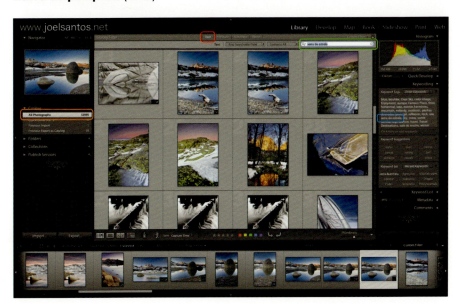

Legenda: Através da barra de pesquisa situada no painel Library Filter é possível pesquisar imagens com base em qualquer informação nelas contida, nomeadamente palavras-chave, nome do ficheiro, dados contidos no EXIF ou IPTC, etc. Caso a barra de pesquisa esteja ocultada, esta poderá ser activada através do atalho Ctrl+F (Windows)/ ⌘+F (Mac OS), bastando confirmar que está seleccionada a opção Text (assinalada a vermelho). Este método de pesquisa é tão poderoso que, caso se digitasse o número '100', seriam encontradas todas as imagens realizadas com ISO 100, velocidade de obturação 1/100 seg. ou com um nome que incluísse esse número, tudo em poucos instantes. Neste exemplo, optou-se por uma pesquisa mais simples e directa, digitando 'serra da estrela' na barra de pesquisa (assinalada a verde). Novamente, em breves instantes e entre mais de 53.000 imagens (assinalado a laranja), o Lr encontrou as 64 que correspondiam a esta palavra-chave, fruto de anteriormente se ter dedicado algum tempo a atribuir palavras-chave através da secção Keywording (assinalada a azul).

[12] Ver **Cópia Virtual (Virtual Copy)**, p. 292.

Xing Ping, China
Canon EOS 5D Mark II
1/25 sec; f/4.0; ISO 3200
Dist focal: 28 mm

Edição de imagem
O essencial

Modos de processamento (Process)	73
Reenquadrar e alinhar a imagem (Crop e Straighten)	75
Perfis de ajuste da câmara fotográfica (Camera Profiles)	82
Ajuste do equilíbrio de brancos (White Balance)	84
Ajuste da exposição (Histogram, Clipping, Exposure, Contrast, Highlights, Shadows, Whites, Blacks e Tone Curve)	91
Ajuste das cores	153
(Saturation) 154, (Vibrance) 156, (Hue, Saturation, Luminance – HSL) 158	
Ajuste da nitidez	173
(Sharpening) 175, (Sharpness) 190, (Clarity) 197	
Redução do ruído digital	202
(Noise Reduction) 203, (Noise) 210	
Correcção de elementos indesejados	212
(Spot Removal) 213	
Correcção de problemas ópticos	219
(Lens corrections – Profile 221, Color 223, Manual 230), (Defringe) 228	
Correcção do padrão Moiré	241
Correcção do efeito de olhos vermelhos	245
Preto-e-branco	248
(Saturation) 249, (Black & White e Grain) 255, (Split Toning) 261	
Avaliação dos resultados	265
(Before/After) 265	
Editar imagens no Adobe Photoshop CS	269

Edição de imagem
O essencial

Uma vez importadas, organizadas e seleccionadas as fotografias, chega o momento de iniciar o processo de edição de imagem propriamente dito, recorrendo às numerosas ferramentas e ajustes disponibilizados pelo Lr (no módulo Develop) e ACR.

Existe um punhado de questões que, tipicamente, grassam na mente de um fotógrafo que pretenda extrair o máximo potencial das suas imagens. A primeira consiste em identificar quais os aspectos que devem ser corrigidos numa imagem e, em função disso, seleccionar as ferramentas indicadas para os trabalhar. A segunda, depois de já ter optado por uma ou mais ferramentas, reside em aferir até onde se deverão levar os ajustes aplicados.

Como seria de esperar, a resposta irá variar fortemente em função da imagem, do fotógrafo e dos objectivos em questão. Assim, o mais importante será conhecer as ferramentas disponíveis, perceber qual a sua lógica e mecânica, descobrir por que são necessárias e, acima de tudo, compreender que uma mesma ferramenta pode ter mais do que uma finalidade e, dependendo dos casos, poderá ser combinada com outras para atingir um melhor resultado final.

Por esse motivo, os próximos capítulos não irão aderir à convencional abordagem de explorar ferramenta a ferramenta. Vão, sim, ter um encadeamento que respeite o fluxo de trabalho típico de um fotógrafo, recorrendo a múltiplas ferramentas para resolver questões como o ajuste do equilíbrio de brancos, da exposição, das cores, da nitidez, da redução de ruído, da eliminação de elementos indesejados, da correcção de problemas ópticos, da conversão para tons monocromáticos, entre outros.

Adicionalmente, como nem todos os leitores terão a mesma disponibilidade ou a mesma destreza inicial na utilização dos programas de edição de imagem visados neste livro, sempre que pertinente existirá uma separação entre Ajustes Básicos (tipicamente fáceis e rápidos de implementar, com resultados imediatamente visíveis) e Ajustes Avançados (normalmente exigem maior minúcia na sua aplicação e domínio das ferramentas usadas, permitindo resultados tecnicamente mais elaborados).

Em suma, dado o encadeamento e a correcta ordenação crescente de complexidade, espera-se que os próximos capítulos sejam de grande utilidade, independentemente do nível de experiência inicial do leitor, estando enriquecidos com informações, dicas de edição e dicas fotográficas que irão estreitar a ligação entre a fase de registo de imagem e a de pós-produção.

Modos de processamento
(Process)

Desde o momento em que o Lr foi criado, a Adobe desenvolveu mais do que um motor de processamento de imagem, adicionando não só novas funcionalidades e ferramentas, mas também melhorando substancialmente os algoritmos de processamento utilizados.

Deste modo, poderão ser encontrados três modos de processamento, cuja designação respeita ao ano em que foram introduzidos – 2003, 2010 e 2012 –, podendo ser seleccionados em Process, na secção Camera Calibration.

Para extrair o máximo potencial do Lr, é vivamente aconselhável que se esteja a usar o modo de processamento 2012, aquele que servirá de base para todos os exemplos neste livro.

Legenda: Selecção dos modos de processamento nas interfaces do Lr e ACR, sempre na secção Camera Calibration.

ACTUALIZE O MODO DE PROCESSAMENTO

Caso tenha importado as fotografias numa versão do Lr anterior à 4, é provável que o modo de processamento ainda esteja definido como 2003 ou 2010. Se tal acontecer, aparecerá um ponto de exclamação na parte inferior direita das imagens, alertando para o facto de não se estar a usar o modo de processamento mais recente, o 2012. Pode clicar-se directamente nesse símbolo para actualizar o modo de processamento ou fazê-lo em Process (na secção Camera Calibration, do módulo Develop). Note-se que uma eventual actualização do Catálogo do Lr não faz com que os modos de processamento sejam actualizados, até porque é aconselhável que se comparem as diferenças provocadas pela mudança de modo de processamento antes de a efectivar.

Legenda: Os ajustes aplicados na imagem correspondiam ao motor de processamento '2010', fazendo aparecer um ponto de exclamação no canto inferir direito da imagem, quando esta é exibida em Loupe View no módulo Develop. Ao clicar nesse ícone ou escolhendo directamente o modo de processamento 2012 na secção Camera Calibration (ambos assinalados a vermelho) surgirá uma janela, através da qual se poderá escolher entre actualizar a imagem em questão ('Update') ou todas as que estão presentes na barra inferior do Lr ('Update All Filmstrip Photos'). Também é possível activar a opção 'Review Changes via Before/After' (assinalada a verde), para se poder comparar as diferenças entre modos de processamento.

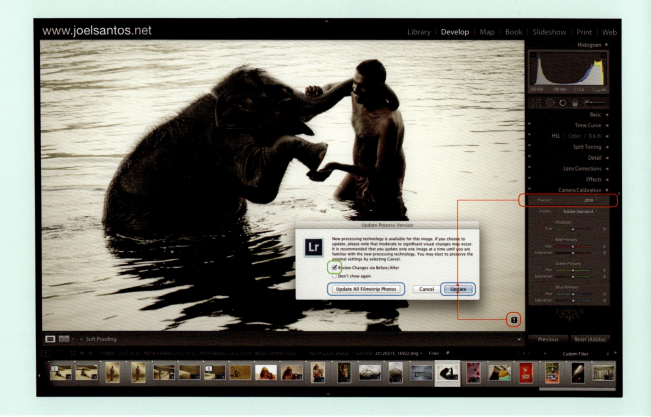

Reenquadrar e alinhar a imagem
(Crop e Straighten)

Nem sempre o enquadramento realizado com a câmara fotográfica é o melhor, algo que pode acontecer devido ao incorrecto alinhamento do horizonte numa paisagem, à inclusão inadvertida de elementos intrusivos, ao facto de se preferir uma proporção de imagem fora do comum, entre outras razões.

Muito embora seja sempre preferível enquadrar o mais rigorosamente possível enquanto se fotografa, existe sempre a possibilidade de efectuar reenquadramentos na fase de pós-produção, melhorando dessa forma a mensagem visual de uma imagem. Nesse sentido, a ferramenta 'Crop & Straighten', presente no módulo Develop, logo abaixo da secção Histogram, é a solução ideal.

Legenda:
Ferramentas Crop e Straighten nas interfaces do Lr e ACR.

Lr – tecla R (Crop e Straighten)

ACR – tecla C (Crop) ou A (Straighten)

Reenquadrar a imagem (Crop)

Para reenquadrar uma imagem, bastará activar a ferramenta Crop & Straighten, a qual dará acesso a um conjunto de opções, entre elas as que dizem respeito ao formato do rectângulo de recorte.

As imagens de exemplo que se seguem dão uma noção precisa das possibilidades existentes e do modo de funcionamento desta ferramenta.

REENQUADRAR UMA IMAGEM

01. Para reenquadrar uma imagem, activou-se a ferramenta Crop & Straighten (assinalada a vermelho), fazendo aparecer uma grelha de recorte sobre a imagem. O ajuste da dimensão da grelha de recorte é feito ao clicar e arrastar os cantos e pontos médios laterais da grelha de recorte (dois deles assinalados a verde). Depois de 'desenhada' a área de recorte, é possível eleger qual a parte da fotografia que será mantida, bastando clicar sobre a imagem e arrastá-la sobre o rectângulo de recorte (assinalado a azul). Note-se que, para já, foi preservada a proporção original da imagem (assinalado a roxo), neste caso 3:2, a proporção do sensor de imagem da maioria das câmaras reflex existentes. Este é um aspecto que poderá ser alterado, conforme se verá nos passos 03 e 04.

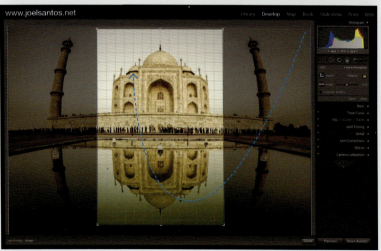

02. Para fazer um reenquadramento vertical de uma imagem horizontal, mas mantendo a proporção original (3:2, como foi referido anteriormente), será preciso clicar e arrastar um dos cantos do rectângulo de recorte, movendo o rato no sentido do canto imediatamente oposto e, quando estes estiverem próximos, modificar o percurso do rato para cima. Em termos visuais, seria como se 'desenhasse' um 'J' deitado (como está ilustrado a azul). Ao proceder desta forma, o rectângulo de recorte modifica-se e assume uma orientação vertical. O mesmo procedimento seria válido se a imagem original fosse vertical e se procurasse fazer um reenquadramento horizontal. No Lr, todo este processo poderá ser poupado usando a tecla de atalho 'X', que irá alternar entre um rectângulo de recorte vertical ou horizontal.

03. Para modificar a proporção do rectângulo de recorte é preciso clicar em 'Original' (assinalado a vermelho), o que abrirá uma janela com múltiplas opções, desde o formato quadrado (1:1) ao panorâmico (19:10), passando pela possibilidade de criar um formato personalizado (Enter Custom...).

04. Para uma total liberdade na definição do formato e dimensão do rectângulo de recorte, existe a possibilidade de clicar no pequeno ícone de um cadeado, fazendo com que este fique 'aberto' (assinalado a vermelho). Agora, sem a restrição de os ajustes serem proporcionais, falta definir o rectângulo de recorte, clicando e arrastando um dos seus cantos, até que este assuma a forma desejada. Para concluir o processo, resta clicar em 'Done' na barra de trabalho inferior ou em 'Close' na secção da própria ferramenta (assinalado a verde). Para anular todas as operações realizadas, pode clicar-se em 'Reset' (assinalado a roxo), imediatamente ao lado de 'Close'.

Note-se que, no caso do Lr, a edição de imagem é sempre efectuada de forma não destrutiva[1], logo será sempre possível regressar ao enquadramento original, mesmo que já tenha efectuado algum recorte, bastando clicar em 'Reset' na secção da ferramenta Crop & Straighten. Porém, a partir do momento em que a imagem for exportada, e admitindo que não foi definido nenhum redimensionamento[2], esta terá uma resolução correspondente ao recorte efectuado. É possível averiguar qual a resolução da imagem recortada usando a tecla de atalho 'I', fazendo aparecer essa informação sobre a imagem (no ACR este dado surge na barra inferior da sua interface).

[1] Ver **Adobe Photoshop Lightroom (Lr)**, p. 21.
[2] Ver **Exportação/gravação das imagens**, p. 309.

Lr – tecla I (alternar exibição das informações sobre a imagem)

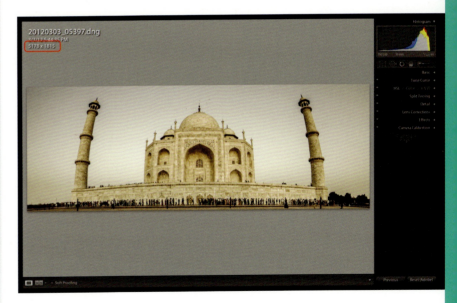

Legenda: Recorrendo à tecla de atalho 'I' é possível verificar qual a resolução com que uma dada imagem ficará depois de recortada. No caso da imagem de exemplo, a resolução original era de 5184 x 3456, tendo ficado com 5178x1815 depois de efectuado o reenquadramento (assinalado a vermelho). Salvo se for definido algum redimensionamento, esta será a resolução com que a imagem ficará quando for exportada.

MODIFIQUE AS GRELHAS DE RECORTE NO LR

Com a ferramenta Crop & Straighten activa, prima a tecla 'O' repetidamente para alternar entre as várias grelhas de recorte disponíveis, entre elas a correspondente à Regra dos Terços, à Regra da Espiral Dourada e à Regra dos Triângulos Dourados[3].

NÃO EXAGERE NO REENQUADRAMENTO

Importa ter em consideração que ao reenquadrar uma imagem está-se, na prática, a descartar informação (píxeis). Deste modo, ao diminuir a resolução original de uma imagem – por exemplo, de 5184x3456 (21 MP) para 1920x1280 (3 MP) –, exclui-se a possibilidade de a imprimir com qualidade num grande formato, como o A3+.

REPARE NA ALTERAÇÃO DOS HISTOGRAMAS QUANDO REENQUADRA UMA IMAGEM

Os histogramas serão amplamente abordados mais adiante[4], mas, para já, importa notar que o histograma de uma imagem varia à medida que o rectângulo de recorte é definido, como poderá ser comprovado ao longo das imagens de exemplo usadas neste subcapítulo, mais concretamente as do monumento Taj Mahal (Passos 01 a 04). Estas modificações no histograma poderão ser relevantes quando se efectuarem os ajustes de exposição, já que condicionam ou potenciam a forma como as ferramentas são usadas.

CRIE CÓPIAS VIRTUAIS (VIRTUAL COPY) COM DIFERENTES ENQUADRAMENTOS

Uma vez que no Lr a edição de imagem é feita de modo não destrutivo, é possível ensaiar vários reenquadramentos, isto sem a preocupação de comprometer a imagem original. Assim, por vezes, será interessante ter uma mesma imagem reenquadrada com formatos distintos, por exemplo, uma quadrada, uma panorâmica e uma com a proporção original. Para tal, poderá recorrer às Cópias Virtuais, bastando clicar por cima de uma dada imagem com o botão direito e, no menu que irá aparecer, seleccionar 'Create Virtual Copy'[5]. A Cópia Virtual irá aparecer ao lado da foto 'original' (Master Photo), sendo uma réplica exacta desta (incluindo os ajustes que já tenham sido definidos), podendo aplicar-se um reenquadramento distinto. É possível fazer tantas Cópias Virtuais quanto aquelas que sejam necessárias.

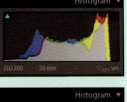

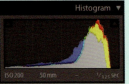

Legenda: Evolução da forma dos histogramas à medida que foram sendo definidas áreas de recorte diferenciadas, correspondendo o primeiro histograma ao passo 02, o segundo ao passo 03 e o terceiro ao passo 04.

[3] Consultar o livro FOTOGRAFIA – Luz, Exposição, Composição, Equipamento e Dicas para Fotografar em Portugal para saber mais sobre as regras de composição clássicas. Informação acerca das obras relacionadas com fotografia em http://www.centroatlantico.pt/fotografia/.
[4] Ver **Ajuste da exposição**, p. 91.
[5] Ver **Cópia Virtual (Virtual Copy)**, p. 292.

Legenda: Foram criadas duas Cópias Virtuais a partir de uma mesma imagem 'original' através da opção 'Create Virtual Copy' (assinalada a vermelho), ficando estas assinaladas por um canto dobrado na parte inferior esquerda das miniaturas presentes na barra de trabalho inferior (assinalado a verde). A imagem original (imagem da esquerda) permaneceu com o seu formato inicial, mas as Cópias Virtuais foram reenquadradas para um formato quadrado (imagem do meio) e panorâmico (imagem da direita).

Alinhar a imagem (Straighten)

Nas imagens em que determinados motivos surgem desalinhados, como o horizonte de uma paisagem ou a parede de um edifício, poderá ser desejável corrigir esse aspecto através de um reenquadramento.

Como veremos nas imagens seguintes, nem sempre é fácil aferir qual o ângulo de rotação que a imagem deverá sofrer para que, por exemplo, uma linha de horizonte inclinada fique perfeitamente nivelada. Nestes casos, é aconselhável recorrer a uma grelha de recorte diferente ou, se a linha que se pretende nivelar for perfeitamente identificável, usar a funcionalidade Straighten para determinar qual o ângulo de rotação ideal.

 ### ALINHAR UMA IMAGEM

01. Já com a ferramenta Crop & Straighten activada (assinalada a vermelho), premiu-se a tecla de atalho 'O' até obter a grelha de recorte com maior número de linhas de guia verticais e horizontais. Deste modo, foi possível verificar que a linha de horizonte não é paralela às linhas de guia, como é patente nas zonas assinaladas a verde na imagem, sintomático de uma fotografia de paisagem incorrectamente nivelada.

Lr – tecla O (alternar grelha de recorte)

02. Para encontrar o ângulo de rotação da imagem ideal, clicou-se no ícone da funcionalidade Straighten, com a aparência de um nível de bolha (assinalado a vermelho). Depois, clicou-se na extremidade esquerda da linha do horizonte e, sem deixar de pressionar o botão do rato, desenhou-se uma linha coincidente com a linha de horizonte até ao lado direito desta última (movimento assinalado a laranja). Assim que se deixar de pressionar o botão do rato, esta acção tornará possível à ferramenta determinar o ângulo de rotação necessário para nivelar a imagem, como se verá no passo seguinte.

03. Uma vez desenhada uma linha através da funcionalidade Straighten, o Lr determinou com precisão o ângulo de rotação necessário para que o horizonte ficasse perfeitamente nivelado — neste caso, 0.82 (assinalado a vermelho) —, algo que pode ser confirmado através das linhas de guia da grelha de recorte (assinalado a verde). Se necessário, é possível fazer ajustes adicionais no alinhamento e reenquadramento da imagem, bastando clicar e arrastar os cantos ou pontos médios da grelha de recorte (dois exemplos assinalados a azul). Para concluir o processo, resta clicar no botão Done (barra de trabalho inferior) ou em Close (na secção da própria ferramenta Crop & Straighten).

UTILIZE A GRELHA DE RECORTE APROPRIADA

É aconselhável mudar a grelha usada pela ferramenta Crop & Straighten até obter a que exibe mais linhas de guia, já que esta ajudará a perceber eventuais desalinhamentos no horizonte ou em outras linhas rectas presentes numa fotografia. Para tal, no Lr, bastará premir repetidamente a tecla O até que surja a grelha de recorte desejada.

NIVELE O HORIZONTE OU OUTRAS LINHAS EXISTENTES NO ENQUADRAMENTO ENQUANTO FOTOGRAFA

Nunca se deverá abdicar de um enquadramento minucioso no terreno e, se esse for o objectivo, do correcto nivelamento do horizonte, pois existem diversos casos em que um recorte em pós-produção retira/corta elementos da imagem que eram absolutamente cruciais para a composição global.

RECORTE AUTOMÁTICO DA IMAGEM (CONSTRAIN TO WARP / CONSTRAIN TO CROP)

Existe uma funcionalidade na ferramenta Crop & Straighten que ainda não foi abordada – a Constrain to Warp –, já que esta está umbilicalmente associada à funcionalidade Constrain Crop, existente na secção Lens Correction quando esta está no modo de ajuste Manual[6]. Essencialmente, apesar de surgir com duas designações distintas, esta funcionalidade possui o mesmo objectivo: recortar automaticamente uma imagem depois de aplicados os ajustes de correcção dos problemas ópticos (Distortion, Vertical, Horizontal, Rotate e Scale), aproveitando o máximo da área útil dessa mesma imagem.

[6] Ver **Correcção de problemas ópticos**, p. 219.

MODIFIQUE A ORIENTAÇÃO VERTICAL/HORIZONTAL OU A DISPOSIÇÃO VERTICAL/HORIZONTAL DAS IMAGENS

Embora não implique qualquer recorte ou realinhamento, é possível modificar a orientação vertical/horizontal de uma imagem ou conjunto de imagens. Esta acção poderá ser necessária não só por questões criativas, mas também porque algumas câmaras fotográficas digitais não possuem um sensor de orientação, fazendo com que as imagens registadas na vertical surjam por rodar depois de importadas para o Lr ou de abertas no ACR, como mostra o exemplo seguinte.

Legenda: Para rodar para a imagem original (a da esquerda) no sentido contrário ao dos ponteiros do relógio recorreu-se ao menu Photo ▸ Rotate Left (assinalado a vermelho). O mesmo resultado poderia ser obtido no módulo Library clicando nas pequenas setas curvas que aparecem na base das miniaturas das imagens, especificamente quando se está no modo de visualização em Grelha (tecla de atalho 'G'). Já no ACR, o mesmo processo poderá ser levado a cabo através das teclas de atalho 'R' ou 'L' (rodar para a direita ou esquerda, respectivamente), ou através dos ícones com setas redondas presentes na parte superior esquerda da sua interface.

Também poderá ser necessário modificar a disposição de uma imagem, invertendo-a vertical ou horizontalmente como forma de atingir um propósito criativo. A imagem seguinte constitui um bom exemplo disso mesmo.

Legenda: Para inverter horizontalmente a imagem original, a da esquerda, recorreu-se ao menu Photo ▶ Flip Horizontal (assinalado a vermelho), obtendo o resultado mostrado pela imagem ao centro. Já para inverter a imagem original verticalmente escolheu-se, no mesmo menu, a opção Flip Vertical, conseguindo o resultado patente na imagem da direita.

Perfis de ajuste da câmara fotográfica
(Camera Profiles)

Na maior parte dos casos, por melhor que seja o equipamento fotográfico e o fotógrafo que o usa, existe uma certa desilusão quando se compara uma fotografia no ecrã LCD da câmara com a mesma imagem no ecrã do computador. Para além das evidentes diferenças tecnológicas e de ambientes de utilização de ambos os ecrãs, existem muitas outras razões para que tal aconteça, desde a reprodução das cores ao contraste da imagem, da exposição à nitidez dos detalhes, entre muitas outras.

De facto, é por isso que a edição de imagem é um passo fulcral no processo fotográfico – o que, consequentemente, sublinha a importância de utilizar programas como o Lr ou o ACR. Contudo, antes de recorrer ao vasto leque de ferramentas existentes, é possível aplicar os perfis de ajuste que algumas câmaras possuem nativamente, como os disponibilizados através das funções Picture Styles da Canon, por exemplo.

Embora estes perfis de ajuste sejam essencialmente usados pelas câmaras para processar as fotografias gravadas no formato JPEG, eles também podem ser usados como ponto de partida para editar os ficheiros no formato RAW quando se usa o Lr ou ACR. Para tal, na secção Camera Calibration, bastará seleccionar um dos perfis existentes em Profile, como mostra a imagem seguinte[7].

[7] Para facilitar a análise dos resultados obtidos por determinada ferramenta ou ajuste, comparando-os com a imagem original ou com a do passo anterior, será usado ao longo da maioria dos exemplos o modo de visualização Antes/Depois do Lr. Ver **Antes/Depois (Before/After)**, p. 265.

Legenda: Na interface do Lr, a imagem da esquerda corresponde ao perfil Adobe Standard (definido por omissão no Lr e no ACR) e a do lado direito ao perfil Portrait (um dos que existe nativamente na câmara fotográfica usada), configurado em Profile na secção Camera Calibration (assinalado a vermelho). Na imagem da direita, é evidente o aumento de saturação de algumas cores (vermelhos, azuis e verdes), a dessaturação de outras (magentas, laranjas) e neutralidade de outras (amarelos), um resultado praticamente idêntico ao que fora observado no ecrã LCD da câmara fotográfica. A interface do ACR é idêntica à do Lr.

Ajuste do equilíbrio de brancos
(White Balance)

Nem sempre será imediatamente óbvio, mas um dos principais problemas que pode afectar uma imagem digital é a presença de uma dominante de cor indesejada, a qual afecta, de uma forma praticamente homogénea, as restantes cores. Esta dominante altera a percepção que o observador tem da imagem, por vezes de forma prejudicial.

A presença de dominantes de cor ocorre porque as cores registadas pela câmara fotográfica, bem como aquelas que o olho humano vê, são o resultado da luz reflectida pelas superfícies, a qual está dependente da cor emitida pela fonte de luz. Por exemplo, uma parede pintada de branco poderá ser registada (vista) como alaranjada quando se liga uma luz incandescente (temperatura de cor é 'quente'), mas ficará azul esverdeada se a fonte de luz for uma lâmpada fluorescente (temperatura de cor é mais 'fria', com uma ligeira presença de verde). Assim, nos dois casos, existe um desvio relativamente àquilo que está convencionado como 'branco', ficando essa cor dominada/desviada pela cor da fonte de luz. Neste contexto, chama-se 'equilíbrio de brancos' à relação existente entre a presença de uma dominante de cor numa imagem e a cor da fonte de luz existente na altura em que a fotografia foi registada – logo, sabendo ou calculando a temperatura de cor da fonte de luz será possível eliminar a dominante por ela criada.

Para resolver esta questão, todas as câmaras digitais possuem uma função de equilíbrio de brancos automático, cujo propósito é minimizar a presença de dominantes de cor e, supostamente, tornar o 'branco' realmente 'branco'. Contudo, este automatismo raramente fornece um bom resultado, pois, na maioria dos casos, a câmara não está apontada para a fonte de luz (Sol, por exemplo), mas sim para os múltiplos motivos por ela iluminados. Deste modo, a câmara tem dificuldade em avaliar a cor da fonte de luz e, consequentemente, em ajustar o equilíbrio de brancos de forma a anular uma possível dominante de cor. É por essa razão que, entre outras possibilidades, existem diversas predefinições de equilíbrio de brancos na câmara fotográfica – fluorescente, tungsténio, flash, luz do dia, nublado, sombra –, onde o fotógrafo, com base na sua avaliação visual das condições de luz disponível, define a opção mais adequada.

Todavia, quer se tenha optado pela função de equilíbrio de brancos automático, quer tenha havido o cuidado de optar por uma predefinição 'acertada' durante o registo da fotografia, a maioria das fotografias continuará a exibir uma dominante de cor, o que pode resultar numa imagem visualmente desagradável ou com cores pouco fidedignas. Logo, importa aprender a identificar e a resolver este problema na fase de pós-produção, tirando partido da melhor qualidade dos ecrãs de secretária para usar as ferramentas de ajuste do equilíbrio de brancos oferecidas pelo Lr e ACR.

 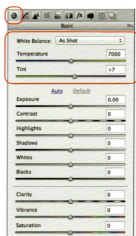

Legenda: Ferramenta White Balance nas interfaces do Lr e ACR, sempre presente na secção Basic.

BÁSICO

Ajustar o equilíbrio de brancos requer mais prática do que habitualmente se julga, pois é preciso um ecrã de trabalho bem calibrado e, sobretudo, algum treino visual para perceber que uma imagem possui uma dominante de cor. De facto, o nosso cérebro tem uma capacidade invulgar de se adaptar àquilo que os olhos vêem e de tornar 'normal' aquilo que na verdade está longe de o ser. Assim, regra geral, só quando se compara o registo inicial com uma imagem com o equilíbrio de brancos adequado é que se percebe o quão errada a primeira versão estava.

Sendo assim, como sempre acontece, a capacidade de detectar uma dominante de cor e de saber como a corrigir vem com prática continuada. Até lá, para que ajustar o equilíbrio de brancos não seja um quebra-cabeças e para que se comece a treinar a capacidade de identificar dominantes de cor insuspeitas, o Lr e o ACR oferecem algumas formas mais imediatas de usar a ferramenta White Balance, as quais serão analisadas já de seguida.

Equilíbrio de brancos (Auto)

A forma mais fácil de ajustar o equilíbrio de brancos passa por usar a opção que o faz automaticamente. Esta pode ser encontrada clicando à frente de onde está escrito 'WB' ('White Balance:', no caso do ACR), na secção Basic do módulo Develop. Depois, na lista de opções apresentada, basta escolher a denominada por 'Auto'. Num breve instante, a imagem será analisada e um ajuste do equilíbrio de brancos será aplicado automaticamente.

Importa referir que os resultados obtidos pela opção Auto tanto podem ser satisfatórios, como, por vezes, bastante inapropriados. Recorde-se que um programa não possui sensibilidade estética, pelo que o máximo que pode fazer é procurar um resultado teoricamente bom, mas que, na prática, pode estar muito distante do desejado.

A imagem seguinte ilustra um resultado obtido através de um ajuste automático do equilíbrio de brancos.

[8] Independentemente do nome da predefinição de equilíbrio de brancos definida na câmara fotográfica, o Lr e o ACR apresentarão sempre essa escolha como 'As Shot' – ou seja, trata-se de uma designação genérica para se referir ao equilíbrio de brancos usado na altura do registo da imagem.

[9] O mesmo já não acontece quando se fotografa em JPEG, sendo que as predefinições Daylight (Luz do Dia), Cloudy (Nublado), Shade (Sombra), Tungsten (Tungsténio), Fluorescent (Fluorescente) e Flash não irão aparecer.

Legenda: A imagem da esquerda corresponde à obtida pela câmara, na qual tinha sido definido um Equilíbrio de brancos 'nublado' (Cloudy) e que o Lr apresenta na interface como 'As Shot'[8]. Como mostra a imagem da direita, ao seleccionar o equilíbrio de brancos 'Auto' (assinalado a vermelho), as cores foram 'arrefecidas' e surgiu uma ligeira dominante de magenta (evidente nas nuvens). Em rigor, a imagem da esquerda está mais próxima do que foi observado quando a fotografia foi realizada, sendo que o ajuste provocado pelo equilíbrio de brancos Auto pecou por ser excessivo, retirando impacto à imagem.

Equilíbrio de brancos (Predefinições)

Quando se fotografa no formato RAW, uma das vantagens é poder seleccionar à posteriori a predefinição de equilíbrio de brancos desejada[9]. Esta possibilidade é bastante interessante não só porque se evita a aleatoriedade dos resultados obtidos pela função Auto, mas também porque se pode corrigir em pós-produção um equilíbrio de brancos erradamente definido na câmara.

 A imagem que se segue representa um caso em que, por lapso, estava seleccionado o equilíbrio de brancos Cloudy (Nublado) na câmara, uma definição apropriada minutos antes, mas desadequada a partir do momento em que o céu ficou completamente limpo. Esse engano levou a que a imagem ficasse excessivamente 'aquecida', logo com uma reprodução de cor pouco fidedigna face ao observado no momento do registo da fotografia. Contudo, sabendo as condições de luz no momento – céu limpo, com sol abundante perto do meio-dia –, bastou escolher a predefinição de Equilíbrio de brancos adequada, neste caso a Daylight (Luz do Dia), obtendo-se o resultado que se pode verificar de seguida.

Legenda: Ao escolher uma determinada predefinição de Equilíbrio de brancos está-se a dar a conhecer a temperatura de cor aproximada da fonte de luz presente no momento em que a fotografia é realizada. Neste caso, os motivos estavam banhados pela luz solar num momento de céu limpo, pelo que a predefinição Daylight (assinalada a vermelho) é a indicada para 'arrefecer' as cores e eliminar a dominante de amarelo presente na imagem original (a da esquerda), obtendo-se uma imagem final (a da direita) cujas cores resultantes são fidedignas.

DEFINA O EQUILÍBRIO DE BRANCOS CORRECTO

Por vezes, fica seleccionada uma predefinição de equilíbrio de brancos errada, quer por esquecimento, quer por uma má avaliação da real temperatura de cor da fonte de luz. Neste último caso, imagine-se duas paisagens nubladas, uma onde o Sol espreita por entre as nuvens e outra em que o Sol está totalmente coberto pelas nuvens. Tal significa que a cor da fonte de luz é diferente nas duas situações, pois numa a luz solar não tem obstáculos e noutra ela é filtrada pelas nuvens. Ao activar a predefinição de equilíbrio de brancos Cloudy (Nublado), é provável que esta não se adeque à primeira situação, já que, apesar de existir um céu moderadamente nublado, não quer dizer que a cor da fonte de luz esteja condicionada por essa situação meteorológica, conduzindo a uma dominante de cor indesejada, a qual poderia ter sido melhor anulada pela predefinição Daylight.

Equilíbrio de brancos (Temp e Tint)

Propositadamente, até ao momento, falou-se de equilíbrio de brancos, mas não se referiu concretamente quais as variáveis em jogo quando este é ajustado. Clarificando agora esse aspecto, o equilíbrio de brancos é definido mediante dois tipos de ajustes: temperatura de cor e tintas.

No Lr e no ACR, o ajuste da temperatura de cor (Temp) poderá variar entre 2000 K e 50.000 K[10] quando se trabalha um ficheiro de imagem no formato RAW[11]. Quanto mais baixo for o valor, mais azul será introduzido na imagem – 'arrefecendo-a', portanto –, criando uma dominante de azul ou anulando uma dominante de amarelo. Quanto mais alto for o valor, mais amarelo será introduzido na imagem – 'aquecendo-a', neste caso –, criando uma dominante de amarelo ou anulando uma dominante de azul. Note-se que este comportamento do ajuste em Temp se deve ao facto de as cores amarelo e azul serem complementares no círculo de cores digital[12].

Quanto ao ajuste Tint, este poderá variar entre -150 e +150[13]. No caso deste ajuste, valores inferiores a 0 introduzem verde na imagem, enquanto valores superiores a 0 introduzem magenta. Sendo

AVANÇADO

Perante a possível ineficácia do ajuste do equilíbrio de brancos Auto e da estanquicidade das predefinições, por vezes será preciso investir um pouco mais noutras possibilidades oferecidas pela ferramenta White Balance.

Assim, quando se deseja um equilíbrio de brancos ajustado com máxima precisão, quer para obter cores absolutamente fidedignas, quer para criar ambiências criativas nas imagens, há que recorrer a uma definição personalizada da temperatura de cor e das tintas, como se verá nos dois próximos subcapítulos.

---

[10] A letra K representa Kelvin, a unidade de medida para a temperatura de cor. A letra K não surge na interface do Lr nem do ACR, mas foi aqui mencionada por existir uma correspondência entre os valores mostrados pela ferramenta e essa forma de qualificar a temperatura de cor, uma designação mais frequente nas câmaras fotográficas.

[11] Quando se trata de um JPEG a temperatura de cor (Temp) poderá variar entre -100 e +100, sendo que valores inferiores a 0 arrefecem a imagem (introduzindo azul) e valores superiores a 0 aquecem a imagem (introduzindo amarelo). Ou seja, apesar da notação numérica ser diferente, a lógica de funcionamento da ferramenta é semelhante. Todavia, importa voltar a sublinhar que os resultados obtidos por este ajuste num ficheiro JPEG serão sempre inferiores aos que se obtêm num ficheiro RAW, pois apenas este último preserva a informação de cor original.

[12] Consultar o livro FOTOGRAFIA – Luz, Exposição, Composição, Equipamento e Dicas para Fotografar em Portugal para saber mais sobre o círculo de cores tradicional e digital, nomeadamente no subcapítulo Cor pertencente ao capítulo sobre Composição. Informação acerca das obras relacionadas com fotografia em http://www.centroatlantico.pt/fotografia/

[13] No caso de se tratar de um ficheiro no formato JPEG a variação de Tint está limitada ao intervalo de -100 a +100, continuando válido o que se referiu numa nota de rodapé anterior, ou seja, a inferioridade dos resultados obtidos quando comparados com os que se obteriam com um ficheiro RAW.

Legenda: A imagem da direita mostra o resultado obtido quando se aumentou o valor de Temp de 5550 para 23.000 (assinalado a vermelho), o que não só eliminou a presença de azul como exagerou a presença de amarelo. De um ponto de vista criativo, obteve-se uma imagem com as cores típicas de um intenso nascer do sol quando a luz é filtrada pelo nevoeiro, embora neste caso a fotografia tenha sido registada várias horas depois desse momento e de a bruma ter sido provocada pelos gazes expelidos por uma fumarola vulcânica.

estas cores complementares no círculo de cores digital, a ideia será aplicar um ajuste negativo quando se pretende eliminar uma dominante de magenta e um ajuste positivo quando o objectivo for eliminar uma dominante de verde.

Percebendo agora a mecânica dos ajustes Temp e Tint contidos na ferramenta White Balance, resta agora analisar a imagem que será alvo do trabalho, aplicando correcções num ou em ambos os ajustes dependendo da avaliação meramente visual dos resultados. Como foi mencionado anteriormente, os ajustes tanto podem servir para obter um equilíbrio de brancos que permita alcançar cores fidedignas, como também para criar uma ambiência particular numa imagem. Para introduzir alguma criatividade neste processo, o exemplo acima ilustra o segundo caso.

Equilíbrio de brancos (Pipeta selectora)

A última forma de ajustar o equilíbrio de brancos é através da funcionalidade contida no ícone com a aparência de uma pipeta. Ao clicar na pipeta o ponteiro do rato assume essa figura e, assim que se começa a percorrer a imagem, aparecerá uma matriz de grandes proporções, a qual mostra as cores sobre as quais a pipeta está posicionada. A ideia será procurar um pormenor em que as percentagens dos canais RGB estejam muito próximas entre si e, idealmente, que não estejam muito distantes de 50%[14], como será exemplificado nas imagens seguintes.

---

[14] Isto porque o tom cinzento corresponde a 50% em cada canal de cor RGB. Ou seja: R=128, G=128, B=128 ▶ cinzento.

DEFINIR O EQUILÍBRIO DE BRANCOS ATRAVÉS DA PIPETA SELECTORA

01. A utilização de filtros de densidade neutra no momento do registo da fotografia provocou uma evidente dominante de magenta em toda a imagem, a qual não ficou resolvida pela função de equilíbrio de brancos da câmara fotográfica. Para solucionar o problema e encontrar o equilíbrio de brancos adequado, recorreu-se à funcionalidade da pipeta selectora (assinalada a vermelho), procurou-se com o rato um motivo que se sabia ser cinzento (neste caso uma pedra, assinalada a verde), logo com percentagens dos canais RGB próximas entre si e de 50% (assinalado a azul). Os motivos cinzentos são aqueles que melhor ajudam o Lr a determinar os desvios existentes nos diferentes canais de cor, produzindo um ajuste tipicamente mais adequado do que o conseguido através de uma amostra recolhida num motivo branco (a qual, frequentemente, conduz a um sobreajuste do equilíbrio de brancos).

02. Depois de clicar na zona identificada na imagem anterior, a funcionalidade da pipeta selectora operou os ajustes necessários (assinalados a vermelho), sendo que Temp passou de 5550 para 4700 ('arrefecendo' a imagem) e em Tint passou de 0 para -58 (introduzindo verde na imagem, a cor complementar do magenta, logo anulando por completo a dominante de magenta). Note-se que, na imagem corrigida (a da direita, agora ampliada para facilitar a análise), as rochas em primeiro plano ficaram cinzentas, a vegetação ficou amarelo seco e a pequena amostra de mar ficou realmente azul – ou seja, as 'verdadeiras' cores foram restabelecidas. A imagem ficaria agora pronta para ajustes de cor adicionais, por exemplo através das ferramentas Vibrance[15] e/ou HSL[16].

---

[15] Ver **Vibração (Vibrance)**, p. 156.
[16] Ver **Matiz, Saturação e Luminância (Hue, Saturation, Luminance – HSL)**, p. 158.

Lr – Tecla W (activa a pipeta da White Balance)
ACR – Tecla I (activa a pipeta da White Balance)

USE A FERRAMENTA HSL DE FORMA COMPLEMENTAR À FERRAMENTA WHITE BALANCE

A ferramenta de equilíbrio de brancos é, muitas vezes, apenas a primeira fase no ajuste da cor de uma imagem. De facto, é possível fazer acertos complementares e mais minuciosos através de ferramentas como a HSL[17], obtendo dessa forma a melhor reprodução de cor possível.

[17] Ver Matiz, Saturação e Luminância (Hue, Saturation, Luminance – HSL), p. 158.

USE A PREVISUALIZAÇÃO EM NAVIGATOR PARA DETERMINAR ONDE USAR A PIPETA SELECTORA DO EQUILÍBRIO DE BRANCOS

Um aspecto digno de nota é que, olhando para a janela Navigator, é possível antever o resultado da aplicação da pipeta selectora do equilíbrio de brancos, antes mesmo de se clicar sobre uma cor. Com efeito, à medida que se percorre a fotografia com o rato, a imagem na janela Navigator mostra, em tempo real, quais seriam as consequências da alteração do equilíbrio de brancos – uma ajuda preciosa na determinação do local exacto para aplicação desta ferramenta.

Legenda: A previsualização em Navigator (assinalada a vermelho) deixa antever qual seria o efeito de um ajuste do equilíbrio de brancos induzido pelo local onde a pipeta selectora se encontra (assinalado a verde).

PROCURE UM TOM DE CINZENTO PARA AJUSTAR O EQUILÍBRIO DE BRANCOS

Apesar de a ferramenta se chamar equilíbrio de brancos, os motivos supostamente brancos não são os melhores para encontrar um equilíbrio de brancos apropriado, pois a correcção resultante tende a ser exagerada, criando, por vezes, uma dominante inversa à original. Deste modo, quando se usa a funcionalidade da pipeta selectora, a melhor solução será procurar um pormenor que seja 'originalmente' cinzento, como uma pedra, um pedaço de cimento, uma porção de tecido com esse tom, entre outras hipóteses. Será nesses motivos que o Lr ou o ACR calcularão com maior precisão os desvios de cor e, consequentemente, o melhor ajuste do equilíbrio de brancos.

COLOR BALANCE

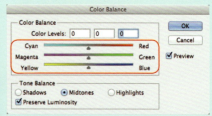

A ferramenta Color Balance do Ps pode funcionar de forma idêntica à White Balance do Lr e ACR, pois permite ajustar a presença de amarelo/azul e magenta/verde na imagem, escolhendo inclusivamente os tons onde esse ajuste será aplicado (Shadows, Midtones e Highlights). Contudo, é preciso ter em consideração que a Color Balance só está disponível depois dos ficheiros RAW terem sido abertos, logo a informação original já estará perdida. Assim, é sempre preferível ajustar o equilíbrio de brancos no Lr ou ACR, antes da conversão do ficheiro RAW ter sido feita.

Ajuste da exposição (Histogram, Clipping, Exposure, Contrast, Highlights, Shadows, Whites, Blacks e Tone Curve)

A exposição representa a quantidade de luz captada através do meio de registo da imagem, nomeadamente o sensor digital presente na câmara fotográfica, dando origem a uma fotografia. A exposição é controlada pelas três variáveis da exposição – abertura do diafragma, velocidade do obturador e sensibilidade ISO[18].

Em função da luz disponível e das quase ilimitadas combinações entre as referidas variáveis, pode obter-se uma imagem 'correctamente' exposta, mas também a uma imagem subexposta ('escura') ou sobreexposta ('clara')[19]. Estes dois últimos casos são aqueles que, regra geral, a maioria dos fotógrafos procura solucionar em pós-produção, razão pela qual se irá abordar as diversas soluções oferecidas pelo Lr, ACR ou Ps.

Todavia, antes de passar para o uso das ferramentas de ajuste de exposição, importa explorar alguns instrumentos de análise da exposição. Só desta forma se poderá entender algumas das suas limitações/possibilidades[20] e eleger o melhor curso de acção, quer quando se fotografa no terreno, quer quando se opta por uma determinada ferramenta em pós-produção.

---

[18] Estas variáveis também possuem um impacto na profundidade de campo (abertura), no arrastamento/congelamento do motivo (velocidade) e na quantidade de ruído digital presente na imagem (sensibilidade ISO). Alguns destes aspectos podem, até certo ponto, ser ajustados em pós-produção. A título de exemplo, o ruído digital pode ser reduzido através das ferramentas contidas em **Noise Reduction**, na secção **Detail** (p. 203). O arrastamento/congelamento também pode ser minimizado/maximizado com ferramentas de aumento de nitidez, como a Sharpening, também ela inserida na secção **Detail** (p. 181). Já a perda de profundidade de campo pode ser simulada usando pincéis de ajuste para reduzir a nitidez em determinadas partes da imagem, nomeadamente através de um ajuste negativo na ferramenta **Clarity** (p. 197) e **Sharpness** (p. 193).

[19] Consultar o livro **FOTOGRAFIA – Luz, Exposição, Composição, Equipamento e Dicas para Fotografar em Portugal** para saber mais acerca desta temática, nomeadamente no capítulo dedicado à Exposição. Informação acerca das obras relacionadas com fotografia em http://www.centroatlantico.pt/fotografia/.

[20] Para saber mais sobre as especificidades da exposição digital e as limitações que esta pode introduzir ao nível da edição de imagem, recomenda-se vivamente a leitura do ANEXO.

ANÁLISE DA EXPOSIÇÃO

O ACR e o Lr oferecem alguns instrumentos e funcionalidades de análise da exposição, designadamente o histograma e os avisos de sub e sobreexposição. A sua correcta utilização e interpretação é crucial para determinar o melhor curso de acção, permitindo escolher as ferramentas ideais para ajustar a exposição e, assim, obter os melhores resultados possíveis.

Histograma (Histogram)

O histograma é uma representação gráfica da exposição obtida pela câmara fotográfica, mas também é um instrumento indispensável para avaliar o impacto das ferramentas de ajuste da exposição durante a fase de pós-produção (ver Anexo). Para conseguir interpretar o histograma é vital perceber o que representam os seus dois eixos.

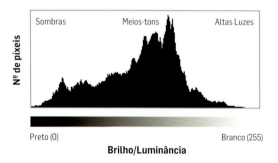

Legenda: Representação de um histograma de luminância.

Assim, o eixo horizontal mostra o brilho dos píxeis existentes numa imagem, podendo este variar entre 0 (preto puro, equivalente a 0% de luminância) e 255 (branco puro, correspondente a 100% de luminância). Por simplificação, tal significa que do lado esquerdo do histograma estão representadas as áreas de sombra, na parte central as áreas de meios-tons e no lado direito as áreas de altas luzes. Já o eixo vertical mostra a quantidade de píxeis por cada nível de brilho. Por conseguinte, quanto mais alta for uma determinada linha do gráfico, maior será a quantidade de píxeis existentes na imagem para esse respectivo nível de brilho.

O histograma disponibilizado no Lr, ACR e Ps é bastante mais completo do que o que a maioria das câmaras fotográficas oferece, já que exibe, simultaneamente, os canais de cor vermelho, verde e azul (RGB), assim como todas as suas combinações. Com efeito, para além das cores mencionadas (histograma RGB), a parte cinzenta mostra a informação acumulada dos três canais de cor (histograma de luminância). Adicionalmente, também é representada a informação resultante do 'cruzamento' dos canais RGB, particularmente através da parte amarela (somatório dos canais vermelho e verde), da parte magenta (somatório dos canais azul e vermelho) e, finalmente, da parte ciano (somatório dos canais verde e azul).

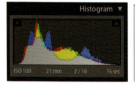 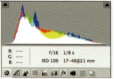 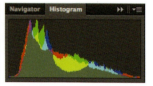

Legenda: Histograma de uma mesma imagem representado nas interfaces do Lr, ACR e Ps. Notam-se algumas diferenças subtis, mas são genericamente idênticos.

USAR O HISTOGRAMA DA CÂMARA FOTOGRÁFICA

A maioria das câmaras fotográficas oferece a possibilidade de consultar o histograma, quer em tempo real no modo Live View, quer no modo de reprodução das imagens já registadas. Idealmente, o histograma deve ser uma referência obrigatória no momento em que se fotografa, já que permite ajuizar a exposição obtida da forma mais rigorosa possível, rectificando, ainda no terreno, um incorrecto registo/medição de luz. Também é um meio de ultrapassar as limitações dos ecrãs LCD das câmaras fotográficas, cujas imagens exibidas são severamente afectadas pelas condições de luz ambiente, reflexos e nível brilho definido na câmara, conduzindo a análises de exposição muito pouco fiáveis e com grandes discrepâncias face ao que mais tarde se constata no ecrã do computador.

SAIBA A UTILIDADE DO HISTOGRAMA

O interesse de ter um histograma desdobrado por canais de cor é detectar de forma concreta se um deles apresenta problemas de exposição, não só quando se está a fotografar, mas também quando se aplicam ajustes de cor e de exposição em pós-produção. Por exemplo, ao fotografar uma cortina vermelha, o histograma de Luminância, que congrega a informação acumulada dos três canais de cor, pode camuflar uma possível sobreexposição da cor vermelho, mas o histograma do canal de cor vermelho (R) mostraria esse problema de forma óbvia (ver Anexo).

Legenda: Histograma de Luminância (assinalado a laranja) e Histogramas RGB (assinalado a roxo) mostrados no ecrã LCD de uma câmara fotográfica.

Para melhor compreender a mecânica de um histograma, vital para perceber que tipo de ferramenta de ajuste de exposição deverá ser usada, importa enunciar quatro tipos de histograma clássicos.

I. HISTOGRAMA TÍPICO DE UMA IMAGEM SUBEXPOSTA — a configuração do histograma mostra que a maioria da informação está concentrada na parte esquerda do gráfico, zona reservada aos valores de baixa luminância, pelo que a imagem surge predominantemente escura. Visto que há uma grande quantidade de informação 'encostada' à parte lateral esquerda do gráfico, tal significa que existem sombras 'cortadas' e que muitos dos detalhes contidos nessas zonas estão perdidos.

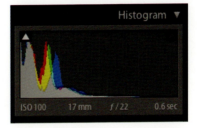

II. HISTOGRAMA TÍPICO DE UMA IMAGEM SOBREEXPOSTA — a configuração do histograma mostra que a maioria da informação está reunida na parte direita do gráfico, zona consagrada aos valores de elevada luminância, pelo que a imagem surge predominantemente clara. Uma vez que há uma grande quantidade de informação 'encostada' à parte lateral direita do gráfico, tal significa que existem altas luzes 'cortadas' e que muitos dos detalhes contidos nessas zonas estão perdidos.

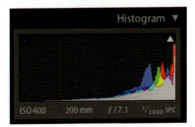

III. **HISTOGRAMA TÍPICO DE UMA IMAGEM 'CORRECTAMENTE' EXPOSTA** – a informação encontra-se distribuída ao longo de todo o gráfico, explorando toda a gama dinâmica da câmara fotográfica, mas sem apresentar grandes quantidades de informação totalmente encostada às partes laterais do histograma.

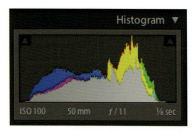

IV. **HISTOGRAMA TÍPICO DE UMA IMAGEM COM POUCO CONTRASTE**[21] – a informação apresenta-se concentrada na parte central do gráfico, exibindo pouca ou nenhuma informação nas partes laterais. Sabendo que o conceito de contraste implica uma disparidade entre zonas claras e escuras, um histograma com esta configuração indica que tal não ocorre e que a imagem se encontra dominada por meios-tons.

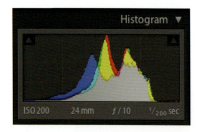

Convém sublinhar que estes quatro histogramas representam apenas casos típicos, sendo que existem infinitas configurações possíveis de um histograma e que nem sempre estes casos mais extremos devem ser considerados problemáticos – note-se que, por exemplo, uma imagem subexposta até pode ter sido criada propositadamente.

[21] Ver **Contraste (Contrast)**, p. 103.
[22] Ver a partir de **Ajuste automático da exposição – Auto**, p. 97 e seguintes.

Assim, para que a compreensão da mecânica dos histogramas seja eficazmente reforçada e para que a fluência na sua interpretação seja melhorada, deverá prestar-se particular atenção às caixas '**Evolução do histograma na imagem de exemplo**' presentes nos subcapítulos dedicados às ferramentas de ajuste de exposição[22].

NÃO ASSUMA QUE EXISTE UM HISTOGRAMA 'CORRECTO'

Note-se que um histograma dito 'correcto', no sentido de representar uma exposição 'adequada', é um conceito muito lato e subjectivo, pois obter uma imagem sub ou sobreexposta, no todo ou em parte, pode ser precisamente o objectivo criativo do fotógrafo. Adicionalmente, existem casos em que a presença de zonas subexpostas (silhuetas) e/ou sobreexpostas (Sol) não é um 'erro', mas sim uma característica da foto em questão.

Legenda: O histograma de luminância da foto em questão apresenta, simultaneamente, zonas subexpostas (assinaladas a azul) e zonas sobreexpostas (assinaladas a vermelho), sem que isso represente um 'erro' de exposição – trata-se, simplesmente, de uma característica desta fotografia. Como nota de curiosidade, este histograma foi obtido através da ferramenta Levels do Photoshop CS (Image ▶ Adjustments ▶ Levels).

Ajuste da exposição (Histogram, Clipping, Exposure, Contrast, Highlights, Shadows, Whites, Blacks e Tone Curve) | 95

Avisos de sub/sobreexposição (Shadow/Highlight Clipping)

O histograma é um instrumento de análise da exposição indispensável, revelando, por exemplo, se existe uma sub ou sobreexposição na imagem. Contudo, falta-lhe a capacidade de indicar um aspecto bastante relevante e que pode escapar quando existe pouca experiência na sua observação: *onde* é que esses 'problemas' de exposição estão a ocorrer.

Para resolver esta lacuna e ter uma noção concreta das zonas 'problemáticas', o Lr e o ACR permitem activar avisos de sub e sobreexposição.

Assim, basta clicar nos pequenos triângulos existentes na parte superior do histograma, sendo que o da esquerda activa os avisos de subexposição (zonas de cor azul) e o da direita os avisos de sobreexposição (zonas de cor vermelha).

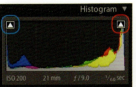
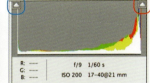

Legenda: No Lr e no ACR é possível activar os avisos de sub e sobreexposição clicando, respectivamente, nos pequenos triângulos posicionados nos cantos superiores do histograma.

Legenda: As zonas a azul e vermelho mostram que esta imagem possui, respectivamente, áreas sub e sobreexpostas. Esta indicação é coerente com a configuração do histograma, já que este apresenta uma grande quantidade de informação 'encostada' nas partes laterais esquerda e direita, sinónimo de que existem sombras e altas luzes 'cortadas'. O passo seguinte seria ajustar a exposição em pós-produção, por exemplo através das ferramentas Highlights[23] e Shadows[24], complementadas pelas Whites (Brancos)[25] e Blacks (Pretos)[26].

[23] Ver **Realces (Highlights)**, p. 105.
[24] Ver **Sombras (Shadows)**, p. 109.
[25] Ver **Brancos (Whites)**, p. 113.
[26] Ver **Pretos (Blacks)**, p. 118.

Lr – Tecla J (activa, ciclicamente, os avisos de sub e sobreexposição)

ACR – U (avisos de subexposição), O (avisos de sobreexposição)

Um aspecto possivelmente relevante será verificar qual a cor que o triângulo de um determinado aviso assume. A maior parte das vezes será cinzento-claro, o que significa que existe mais do que um canal de cor sub ou sobreexposto, mas, por vezes, poderá exibir uma das cores representadas no histograma – vermelho, verde, azul, amarelo, magenta ou ciano. Quando tal acontece, isso significa que essa cor em particular é a primeira a apresentar 'problemas' de sub ou sobreexposição, o que pode ser uma pista preciosa para saber quais as ferramentas de edição que podem ou não ser usadas.

Legenda: Os avisos relativos a esta imagem surgem a vermelho no lado direito (existe alguma sobreexposição da cor vermelho) e a azul no lado esquerdo (existe alguma subexposição da cor azul). Assim, por exemplo, pode ser necessário algum cuidado ao saturar a cor vermelho na ferramenta HSL ou, então, pode ser recomendável reduzir a luminância desta cor através dessa mesma ferramenta[27].

ACTIVE OS ALERTAS DE SOBREEXPOSIÇÃO NA CÂMARA FOTOGRÁFICA

Muitas câmaras fotográficas possuem um modo de visualização da imagem registada em que são exibidos alertas de sobreexposição, mostrando as áreas problemáticas a piscar intermitentemente. Embora seja menos frequente, alguns modelos também permitem ligar avisos de subexposição.

[27] Ver **Matiz, Saturação e Luminância (HSL – Hue, Saturation, Luminance)**, p. 158.

BÁSICO

Depois de identificados os problemas de exposição, nomeadamente através do histograma e dos avisos de sub e sobreexposição, importa começar a efectuar alguns ajustes essenciais através das ferramentas Auto, Exposure, Contrast, Highlights, Shadows, Whites e Blacks. Estas podem ser encontradas na secção Basic do Lr e do ACR.

Legenda: Ferramentas de ajuste da exposição Auto, Exposure, Contrast, Highlights, Shadows, Whites e Blacks nas interfaces do Lr e do ACR.

Como se verá nos próximos subcapítulos, as ferramentas mencionadas serão abordadas de acordo com a sua ordenação na interface do Lr e ACR. Isto porque, na maioria dos casos, seguir essa sequência será a estratégia mais indicada para ajustar a exposição de uma imagem, mesmo que depois se opte por usar apenas algumas das ferramentas.

Adicionalmente, importa referir que não será usada uma mesma imagem para ilustrar o funcionamento de cada ferramenta, até porque nem todas as fotografias exigem o seu uso cumulativo. Assim, o principal intuito será deixar óbvia a forma como cada uma delas opera, para que depois se possa eleger a melhor combinação de ferramentas para atingir um objectivo específico.

Ajuste automático da exposição (Auto)

A ferramenta Auto permite aplicar ajustes da exposição de forma automática, cabendo ao Lr ou ao ACR determinar de que forma as ferramentas Exposure, Contrast, Highlights, Shadows, Whites e Blacks são doseadas numa dada imagem.

A imagem seguinte mostra a diferença entre a imagem original e o resultado obtido depois de aplicar a ferramenta Auto, onde se comprova uma melhoria significativa da exposição, apesar de, sem surpresa, o resultado final não ser absolutamente perfeito.

Legenda: Ferramenta Auto, concebida para definir ajustes de exposição de forma automática.

Legenda: A ferramenta Auto provocou um ajuste automático de +2.25 em Exposure[28], de -20 em Contrast[29], +16 em Whites e -21 em Blacks[30], não tendo operado qualquer modificação em Highlights[31] e Shadows[32] (assinalado a vermelho). Apesar do resultado ser manifestamente positivo, pois toda a zona subexposta (com aviso de exposição a azul) foi corrigida, note-se que a imagem da direita passou a apresentar algumas áreas no limiar da sobreexposição (uma delas assinalada a verde), perdendo toda a textura que a neve apresentava na imagem original. Assim, já que a imagem original não se encontrava sobreexposta nessa zona, seria possível recuperar mais informação através de um ajuste em Highlights (que, com a ferramenta Auto, ficou inexplicavelmente a 0) e de uma melhor combinação de ajustes nas restantes ferramentas.

[28] Ver **Exposição (Exposure)**, p. 98.
[29] Ver **Contraste (Constrast)**, p. 103.
[30] Ver **Pretos (Blacks)**, p. 118.
[31] Ver **Realces (Highlights)**, p. 105.
[32] Ver **Sombras (Shadows)**, p. 109.

ACR – Ctrl+ U // ⌘ + U
(ajuste automático da exposição)

Como ficou patente no exemplo criado, os automatismos podem conduzir a um resultado minimamente satisfatório, mas nem sempre funcionam da melhor forma. Aliás, com alguma frequência, a ferramenta Auto 'arruína' inexplicavelmente a imagem. Assim, o ideal será começar a tomar as rédeas do processo de ajuste da exposição, tirando partido de uma avaliação visual da imagem e aferindo, em tempo real, quais as ferramentas indicadas para atingir o melhor resultado possível.

Tal como o fundo da barra Exposure deixa antever, quando o ponteiro desta ferramenta é deslocado para direita (valores positivos) a imagem fica mais clara; e quando o ponteiro é deslocado para a esquerda (valores negativos) a imagem fica mais escura. Deste modo, perante uma imagem subexposta, a ideia será aplicar um ajuste positivo, enquanto perante uma imagem sobreexposta a estratégia será aplicar um ajuste negativo.

EVOLUÇÃO DO HISTOGRAMA NA IMAGEM DO EXEMPLO ANTERIOR

O histograma da esquerda corresponde à exposição original, no qual fica patente uma subexposição da fotografia (assinalada a azul). Como mostra o histograma da direita, os ajustes automáticos, particularmente os já mencionados para as ferramentas Exposure e Whites, fizeram com que a informação se deslocasse para a direita, resultado do aumento da luminosidade geral da imagem. Note-se como este histograma exibe um pequeno 'pico' de informação na sua parte lateral direita, o que é coerente com as zonas no limiar da sobreexposição já referidas.

 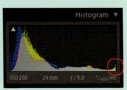

Exposição (Exposure)

A ferramenta Exposure é a primeira de um conjunto de seis ferramentas da secção Basic que permitem ajustar a exposição global de uma fotografia. De todas elas, a Exposure é a que possui a área de acção mais abrangente, incidindo sobre 50% dos tons presentes na parte central de um dado histograma, mas sem deixar de influenciar as áreas adjacentes.

Um aspecto digno de nota relativamente a esta ferramenta é que, ao contrário do que acontecia nos modos de processamento antigos (2003 e 2010[33]), a Exposure não só aclara/escurece uma imagem de forma global, como também evita até ao último momento possível o corte de informação nas baixas ou altas luzes[34]. Como se verá nos subcapítulos mais adiante, os pontos mais escuros poderão ser ajustados pela ferramenta Blacks[35], enquanto os pontos mais claros estão a cargo da ferramenta Whites[36].

[33] Ver **Modos de processamento (Process)**, p. 73.
[34] Nos modos de processamento 2003 e 2010, esta 'preocupação' com as baixas e altas luzes era algo que só acontecia com a ferramenta Brightness, agora ausente no modo de processamento 2012, já que a ferramenta Exposure também passou a incluir essa forma de actuação.
[35] Ver **Pretos (Blacks)**, p. 118.
[36] Ver **Brancos (Whites)**, p. 113.

Ajuste da exposição (Histogram, Clipping, Exposure, Contrast, Highlights, Shadows, Whites, Blacks e Tone Curve)

Salvaguardando as devidas diferenças, esta ferramenta tem a particularidade de simular, à posteriori, uma alteração da exposição efectuada na câmara fotográfica. Assim, quando se faz um ajuste de +1.00 em Exposure, está a simular-se uma variação de 1 *f-stop* numa das variáveis da exposição (por exemplo, passar f/8 para f/5.6, mantendo constantes as restantes variáveis da exposição[37]), o que equivale a uma alteração de +1 EV (a exposição é duplicada, sendo registado o dobro da luz). A grande distinção, como já foi notado, é que as baixas ou altas luzes serão relativamente protegidas pela ferramenta Exposure, pois esta actua em apenas 50% dos tons registados, enquanto uma alteração de exposição numa câmara fotográfica actua em 100% dos tons. Adicionalmente, uma modificação da exposição em pós-produção nunca será idêntica a uma alteração da exposição na câmara fotográfica, pois a primeira é uma extrapolação feita com base na informação já registada (e com consequências, por exemplo, ao nível do ruído digital[38]), enquanto a segunda corresponde a uma real alteração da quantidade de luz captada pela câmara fotográfica.

As imagens seguintes irão ilustrar a forma de actuação da ferramenta Exposure, mas também algumas das precauções que deverão ser tidas em consideração.

[37] Consultar o livro **FOTOGRAFIA – Luz, Exposição, Composição, Equipamento e Dicas para Fotografar em Portugal** para saber mais sobre as Variáveis da Exposição.
[38] É vivamente aconselhável a leitura do anexo **Particularidades dos formatos RAW, JPEG e DNG, analisadas em função das especificidades da exposição digital**, p. 351, para saber mais acerca das especificidades da Exposição digital.

 AJUSTAR A EXPOSIÇÃO

01. A imagem da esquerda está subexposta, pelo que usar a ferramenta Exposure é a solução óbvia. Assim, numa primeira fase, para ter uma noção exacta do funcionamento da ferramenta, definiu-se um ajuste propositadamente exagerado de +3.80 (assinalado a vermelho), o que aclarou substancialmente a imagem, revelando imensos detalhes nas zonas de sombra e não comprometendo demasiadamente as altas luzes (imagem da direita). Contudo, note-se que perante um ajuste tão exagerado, os avisos de sobreexposição (assinalados a laranja) mostram a sua utilidade, revelando algumas zonas em que as altas luzes ficaram 'cortadas'.

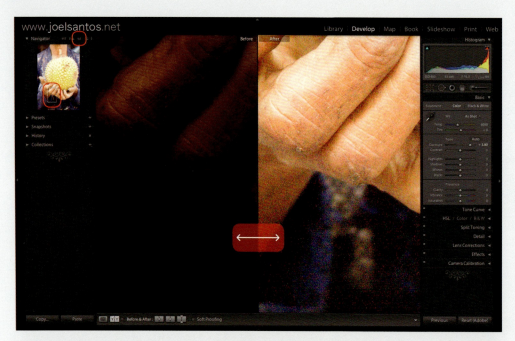

02. Antes de redefinir o ajuste, e a título de curiosidade, ampliou-se um segmento da fotografia através do modo de visualização de 1:1 (assinalado a vermelho), analisando uma zona originalmente plena de sombras e com uma forte subexposição. Assim, concentrando a atenção na imagem da direita (a que, recorde-se, possui um ajuste de +3.80 em Exposure), fica evidente o acréscimo de ruído digital (de luminância e de cor)[39], uma das consequências de alterar digitalmente a exposição em áreas que não continham muita informação tonal. Uma imagem com uma compensação de exposição de +3 ou +4 EV na câmara fotográfica não produziria o ruído digital aqui presente.

03. Depois de verificado o modo de actuação e os limites da ferramenta Exposure para a imagem em questão, redefiniu-se o ajuste para +2.00, conseguindo aclarar a imagem de forma natural, sem causar zonas sobreexpostas ou adicionar ruído digital numa quantidade superior à desejável. Este seria um bom ponto de partida para efectuar outros ajustes de exposição, como Contrast[40], Highlights[41], Shadows[42], Whites[43] e/ou Blacks[44], os quais serão abordados nos próximo subcapítulos.

---

[39] Ver **Redução de Ruído (Noise Reduction)**, p. 203.
[40] Ver **Contraste (Contrast)**, p. 103.
[41] Ver **Realces (Highlights)**, p. 105.
[42] Ver **Sombras (Shadows)**, p. 109.
[43] Ver **Brancos (Whites)**, p. 113.
[44] Ver **Pretos (Blacks)**, p. 118.

Ajuste da exposição (Histogram, Clipping, Exposure, Contrast, Highlights, Shadows, Whites, Blacks e Tone Curve) | 101

EVOLUÇÃO DO HISTOGRAMA NA IMAGEM DO EXEMPLO ANTERIOR

Passo 01. O histograma da esquerda corresponde à exposição original, mostrando uma forte subexposição (assinalada a azul), e o da direita à imagem com um ajuste de exposição de +3.80 em Exposure, conforme foi definido no passo 01. Repare-se como este ajuste positivo e exagerado fez deslocar, em bloco, toda a informação para o lado direito do gráfico, criando uma forte sobreexposição (assinalada a vermelho).

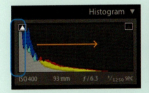 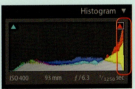

Passo 03. No passo 03, o ajuste em Exposure foi redefinido para +2.00, fazendo com que o histograma se deslocasse para a esquerda, até um ponto em que as altas luzes ficassem totalmente preservadas (note-se a ausência de um pico na parte direita do histograma, bem como um ligeiro afastamento da extremidade do histograma face ao limite do gráfico (assinalado a verde).

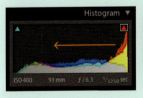 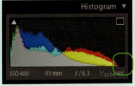

Nunca é demais referir que uma exposição correcta no terreno, por exemplo, fazendo uma Compensação da Exposição de +2EV, teria minimizado a necessidade desta correcção e, consequentemente, aumentado a qualidade de imagem final[45]. ⊠

Para além do histograma e dos avisos de sobreexposição, existe um modo de visualização alternativo para determinar o aparecimento de altas luzes 'cortadas'. Para o activar deverá deixar-se pressionada a tecla Alt enquanto se move o ponteiro de ajuste da ferramenta Exposure. Esta acção irá fazer com que a imagem original seja substituída por uma máscara negra, na qual as zonas de sobreexposição são identificadas através de várias cores. Deste modo, a estratégia será definir um ajuste positivo em Exposure até que comecem a aparecer os primeiros avisos coloridos. Neste ponto, sem nunca deixar de pressionar a tecla Alt, deve reduzir-se lentamente o ajuste efectuado, parando assim que os avisos voltem a desaparecer. Importa notar que a cor dos avisos irá corresponder ao canal (ou somatório de canais) cuja luminosidade é excessiva, uma conclusão que nem sempre é fácil de extrair a partir do histograma. A imagem seguinte mostra a máscara que este modo de visualização alternativo criou quando foi efectuado um ajuste de +5.00 em Exposure.

Legenda: Ao premir a tecla Alt enquanto se movia o ponteiro de Exposure até um ajuste excessivo de +5.00 foi possível aceder a um modo de visualização alternativo, através do qual fica facilitada a tarefa de identificar as zonas e os canais de cor com problemas de sobreexposição.

[45] Consultar o livro **FOTOGRAFIA – Luz, Exposição, Composição, Equipamento e Dicas para Fotografar em Portugal** para saber mais sobre as Compensações da Exposição.

Lr – Tecla Alt + mover o ponteiro Exposure (para aceder a um modo de visualização alternativo, criando uma máscara com avisos de sub e sobreexposição)

ACR – Tecla Alt + mover o ponteiro Exposure (para aceder a um modo de visualização alternativo, criando uma máscara com avisos de sub e sobreexposição)

Como seria de esperar, perante uma imagem com zonas sobreexpostas, a ferramenta Exposure pode ser ajustada negativamente para recuperar informação nas altas luzes, especialmente se for combinada com outras ferramentas de ajuste que serão abordadas mais adiante, como a Highlights[46] e a Whites[47]. Todavia, apesar do formato RAW conter mais informação do que aquela que é representada visualmente[48], a capacidade de resgatar altas luzes não é ilimitada. Ainda assim, observe-se um caso em que a recuperação conseguida pela ferramenta Exposure é surpreendente.

> ### EVOLUÇÃO DO HISTOGRAMA NA IMAGEM DO EXEMPLO ANTERIOR
>
> O histograma da esquerda corresponde à imagem original, onde fica patente uma forte sobreexposição (assinalada a vermelho), enquanto o histograma da direita corresponde à imagem com um ajuste de -3.00 em Exposure, transitando a informação das altas luzes para as zonas de meios-tons e de sombras. Note-se, porém, que subsiste um 'pico' de informação no histograma da direita (assinalado a laranja), correspondente ao céu totalmente esbranquiçado e no qual foi impossível resgatar informação. O 'pico' de informação agora criado à esquerda (assinalado a azul), correspondente à zona com ramos submersos no primeiro plano, poderia ser trabalhado localizadamente com os filtros em gradiente ou dos pincéis de ajuste.
>
>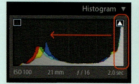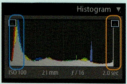

Legenda: A imagem da esquerda corresponde a uma fotografia consideravelmente sobreexposta, como confirmam os avisos de sobreexposição a vermelho. Um ajuste de -3.00 em Exposure (assinalado a azul) eliminou os avisos de sobreexposição na totalidade, resgatando uma quantidade assinável de informação na neve sobre o tronco e na serra em segundo plano. Ainda assim, sem surpresa, não se conseguiu recuperar o azul do céu, pois essa informação ficou esmagadoramente 'cortada' na exposição original.

Como ficou evidente na imagem de exemplo, ao recuperar as altas luzes através de um ajuste negativo em Exposure, as sombras e os meios-tons foram 'arrastados' nesse processo, conduzindo a um escurecimento indesejado de algumas zonas da imagem, nomeadamente nos ramos submersos no primeiro plano. Este novo problema poderia ser resolvido através de um ajuste localizado recorrendo aos Filtros em Gradiente[49] e aos Pincéis de Ajuste[50], definindo um ajuste positivo em Shadows e/ou em Exposure dentro dessas ferramentas de acção localizada. Opcionalmente, poderia enveredar-se por uma estratégia diferente, evitando fazer ajustes pronunciados em Exposure e favorecendo as ferramentas Highlights[51] e Whites[52], já que estas últimas permitiriam trabalhar apenas as áreas sobreexpostas e deixar intocadas as zonas de sombra.

---

[46] Ver **Realces (Highlights)**, p. 105.
[47] Ver **Brancos (Whites)**, p. 113.
[48] Ver ANEXO, p. 351.
[49] Ver **Filtros em gradiente (Graduated Filtre)**, p. 137.
[50] Ver **Pincéis de ajuste (Adjustment brush)**, p. 145.
[51] Ver **Realces (Highlights)**, p. 105.
[52] Ver **Brancos (Whites)**, p. 113.

Ajuste da exposição (Histogram, Clipping, Exposure, Contrast, Highlights, Shadows, Whites, Blacks e Tone Curve) | 103

USE A FERRAMENTA EXPOSURE ATRAVÉS DO HISTOGRAMA

Outra forma de aplicar ajustes com a ferramenta Exposure consiste em clicar e arrastar a zona assinalada a cinza-claro no histograma. Neste exemplo, ao deslocar o rato para a direita, sempre sem deixar de pressionar o botão esquerdo do rato, foi efectuado um ajuste de +0.25.

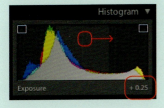

Um aspecto relevante acerca desta ferramenta é que ela procurará evitar que surjam sombras ou altas luzes 'cortadas', respeitando o ponto mais claro (que poderá ter sido definido pela ferramenta Whites[53]) e o ponto mais escuro (que poderá ter sido definido pela ferramenta Blacks[54]) de uma imagem. Ainda assim, se a imagem original apresentar sombras e/ou altas luzes 'cortadas', então um ajuste positivo em Contrast irá agravar essa situação. Na maioria dos casos será melhor não efectuar ajustes superiores a +50, mas, como cada imagem exige uma estratégia diferente, veja-se uma fotografia em que essa referência foi substancialmente ultrapassada.

[53] Ver **Brancos (Whites)**, p. 113.
[54] Ver **Pretos (Blacks)**, p. 118.

Contraste (Contrast)

A ferramenta Contrast aumenta o contraste global da imagem, trabalhando primordialmente ao nível dos meios-tons, transitando aqueles que possuem uma menor luminosidade para as sombras e aqueles que possuem uma maior luminosidade para as altas luzes. Como revela o fundo da barra desta ferramenta, quando o ponteiro é movido para a direita (ajustes positivos) o contraste é aumentado, acontecendo o oposto quando o ponteiro é movido para a esquerda (ajustes negativos).

Legenda: Foi efectuado um ajuste de +100 em Contrast (assinalado a vermelho), o qual destacou de forma evidente as formas gráficas contidas na imagem, acentuando a disparidade entre a seta branca e negrume do alcatrão, ao mesmo tempo que intensificou a luminosidade das riscas amarelas. Note-se que, apesar da grandeza do ajuste, não surgiram quaisquer avisos de subexposição no alcatrão ou de sobreexposição na seta branca.

Legenda: Ajuste Contrast, pertencente à secção Basic do Lr e ACR.

EVOLUÇÃO DO HISTOGRAMA NA IMAGEM DO EXEMPLO ANTERIOR

O primeiro histograma corresponde à exposição original e o segundo à imagem com um ajuste de +100 em Contrast. O segundo histograma mostra como os dois 'blocos' de informação presentes no primeiro histograma se afastaram um do outro, aproximando-se das partes laterais do gráfico e criando um 'vale' mais extenso no centro. Tal significa que as sombras ficaram ainda mais escuras e que as altas luzes ficaram ainda mais claras – ou seja, foi aumentado o contraste entre essas zonas. Importa reparar que, apesar da intensidade do ajuste, não surgiu qualquer 'pico' de informação encostado às extremidades do gráfico.

A título de curiosidade, neste segundo par de histogramas, o primeiro diz respeito à exposição original e o segundo à imagem com um ajuste de -100 em Contrast. Sem surpresa, o histograma da direita mostra como a informação fluiu para a sua parte central, afastando-se dos limites laterais do gráfico, sinónimo de uma perda de contraste global na imagem.

 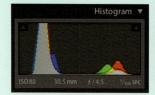 

USE A FERRAMENTA CONTRAST OU TONE CURVE PARA AJUSTAR O CONTRASTE

Efectuar um ajuste em Contrast é equivalente a criar uma curva em 'S' através da ferramenta Tone Curve[55], designadamente através dos seus ponteiros Lights (tons claros) e Darks (tons escuros), procurando valores que ofereçam o mesmo resultado final. Nesta fase, em que ainda não se abordou a Tone Curve, importa apenas sublinhar que o uso de uma das ferramentas não exclui necessariamente o uso da outra, pois os ajustes efectuados por ambas podem ser complementares e cumulativos.

Legenda: Este exemplo permite comparar um ajuste de +40 em Contrast (imagem da esquerda) com o resultado obtido pela criação de uma curva em 'S' na ferramenta Tone Curve (imagem da direita)[56], mais concretamente com um ajuste de +20 em Lights e -20 em Darks (assinalado a vermelho). Como se pode constatar, o resultado é idêntico.

[55] Ver **Curva de Tons (Tone Curve)**, p. 125.

[56] Visto que o objectivo era criar, através da Tone Curve, um contraste global equivalente ao ajuste de +40 em Contrast, procuraram-se valores para Lights e Darks que atingissem esse resultado, o que foi conseguido com +20 e -20 respectivamente.

Ajuste da exposição (Histogram, Clipping, Exposure, Contrast, Highlights, Shadows, Whites, Blacks e Tone Curve) 105

Realces (Highlights)

Contrariamente à ferramenta Exposure, que actua de uma forma global na exposição de uma imagem, a ferramenta Highlights opera somente ao nível das altas luzes[57], com o propósito de resgatar alguns detalhes contidos em zonas sobreexpostas (ajustes negativos) ou de intensificar a presença de altas luzes (ajustes positivos). Como é habitual, o fundo da barra desta ferramenta deixa antever este modo de funcionamento, já que este fica escuro para a esquerda e claro para a direita.

Sabendo agora como esta ferramenta funciona, em alguns casos será possível 'exagerar' nos ajustes positivos feitos com a ferramenta Exposure, deixando que pequenas áreas fiquem propositadamente sobreexpostas, recuperando-as depois com a ferramenta Highlights. Tal como acontecia com a ferramenta Exposure, a Highlights pode ser usada com máxima precisão recorrendo à análise do histograma (procurando anular os 'picos' de informação na sua parte direita), ligando os avisos de sobreexposição (até desaparecerem as zonas assinaladas a vermelho) ou usando o modo de visualização alternativo deixando pressionada a tecla Alt (até não existirem zonas coloridas).

As imagens seguintes ilustram o procedimento atrás mencionado.

[57] Na interface do Lr em língua portuguesa, a ferramenta Highlights surge traduzida como 'Realces', razão pela qual essa palavra foi usada na descrição deste subcapítulo, embora o termo mais apropriado seja 'altas luzes', designação que será preferida ao longo do livro.

Legenda: Ferramenta Highlights, pertencente à secção Basic do Lr e ACR.

AJUSTAR E RECUPERAR AS ALTAS LUZES

01. Foi realizado um ajuste de +1.10 em Exposure e de +20 em Contrast (assinalados a vermelho), para aclarar toda a imagem e, sobretudo, aproximar a luminosidade do céu e da água aos seus tons naturais. Porém, comparando com a imagem original (a da esquerda), esses ajustes tiveram um efeito secundário indesejado, já que o pontão nevado no primeiro plano e algumas áreas da serra no segundo plano ficaram algo sobreexpostas, perdendo algum detalhe e textura.

02. Para corrigir as zonas sobreexpostas, foi usada a ferramenta Highlights, deslocando o ponteiro para a esquerda até ser recuperada toda a informação nas zonas desejadas (assinaladas a verde), o que sucedeu quando se atingiu o valor -100 (assinalado a vermelho). Note-se como os restantes tons presentes na imagem não foram afectados, comprovando que esta ferramenta actuou somente nas altas luzes. Apesar de este ajuste extremo não comprometer a naturalidade dos tons, não se deverá usar esta ferramenta para além do necessário, pois existirão casos em que o contraste global da imagem ficará comprometido.

Como seria de esperar, a ferramenta Highlights também poderá ser usada em fotografias que apresentem, logo à partida, áreas sobreexpostas. Em fotografia digital é sempre um risco deixar que as altas luzes fiquem 'cortadas' no momento em que o registo é feito, mas o formato RAW contém informação para lá da visível e que pode ser usada para recuperar zonas sobreexpostas. Adicionalmente, o algoritmo subjacente à ferramenta Highlights foi inteligentemente concebido, já que recorre aos canais de cor RGB com maior quantidade de informação (ou seja, aos que estão menos sobreexpostos) para reconstruir os detalhes no canal mais afectado. Eis um caso exemplificativo.

MINIMIZAR A SOBREEXPOSIÇÃO

01. Dado que a fotografia original exibia uma forte sobreexposição em determinadas zonas, assinaladas pelos avisos de sobreexposição a vermelho na imagem da esquerda, foi aplicado um ajuste de -100 em Highlights (assinalado a verde). Como fica patente na imagem da direita, o resultado é impressionante, mas convém analisá-lo mais de perto, como se fará no passo seguinte.

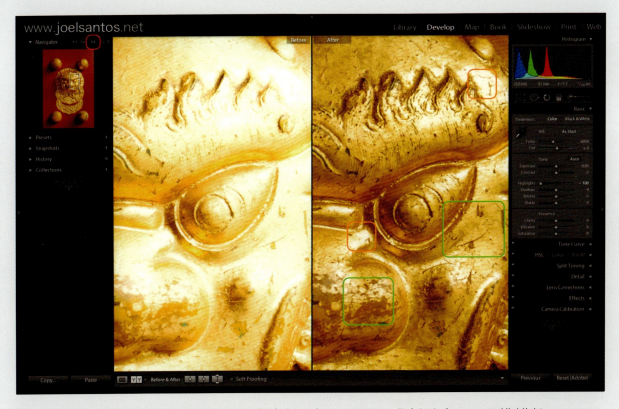

02. Ampliando a imagem a 1:1 (assinalado a vermelho), é possível constatar a eficácia da ferramenta Highlights, particularmente nas zonas assinaladas a verde, onde todos os detalhes e informação de cor foram resgatados de forma fidedigna. Porém, mesmo um ficheiro RAW tem os seus limites, razão pela qual, nas zonas onde a informação foi 'cortada' no momento do registo (duas delas assinaladas a laranja), é impossível eliminar a sua sobreexposição.

 EVOLUÇÃO DO HISTOGRAMA NA IMAGEM DO EXEMPLO ANTERIOR

O primeiro histograma corresponde à exposição original e o segundo à imagem com um ajuste de -100 em Highlights. Note-se como o 'pico' de informação existente na imagem original foi anulado (assinalado a vermelho), tendo essa informação transitado um pouco para a esquerda, nomeadamente para a zona de meios-tons e meios-tons claros (conforme está assinalado pelas setas a verde). Como seria de esperar, as restantes partes do histograma, em particular as zonas de meios-tons escuros e de sombras, permaneceram inalteradas.

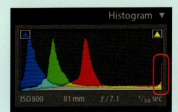 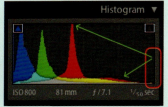

Regra geral, será menos comum efectuar ajustes positivos na ferramenta Highlights, mas tal não significa que não existam casos em que essa seja uma boa opção para salientar as zonas mais claras de uma imagem sem influenciar as restantes. A imagem seguinte mostra um caso concreto.

Legenda: Foi realizado um ajuste de +100 em Highlights (assinalado a vermelho), o que permitiu clarear os tons mais luminosos da imagem, nomeadamente as barras cinzentas, mas sem alterar as zonas de sombra e de meios-tons (algo que teria acontecido caso se tivesse recorrido à ferramenta Exposure).

 ANALISE O HISTOGRAMA RGB COM A FERRAMENTA HIGHLIGHTS EM MENTE

Uma das vantagens de activar o histograma RGB na câmara fotográfica é ficar a saber quais os canais que estão mais próximos da sobreexposição. Imaginando que o canal R (vermelho) está relativamente sobreexposto, mas que os canais G (verde) e B (azul) não estão, então existe uma boa probabilidade de recuperar parte da informação nas altas luzes do primeiro canal. Tal poderá ser conseguido através da ferramenta Highlights, Whites[58] ou, claro, da Exposure[59].

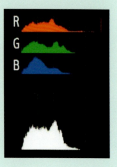

 USE A FERRAMENTA HIGHLIGHTS ATRAVÉS DO HISTOGRAMA

Outra forma de usar a ferramenta Highlights consiste em clicar e arrastar a zona assinalada a cinza-claro no histograma. No exemplo em questão, foi efectuado um ajuste de -70.

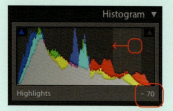

 SHADOWS/HIGHLIGHTS

A ferramenta Highlights funciona de forma semelhante ao ponteiro Highlights da ferramenta Shadows/Highlights do Ps (Image ▸ Adjustments ▸ Shadows/Highlights).

Lr – Tecla Alt + mover ponteiro Highlights (para modo de visualização alternativo com avisos de sobreexposição)[60]

ACR – Tecla Alt + mover ponteiro Highlights (para modo de visualização alternativo com avisos de sobreexposição)

[58] Ver **Brancos (Whites)**, p. 113.
[59] Ver **Exposição (Exposure)**, p. 98.
[60] Para mais informação e um exemplo sobre como usar o modo de visualização alternativo com avisos de sobreexposição, consultar **Brancos (Whites)**, p. 113.

Sombras (Shadows)

Tal como acontece com a ferramenta Highlights, a Shadows apenas actua em determinadas partes do histograma, permitindo trabalhar selectivamente as zonas de sombra ou áreas subexpostas. Mais uma vez, o fundo da barra desta ferramenta possibilita antever o seu funcionamento, clareando as sombras quando o ponteiro é movido para a direita (valores positivos) e escurecendo as sombras quando o ponteiro é movido para a esquerda (valores negativos).

Legenda: O ajuste de +60 na ferramenta Shadows (assinalado a vermelho) devolveu luminosidade às zonas de sombra subexpostas, revelando detalhes que pareciam estar completamente perdidos e fazendo desaparecer a maior parte dos avisos de subexposição a azul. Como efeito secundário, também aclarou ligeiramente o céu – algo que não se pretendia –, razão pela qual se justificaria um ajuste localizado através dos Filtros em gradiente[62] ou dos Pincéis de ajuste[63], com o objectivo de devolver alguma densidade ao céu através de um ajuste negativo em Shadows.

Legenda: Ferramenta Shadows, pertencente à secção Basic do Lr e ACR.

A ferramenta Shadows funciona como uma espécie de flash de enchimento digital, podendo ser usada em parceria com outras ferramentas, como a Exposure ou a Blacks, para aclarar fotos fortemente subexpostas. Ainda assim, também pode ser usada isoladamente em imagens com uma exposição global boa, mas que apresentem algumas áreas escurecidas e cujos detalhes precisem de ser resgatados. Independentemente do caso, será sempre útil activar os avisos de subexposição[61], aferindo qual o ajuste que os faz desaparecer em parte ou na totalidade. Veja-se um caso concreto de como esta ferramenta poderá ser muito útil.

EVOLUÇÃO DO HISTOGRAMA NA IMAGEM DO EXEMPLO ANTERIOR

O primeiro histograma corresponde à exposição original e o segundo à imagem com um ajuste de +60 em Shadows. Veja-se como o 'pico' de informação existente na imagem original (assinalado a vermelho) foi praticamente desfeito com o ajuste, tendo essa informação transitado um pouco para a direita (assinalado a verde).

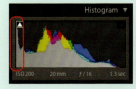 

[61] Ver **Avisos de sub/ sobreexposição**, p. 95.
[62] Ver **Filtros em gradiente (Graduated Filtre)**, p. 137.
[63] Ver **Pincéis de ajuste (Adjustment brush)**, p. 145.

[64] Ver **Redução de ruído (Noise Reduction)**, p. 203.

Sobretudo quando se trabalha com base num ficheiro RAW, os resultados obtidos pela ferramenta Shadows podem ser bastante surpreendentes, pelo que é fácil ceder à tentação de a usar exageradamente. Quando tal acontece, podem surgir dois tipos de problemas: o primeiro consiste no aparecimento de ruído de luminância e de cor nas zonas anteriormente subexpostas; o segundo consiste na perda de contraste nas zonas de sombra.

No primeiro caso, o ruído pode ser minimizado através da ferramenta Noise Reduction[64], mas esta deve ser sempre uma solução de recurso, pois nenhuma ferramenta de edição de imagem permite uma qualidade de imagem nas sombras idêntica à que se obteria através de uma exposição 'correcta' no terreno. Veja-se, ao pormenor, o ruído causado pelo uso excessivo da ferramenta Shadows, sem o mesmo estar corrigido.

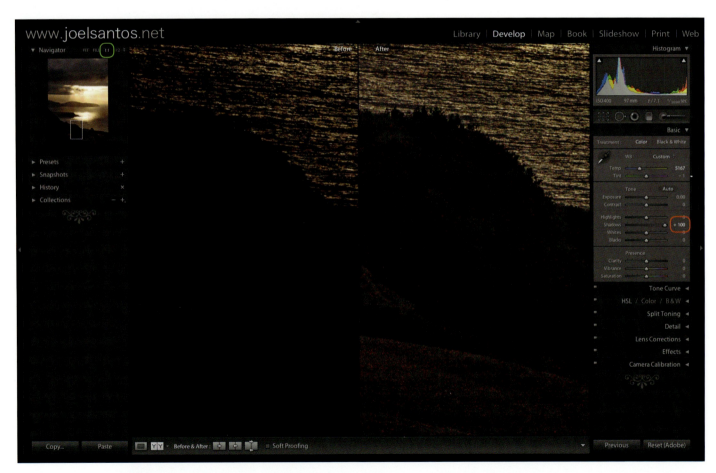

Legenda: Dada a forte subexposição inicial na zona em destaque da imagem, um ajuste de +100 em Shadows (assinalado a vermelho) revelou todos os detalhes contidos na silhueta, mas introduziu bastante ruído digital, como se pode ver com a imagem ampliada a 1:1 (assinalado a verde). Seria necessário usar a ferramenta Noise Reduction para minimizar o ruído digital introduzido, mas dificilmente o resultado será perfeito.

No segundo caso, a perda de contraste causada pelo uso da ferramenta Shadows surge muitas vezes associada à obtenção de um resultado com uma iluminação pouco realista, em que zonas onde não seria suposto existir luz (afinal de contas são áreas de sombra) aparecem perfeitamente iluminadas. Assim, o uso da Shadows deverá ser moderado ou, muitas vezes, acompanhado do uso da ferramenta Blacks[65], pois, como se verá daqui a dois subcapítulos, esta permite aumentar a densidade nas zonas de sombra mais profundas. Eis um caso em que um ajuste excessivo em Shadows, sem o mesmo ser complementado por ajustes noutras ferramentas, resultou numa imagem com uma iluminação incoerente[66].

[65] Ver **Pretos (Blacks)**, p. 118.
[66] A criação de uma imagem surreal através da Shadows até pode fazer parte dos objectivos criativos do fotógrafo, mas, neste exemplo, assume-se que o objectivo seria atingir um resultado aproximado à luminosidade observada no momento do registo.

Legenda: Um ajuste de +100 em Shadows (assinalado a vermelho) resgatou bastantes detalhes nas sombras, mas repare-se como o contraste global diminuiu, resultando numa luminosidade incongruente. A ferramenta Blacks ajudaria a escurecer as zonas em que é suposto existirem sombras densas, mas sem comprometer os detalhes recuperados através da Shadows.

Na maior parte das situações a ferramenta Shadows será usada para efectuar ajustes positivos, mas existirão casos em que um ajuste negativo poderá reforçar a tridimensionalidade de uma imagem ou intensificar a sua mensagem visual. A fotografia seguinte é um bom exemplo disso mesmo.

Legenda: Um ajuste de -61 em Shadows (assinalado a vermelho) tornou as sombras mais densas, mas sem as transformar numa silhueta totalmente negra. Deste modo, a sombra do militar ausente da imagem ficou mais 'desenhada' (assinalada a laranja) e o tom da farda do militar visível na imagem ficou mais escuro (assinalado a verde), destacando a ligação visual entre ambas as formas.

 USE A FERRAMENTA SHADOWS ATRAVÉS DO HISTOGRAMA

Outra forma de usar a ferramenta Shadows consiste em clicar e arrastar a zona assinalada a cinza-claro no histograma. Neste exemplo, ao deslocar o rato para a direita, sempre sem deixar de pressionar o botão esquerdo do rato, foi efectuado um ajuste de +30.

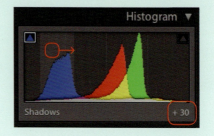

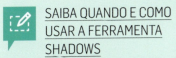

SAIBA QUANDO E COMO USAR A FERRAMENTA SHADOWS

Na maior parte dos casos é aconselhável recorrer à ferramenta Shadows após ter usado a Exposure, já que esta última começa por estabelecer a luminosidade global da imagem. Só depois, em caso de necessidade, se aplicará a Shadows para recuperar as zonas subexpostas que ainda subsistam. Em 'lista de espera' ficam ainda as ferramentas Blacks e Noise Reduction, caso o ajuste em Shadows tenha gerado, respectivamente, uma notória perda de contraste ou um excesso de ruído digital.

Legenda: Foi aplicado um ajuste de +2.00 em Exposure para clarear a imagem de um modo geral (nomeadamente nas rochas mais claras e na queda de água), complementando com um ajuste de +30 em Shadows para resgatar os detalhes nas sombras (ambos assinalados a vermelho). Este caso mostra como uma ferramenta raramente deverá ser usada de forma isolada, sendo preferível fazer ajustes parcelares em mais do que uma para atingir os melhores resultados.

SHADOWS/HIGHLIGHTS

A ferramenta Shadows funciona de forma semelhante ao ponteiro Shadows da ferramenta Shadows/Highlights do Ps (Image ▸ Adjustments ▸ Shadows/Highlights).

Whites (Brancos)

Tal como sucede com as ferramentas Highlights e Shadows, a Whites actua numa área muito específica do histograma, neste caso no segmento que fica encostado à sua extremidade direita, que corresponde aos pontos mais claros de uma imagem. Assim, a sua principal função será estabelecer o ponto de branco puro numa imagem, sem afectar particularmente as sombras e os meios-tons.

Como sugere o fundo da barra desta ferramenta, mover o ponteiro para a direita (ajustes positivos) 'puxa' o ponto mais branco do histograma para a direita, enquanto mover o ponteiro para a esquerda (ajustes negativos) 'arrasta' o ponto mais branco do histograma para a esquerda.

Lr – Tecla Alt + mover ponteiro Shadows (para modo de visualização alternativo com avisos de subexposição)

ACR – Tecla Alt + mover ponteiro Shadows (para modo de visualização alternativo com avisos de subexposição)

Legenda: Ferramenta Whites, pertencente à secção Basic do Lr e ACR.

A actuação da ferramenta Whites pode ser vista sob duas perspectivas. Assim, em primeiro lugar, a Whites poderá servir como um complemento de outras ferramentas, nomeadamente da Exposure[67] e da Highlights[68], corrigindo ou melhorando os resultados obtidos por estas últimas. A melhor forma de entender este ponto de vista será através de um exemplo concreto, como o que se segue.

 DEFINIR PONTO BRANCO

01. A imagem original apresentava uma sobreexposição na zona do céu (assinalada a laranja), pelo que se recorreu a um ajuste de -100 em Highlights (assinalado a vermelho). A imagem da direita mostra como essa acção foi eficaz, recuperando inclusivamente os tons alaranjados do pôr-do-sol, mas também revela como o céu se tornou pouco luminoso (assinalado pela seta verde).

02. Para devolver a luminosidade ao céu e, também à zona metálica do edifício, aplicou-se um ajuste de +39 em Whites (assinalado a vermelho) definindo um novo ponto branco na imagem. Esta acção não prejudicou o resultado obtido anteriormente com o ajuste negativo em Highlights, visto que as duas ferramentas trabalham zonas distintas do histograma.

[67] Ver **Exposição (Exposure)**, p. 98.
[68] Ver **Realces (Highlights)**, p. 105.

EVOLUÇÃO DO HISTOGRAMA NA IMAGEM DO EXEMPLO ANTERIOR

Passo 01. O primeiro histograma corresponde à exposição original e o segundo à imagem com um ajuste de -100 em Highlights. Note-se como o 'pico' de informação existente na imagem original (assinalado a vermelho) foi totalmente eliminado com o ajuste, tendo essa informação transitado para a esquerda, sinónimo de que as zonas sobreexpostas foram integralmente recuperadas (assinalado a verde).

Passo 02. O forte ajuste em Highlights resgatou as altas luzes, mas também fez com que a imagem perdesse brilho nas zonas que deveriam ser mais luminosas, como o céu e alguns detalhes do edifício, o que é evidente pelo pequeno intervalo vazio de informação na parte direita do histograma (assinalado a laranja). Assim, o ajuste de +39 em Whites permitiu estabelecer o ponto mais branco da imagem, 'puxando' a parte final da informação até à extremidade direita do gráfico, aclarando as zonas mais luminosas, mas sem comprometer os ajustes anteriores (assinalado a roxo).

 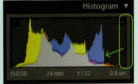 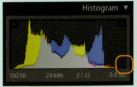 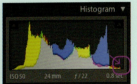

Em segundo lugar, a ferramenta Whites poderá servir para 'trazer para dentro' do histograma informação que esteja para lá dos seus limites (ou seja, recuperar zonas sobreexpostas). Contudo, apesar de um ficheiro RAW conter sempre mais informação do que aquela que é imediatamente visível, se a informação estiver realmente cortada, então será impossível resgatá-la e o máximo que se conseguirá será transformar uma zona sobreexposta numa área cinza clara.

[69] Ver **Ajuste da Cores**, p. 153.

Legenda: A imagem original (a da esquerda) apresenta uma boa exposição global, excepto nos seus pontos mais brilhantes (assinalados a verde), em que existe uma ligeira sobreexposição (logo, uma pequena parte da informação encontrava-se 'cortada' ou 'fora' do histograma). Um ajuste de -30 em Whites (assinalado a vermelho) permitiu redefinir o ponto mais branco da imagem, trazendo a informação desejada para dentro do histograma e recuperando os detalhes mais brilhantes (assinalados a azul), mas sem afectar os meios-tons, as sombras ou mesmo algumas altas luzes da imagem. Importa notar uma ligeira alteração da cor, já que a rocha em primeiro plano passou de laranja para laranja avermelhado, revelando um efeito secundário desta ferramenta, o qual teria de ser minimizado com um ajuste localizado ao nível da cor[69].

SAIBA AS LIMITAÇÕES DAS FERRAMENTAS EXPOSURE, HIGHLIGHTS E WHITES

Como tem sido repetidamente sublinhado, apesar de um ficheiro RAW conter mais informação do que a imediatamente visível[70], caso a fotografia realizada pela câmara fotográfica possua uma excessiva sobreexposição, então nem os esforços combinados das ferramentas Exposure, Highlights e Whites poderão resgatar as altas luzes que estejam severamente 'cortadas', como mostra o exemplo seguinte.

Legenda: Os ajustes acumulados de -100 em Whites, -100 em Highlights e de -1.60 em Exposure (assinalados a azul) não conseguiram resgatar os detalhes contidos nas partes mais brilhantes da imagem (a área assinalada a laranja é um exemplo disso), apesar de se ter conseguido um impressionante resultado noutras zonas (a área assinalada a verde prova isso mesmo). Este problema só poderia ter sido contornado pelo fotógrafo através de uma 'correcta' exposição no terreno e/ou do uso de filtros fotográficos, razão pela qual nunca se deve procurar resolver totalmente problemas desta natureza em pós-produção.

[70] Ver anexo **Particularidades dos formatos RAW, JPEG e DNG, analisadas em função das especificidades da exposição digital**, p. 351.

 ## USE A FERRAMENTA WHITES ATRAVÉS DO HISTOGRAMA

Outra forma de usar a ferramenta Whites consiste em clicar e arrastar a zona assinalada a cinza-claro no histograma. Neste exemplo, ao deslocar o rato para a esquerda, sempre sem deixar de pressionar o botão esquerdo do rato, foi efectuado um ajuste de -20.

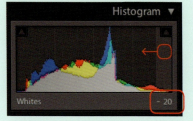

Ajuste da exposição (Histogram, Clipping, Exposure, Contrast, Highlights, Shadows, Whites, Blacks e Tone Curve) | 117

ACTIVE O MODO DE VISUALIZAÇÃO ALTERNATIVO PARA DESCOBRIR ÁREAS SOBREEXPOSTAS

Tal como acontecia nas ferramentas Exposure, Highlights e Shadows, também é possível ter acesso a um modo de visualização alternativo quando se usa a ferramenta Whites, ajudando a identificar quais as zonas perigosamente sobreexpostas. ⊠

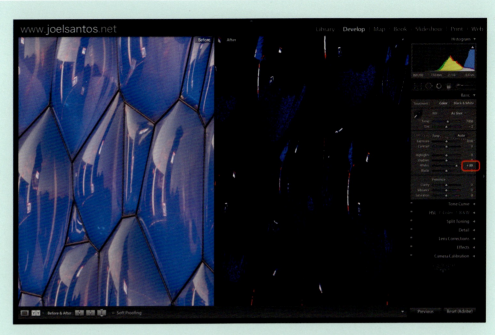

Legenda: Para aceder ao modo de visualização alternativo com avisos de sobreexposição é necessário manter a tecla Alt pressionada enquanto o ponteiro Whites é movido. Se a imagem não possuir áreas sobreexpostas, então a máscara aparecerá totalmente a negro. Neste primeiro caso, a estratégia será mover o ponteiro Whites para a direita (ajustes positivos) até que surjam os primeiros pontos coloridos, movendo depois o ponteiro, muito lentamente e em sentido contrário, até que aqueles desapareçam. Já se a imagem tiver zonas sobreexpostas, então aparecerão manchas coloridas (as quais variam em função dos canais de cor afectados). Neste segundo caso, o ponteiro deverá ser movido para a esquerda (ajustes negativos) até que as manchas coloridas desapareçam, tendo presente que, nos casos em que não haja informação suficiente para recuperar os pontos mais brancos da imagem, o resultado poderá não ser o melhor. Por fim, assim que a tecla Alt deixar de estar pressionada, a máscara desaparecerá e poderá ver-se o resultado obtido na própria imagem.

  LEVELS

A ferramenta Whites funciona de forma semelhante ao ponteiro branco e/ou Output Levels da ferramenta Levels do Ps (Image ▸ Adjustments ▸ Levels). ⊠

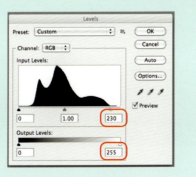

Lr – Tecla Alt + mover ponteiro Whites (para modo de visualização alternativo com avisos de sobreexposição)

ACR – Tecla Alt + mover ponteiro Whites (para modo de visualização alternativo com avisos de sobreexposição)

Pretos (Blacks)

Na mesma linha das ferramentas Highlights, Shadows e Whites, também a Blacks actua sobre uma zona específica do histograma, particularmente no segmento mais encostado à esquerda do gráfico, correspondente aos pontos mais escuros da imagem. Assim, esta ferramenta permite definir o ponto de preto puro numa imagem, mas sem influenciar os meios-tons e as altas luzes.

Tal como indica o fundo da barra desta ferramenta, mover o ponteiro para a esquerda (ajustes negativos) 'puxa' o ponto mais escuro do histograma para a esquerda, enquanto mover o ponteiro para a direita (ajustes positivos) 'arrasta' o ponto mais escuro do histograma para a direita.

Em termos práticos, o uso da ferramenta Blacks pode ser tido em consideração de, pelo menos, três formas distintas: criar um ponto de preto puro; aumentar a densidade das sombras após ajustes em Shadows; recuperar detalhes nas sombras como complemento da acção da ferramenta Shadows.

Assim, em primeiro lugar, a Blacks pode servir para criar um ponto de preto puro numa imagem que originalmente não o possua, como por vezes acontece numa imagem sobreexposta ou com falta de contraste. Para ter uma noção exacta de quando é que esse objectivo é atingido e para não criar sombras 'cortadas' em excesso, importa ligar os avisos de subexposição[71]. Veja-se uma primeira aplicação concreta desta ferramenta, seguida de ajustes complementares realizados nas ferramentas Whites[72] e Contrast[73].

[71] Opcionalmente, como será mencionado um pouco mais adiante, também se poderá tirar partido do modo de visualização alternativo com avisos de subexposição, pressionando a tecla Alt enquanto se move o ponteiro Blacks.
[72] Ver **Brancos (Whites)**, p. 113.
[73] Ver **Contraste (Contrast)**, p. 103.

Legenda: Ferramenta Blacks, pertencente à secção Basic do Lr e ACR.

DEFINIR PONTO PRETO (COM COMPLEMENTO DAS FERRAMENTAS CONTRAST E WHITES)

01. A imagem original (a da esquerda), visivelmente sobreexposta e sem contraste, tem uma aparência 'deslavada'. Assim, o ponteiro Blacks foi movido para a esquerda até que, ao atingir um ajuste de -76 (assinalado a vermelho), surgiu o primeiro aviso de subexposição no triângulo esquerdo posicionado no topo do histograma (assinalado a azul), sinónimo de que se havia criado um ponto de preto puro na imagem (um exemplo é a zona assinalada a roxo). A diferença entre a imagem original e a imagem ajustada é notória, pois a tridimensionalidade foi reforçada, mas resta ainda tirar partido de outras ferramentas já abordadas para perseguir o melhor resultado visual.

02. Para além da ausência de um ponto preto puro, um problema resolvido no passo anterior, também não existe um ponto de branco puro. Deste modo, foi aplicado um ajuste de +40 em Whites (assinalado a vermelho), o que tornou as nuvens e os raios de sol nas rochas mais claros (zonas assinaladas a laranja). Houve o cuidado de não exagerar Whites, de forma a não criar nenhuma zona sobreexposta, como mostra a ausência de avisos de sobreexposição sobre a imagem ou no triângulo posicionado sobre o histograma (assinalado a verde).

03. Uma vez estabelecidos os pontos de preto puro e de branco puro na imagem, resta aumentar o contraste global da imagem, pelo que se aplicou um ajuste de +80 em Contrast (assinalado a vermelho). A margem de manobra deixada nos ajustes Blacks e Whites foi crucial para que o ajuste em Contrast não provocasse um excesso de zonas muito escuras ou muito claras. Para terminar, uma vez que o céu permanece com pouco impacto e contraste, esta imagem certamente beneficiaria com o uso de um Filtro em Gradiente ou de um ajuste de luminância na cor azul através da ferramenta HSL – algo que será abordado mais adiante[74]. Ainda assim, recorrendo apenas a três ajustes, a diferença entre o resultado obtido e o apresentado no primeiro passo é dramática.

[74] Ver **Pincéis de ajuste (Adjustment brush)**, p. 145, **Filtros em gradiente (Graduated Filtre)**, p. 137, e **Matiz, Saturação e Luminância (Hue, Saturation, Luminance – HSL)**, p. 158.

EVOLUÇÃO DO HISTOGRAMA NA IMAGEM DO EXEMPLO ANTERIOR

Passo 01. O primeiro histograma corresponde à exposição original, exibindo um intervalo vazio de informação no lado esquerdo (assinalado a azul). Já o segundo histograma corresponde à imagem com um ajuste de -76 em Blacks, no qual se nota que o ponto mais escuro foi puxado até à extremidade esquerda do gráfico (assinalado a roxo), criando um ponto de preto puro e, consequentemente, activando o aviso de subexposição (assinalado a magenta).

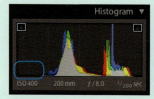 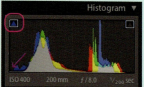

Passo 02. Uma vez criado o ponto de preto puro, restava eliminar o intervalo vazio de informação na parte direita do histograma (assinalado a vermelho). Um ajuste de +40 em Whites puxou o segmento final do histograma para a extremidade direita do gráfico, mas deixando um pequeno hiato, para que não fossem geradas zonas completamente brancas e para que houvesse margem de manobra para o ajuste seguinte (assinalado a laranja).

 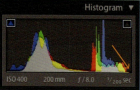

Passo 03. Para concluir, o ajuste de + 80 em Contrast separou ainda mais os dois principais blocos de informação presentes no histograma (assinalados a castanho), escurecendo as zonas mais escuras e clareando as zonas mais claras — ou seja, foi maximizado o contraste global da imagem. Este ajuste criou mais algumas zonas de sombra densas (note-se o pico assinalado a verde), mas não chegou a gerar zonas de brancos puros — precisamente o que se pretendia neste caso.

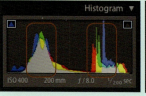 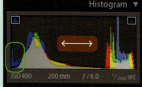

Uma segunda forma de actuação da ferramenta Blacks consiste em usá-la como complemento da Shadows, ajudando a recuperar a densidade perdida nas sombras devido ao uso excessivo desta última ferramenta. O exemplo seguinte mostra um desses casos.

Ajuste da exposição (Histogram, Clipping, Exposure, Contrast, Highlights, Shadows, Whites, Blacks e Tone Curve)

USAR A FERRAMENTA BLACKS COMO COMPLEMENTO DA DE SHADOWS

01. Com o objectivo de equilibrar a exposição e resgatar alguns detalhes nas zonas de sombra, foi aplicado um ajuste de +100 em Shadows (assinalado a vermelho). Dada a magnitude do ajuste, a imagem perdeu contraste e as sombras nas franjas do sofá ficaram irrealisticamente luminosas (assinalado a azul).

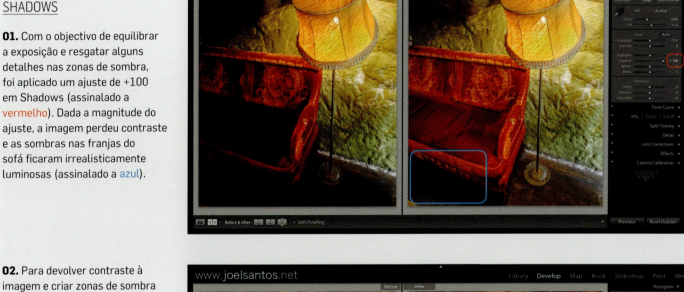

02. Para devolver contraste à imagem e criar zonas de sombra fidedignas, foi aplicado um ajuste de -60 em Blacks (assinalado a vermelho), criando pontos de preto puro em zonas onde, à vista desarmada, não se vislumbrariam detalhes (assinalada a azul). Paralelamente, também foi reforçada a tridimensionalidade de algumas texturas, sobretudo na parede (assinalado a verde).

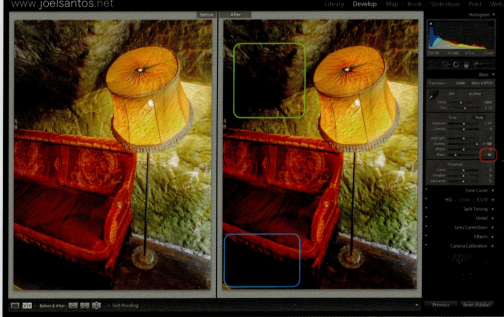

Por fim, a ferramenta Blacks poderá servir para revelar detalhes nas zonas de sombra profundas, aplicando ajustes positivos em vez de ajustes negativos como aconteceu nos casos anteriores. Assim, por exemplo, quando a ferramenta Shadows já não consegue atingir o resultado máximo pretendido, a Blacks poderá dar uma contribuição final decisiva, como se verá na imagem seguinte.

USAR A FERRAMENTA BLACKS PARA REVELAR DETALHES NAS SOMBRAS

01. Com o objectivo de resolver a forte subexposição apresentada pela imagem original (avisos de subexposição a azul), mas sem comprometer as altas luzes (assinaladas a laranja), foram aplicados os seguintes ajustes (assinalados a vermelho): +0.70 em Exposure (aclarando toda a imagem), -61 em Highlights (para recuperar as altas luzes no tecido cor de salmão, prejudicadas pelo ajuste anterior), +100 em Shadows (para resgatar grande parte das sombras e eliminar os avisos de subexposição) e, por fim, +50 em Contrast (para eliminar a sensação de iluminação demasiado homogénea, sobretudo sabendo que se pretende no passo seguinte usar a ferramenta Blacks com um ajuste positivo).

USE A FERRAMENTA BLACKS ATRAVÉS DO HISTOGRAMA

Como já foi mencionado em dicas anteriores, o histograma pode ser usado para aceder a determinadas ferramentas de ajuste da exposição. No caso da Blacks, basta clicar e arrastar a zona assinalada a cinza-claro no histograma, *diminuindo* (para a esquerda) ou *aumentando* (para a direita) o valor do ajuste. Neste exemplo, ao deslocar o rato para a esquerda, sempre sem deixar de pressionar o botão esquerdo do rato, foi efectuado um ajuste de -47.

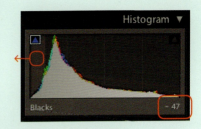

02. Apesar do excelente resultado obtido no passo anterior, a ferramenta Shadows não conseguiu 'iluminar' por completo as zonas de sombra (imagem da esquerda). Justificou-se, portanto, o recurso à ferramenta Blacks, aplicando um ajuste positivo de +100 (assinalado a vermelho), conseguindo um efeito combinado com Shadows muito considerável. Por fim, poder-se-ia justificar um novo ajuste em Contrast, para devolver alguma tridimensionalidade ao resultado final.

ACTIVE O MODO DE VISUALIZAÇÃO ALTERNATIVO PARA DESCOBRIR ÁREAS SUBEXPOSTAS

Tal como acontecia nas ferramentas Exposure, Highlights, Shadows e Whites, também é possível aceder a um modo de visualização alternativo quando se usa a ferramenta Blacks, ajudando a identificar quais as zonas indesejavelmente subexpostas.

Legenda: Para aceder ao modo de visualização alternativo com avisos de subexposição é necessário manter a tecla Alt pressionada enquanto o ponteiro Blacks é movido. Se a imagem não possuir áreas completamente negras, então a máscara aparecerá totalmente branca. Neste caso, admitindo que se deseja criar um ponto (ou área) de preto puro na imagem, a estratégia será mover o ponteiro Blacks lentamente para a esquerda (ajustes negativos) até que surjam os primeiros pontos/áreas coloridos e, se esse for o objectivo, pontos/áreas negras. Na imagem de exemplo, um ajuste de -20 em Blacks criou uma vasta zona negra em torno da pessoa retratada (logo o fundo ficou negro), mas deixando a pessoa predominantemente a branco (logo com luminosidade). Se a imagem já possuir áreas completamente negras, então a máscara apresentará logo à partida pontos/áreas coloridas e/ou negras. Neste contexto, poderá ser necessário recuperar informação nestas zonas subexpostas, caso em que se recomenda, como ponto de partida, o uso da ferramenta Shadows e, só depois, regressar à ferramenta Blacks.

Lr – Tecla Alt + mover ponteiro Blacks (para modo de visualização alternativo com avisos de subexposição)

ACR – Tecla Alt + mover ponteiro Blacks (para modo de visualização alternativo com avisos de subexposição)

  LEVELS

A ferramenta Whites funciona de forma semelhante ao ponteiro branco e/ou Output Levels da ferramenta Levels do Ps (Image ▸ Adjustments ▸ Levels).

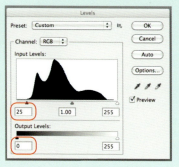

Ajuste da exposição (Histogram, Clipping, Exposure, Contrast, Highlights, Shadows, Whites, Blacks e Tone Curve) | 125

AVANÇADO

Curva de tons (Tone Curve)
A ferramenta Tone Curve permite ajustar a luminosidade de uma imagem, trabalhando sobre diferentes conjuntos de tons. Ao funcionar de uma forma mais selectiva e minuciosa, permite resultados mais avançados do que os oferecidos por algumas ferramentas de ajuste básico, designadamente a Contrast[75].

[75] Ver **Contraste (Contrast)**, p. 103.

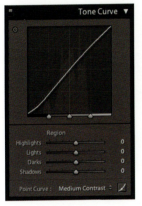
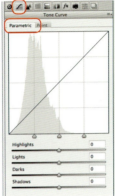

Legenda:
Ferramenta Tone Curve nas interfaces do Lr e do ACR.

A ferramenta Tone Curve pode ser trabalhada de múltiplas formas e, numa primeira análise, a aparente complexidade da sua interface pode ser desmotivadora. Como tal, o ideal é abordar cada uma dessas formas separadamente, passando por métodos que são mais intuitivos e por outros mais elaborados.

Primeiro método
O primeiro método, e o mais simples de todos, consiste em usar os quatro ponteiros oferecidos pela ferramenta Tone Curve: Highlights (altas luzes), Lights (tons claros), Darks (tons escuros) e Shadows (sombras). Sem as complicações inerentes ao manuseamento de curvas e interpretação de histogramas, estes ponteiros conferem um controlo simplificado sobre as quatro principais áreas de luminosidade da imagem. Como se pode depreender pelo fundo das quatro barras, quando se move um ponteiro para a esquerda (ajustes negativos) a luminosidade diminui na área de tons escolhida, acontecendo o inverso quando o ponteiro é movido para a direita (ajustes positivos). Para determinar a intensidade de cada ajuste, até porque tal irá depender da imagem em questão, nada melhor do que fazer uso de uma interpretação visual e em tempo real dos resultados obtidos. Veja-se um exemplo de como esse processo pode ser conduzido.

TRABALHAR A CURVA DE TONS (VIA PONTEIROS DE AJUSTE)

01. A imagem original apresenta uma notória falta de contraste, um problema criado pela neblina que dominava a paisagem. Assim, passou-se para a ferramenta Tone Curve (assinalada a vermelho), através da qual se procurará obter um maior contraste global na imagem.

02. O primeiro ajuste foi realizado através do ponteiro Darks, deslocando-o para a esquerda até obter um valor de -80 (assinalado a vermelho). Desta forma aumentou-se consideravelmente a densidade dos meios-tons escuros.

03. Para que a imagem não permanecesse sombria, o ajuste em Darks foi compensado por um ajuste de +20 em Lights, (assinalado a vermelho) um primeiro contributo para aumentar o contraste na zona dos meios-tons, algo particularmente visível na vegetação existente na metade inferior da imagem.

04. Como o ajuste em Lights não se mostrou suficiente para destacar o céu e as zonas de vegetação mais clara, definiu-se Highlights para +100 (assinalado a vermelho). Este ajuste extremo gerou o elevado contraste que se procurava e criou uma tridimensionalidade digna da paisagem em questão.

05. Para rematar, efectuou-se um ajuste de -20 em Shadows (assinalado a vermelho), adensando ligeiramente as sombras mais profundas da imagem.

06. A comparação Antes/Depois[76] mostra como a metade direita (com ajustes na Tone Curve) possui um contraste muito superior ao da metade esquerda (imagem original).

[76] Para facilitar a análise dos resultados obtidos por determinada ferramenta ou ajuste, comparando-os com a imagem original ou com a do passo anterior, desde o início do capítulo 'Edição de Imagem – O Essencial' que tem sido usado o modo de visualização Antes/Depois do Lr, o qual possui diversas opções de comparação. Ver **Antes/Depois (Before/After)**, p. 265.

Ao utilizar os quatro ponteiros como método de efectuar ajustes na Tone Curve, talvez tenha escapado um pormenor interessante: esse processo modificou a curva de tons original. De facto, repare-se como, mesmo que não se entendesse a lógica da curva de tons, se tinha conseguido uma curva em forma de 'S', típica de um aumento de contraste. Eis a comparação entre a curva de tons original e a obtida depois dos ajustes através dos ponteiros.

 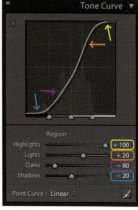

Legenda: Curva de tons original (a da esquerda) e a resultante dos ajustes realizados (a da direita).

EVOLUÇÃO DO HISTOGRAMA NA IMAGEM DO EXEMPLO ANTERIOR

Passos 01 e 02. O histograma da esquerda corresponde à exposição original (passo 01) e o da direita à imagem com um ajuste de -80 em Darks (passo 02), sendo visível a expansão dos meios-tons escuros até ao ponto em que estes quase tocam na parte lateral esquerda do gráfico (assinalado a vermelho).

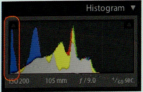

Passos 03 e 04. O histograma da esquerda corresponde ao ajuste de +20 em Lights (passo 03), notando-se uma ligeira expansão dos meios-tons claros, traduzida por um quase imperceptível alongar da informação, que agora passa a ocupar uma pequena parte da última secção do gráfico (assinalado a vermelho). O histograma da direita mostra o ajuste de +100 em Highlights (passo 04), patente na forte expansão dos meios-tons claros para a zona das altas luzes, mas muito longe de criar um 'pico' de sobreexposição (assinalado a laranja). Este seria o momento em que se poderia recorrer à ferramenta Whites[77] para levar a exposição até ao limite direito do histograma, mas preferiu-se reter as nuances mais claras nas nuvens sem as tornar perigosamente brancas.

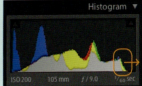

Passo 05. Por fim, o histograma da esquerda corresponde ao ajuste de -20 em Shadows (passo 05), o qual escureceu as sombras e aproximou milimetricamente o último pico de informação a azul do limite esquerdo do histograma (assinalado a vermelho). O histograma da direita diz novamente respeito à exposição original, para que se possa comparar facilmente a evolução sofrida pelo histograma ao longo dos vários passos, percebendo-se como toda a informação dos meios-tons foi espalhada para a esquerda e para a direita do gráfico, criando uma imagem tonalmente mais rica e contrastada.

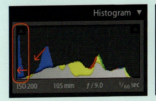
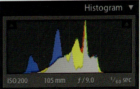

Segundo método

O segundo método para trabalhar a Tone Curve consiste em clicar directamente por cima de determinadas partes da curva de tons, arrastando depois a curva para baixo ou para cima, respectivamente escurecendo ou clareando a zona de tons em questão. Na prática, essa acção fará com que os ponteiros Highlights, Lights, Darks ou Shadows se movam (alterando, consequentemente, os valores do ajuste), pelo que este método é apenas uma alternativa ao primeiro já apresentado. Ainda assim, importa referir dois aspectos adicionais: em primeiro lugar, este método não permite manobrar livremente múltiplos pontos da curva de tons, algo que só poderá ser feito através da opção Point Curve analisada um pouco mais à frente; em segundo lugar, à medida que se move o rato ao longo da curva de tons, iluminam-se áreas a cinza-claro, revelando qual a flexão máxima

[77] Ver **Brancos (Whites)**, p. 113.

que um dos quatro ajustes pode provocar na forma da curva de tons. Este último aspecto pode ser confirmado através das imagens que se seguem.

Terceiro método

O terceiro método para trabalhar a Tone Curve consiste numa abordagem mais visual, sem recorrer a ponteiros ou manipulações directas na curva de tons. Para tal, basta clicar no *botão de ajuste localizado*, um pequeno e discreto círculo posicionado no canto superior esquerdo da ferramenta Tone Curve, que ficará iluminado a cinza-claro e com duas pequenas setas anexadas, uma a apontar para cima e outra para baixo. Depois, posiciona-se o rato em cima de uma qualquer zona da imagem, deixando a cargo da ferramenta Tone Curve perceber qual a área de tons em questão (o que se pode confirmar olhando para o nome do ajuste que irá aparecer iluminado a cinza-claro, como acontecia no método anterior). Por fim, resta clicar na zona eleita e arrastar para cima (clareando os tons) ou para baixo (escurecendo os tons), conseguindo dessa forma aplicar ajustes em Highlights, Lights, Darks ou Shadows, conforme a área de tons identificada. Como se percebe, este terceiro método modifica apenas a abordagem relativamente aos dois anteriores, permitindo raciocínios 'visuais' do género «estas sombras deveriam ficar mais profundas, logo basta posicionar o rato por cima de uma zona de sombra, clicar e arrastar para baixo» ou «o gelo deveria ficar mais claro, logo basta posicionar o rato por cima de uma zona em que este esteja presente, clicar e arrastar para cima». É o que se mostra nas seguintes imagens de exemplo.

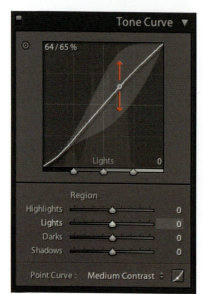
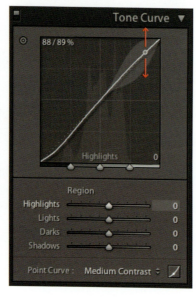

Legenda das quatro figuras: Flexão máxima que os ajustes em Highlights, Lights, Darks e Shadows podem provocar na curva de tons.

TRABALHAR A CURVA DE TONS (VIA AJUSTE LOCALIZADO)

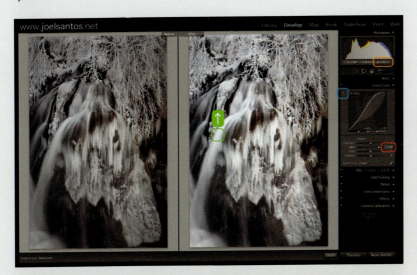

01. Para aclarar os meios-tons claros, activou-se o botão de ajuste localizado (assinalado a azul), o qual permite um ajuste directo sobre a imagem, clicando e arrastando para cima (assinalado a verde). Enquanto se arrastava para cima, foi-se vigiando os valores em percentagem sob o histograma, prestando especial atenção ao canal azul (o mais presente nas áreas com gelo), evitando que este atingisse 100% (sinónimo de sobreexposição nesse canal). Assim, para haver uma margem de tolerância, parou-se de clicar e arrastar quando se chegou a 95% (assinalado a laranja), o que resultou num ajuste de +70 em Lights (assinalado a vermelho). O resultado mostra que o gelo ficou consideravelmente mais branco, mas sem provocar perda de detalhes nas altas luzes.

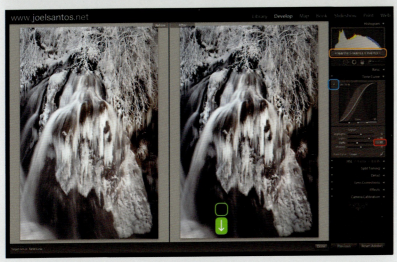

02. Para enegrecer os meios-tons escuros, manteve-se activado o botão de ajuste localizado (assinalado a azul), clicando e arrastando para baixo (assinalado a verde). Durante este processo, foi-se novamente vigiando os valores em percentagem dos canais RGB sob o histograma (assinalados a laranja), evitando que algum deles baixasse dos 15%, para existir uma margem de segurança e evitar uma perda absoluta de detalhes nas sombras. Seguindo esta estratégia, o ajuste em Darks quedou-se em -30 (assinalado a vermelho), criando zonas de sombra mais profundas, aumentando o contraste global e, consequentemente, a tridimensionalidade da imagem.

Quarto método

O quarto método para trabalhar a Tone Curve poderia figurar como o mais simples de todos, já que se resume a fazer uma escolha entre algumas opções predefinidas. De facto, basta clicar à frente de onde está escrito 'Point Curve' para que seja aberto o seguinte leque de hipóteses, ordenadas do contraste mais fraco para o mais acentuado: Linear, Medium Contrast e Strong Contrast. Por omissão, a hipótese escolhida para ficheiros no formato RAW é Linear, para que a imagem não sofra logo à partida nenhuma compressão de tons. As imagens seguintes não só mostram as três opções mencionadas, mas também o seu impacto na configuração da curva de tons, a qual vai ganhando uma forma cada vez mais acentuada de um 'S'.

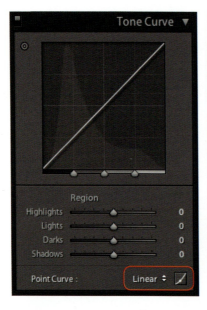 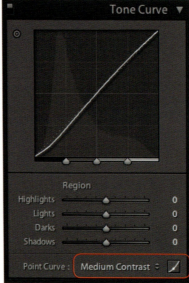 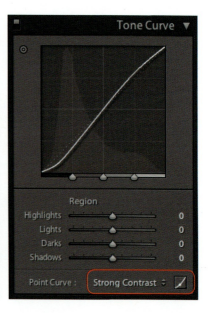

SAIBA A DIFERENÇA ENTRE A FERRAMENTA TONE CURVE E A CONTRAST

Como foi referido numa dica passada, ajustando os ponteiros Lights (tons claros) e Darks (tons escuros) pode obter-se um resultado análogo ao conseguido por um ajuste em Contrast[78]. Todavia, a diferença entre estas ferramentas reside no maior grau de controlo conferido pela Tone Curve, pois, para além dos ponteiros já referidos, existem ainda os de Highlights (altas luzes) e Shadows (sombras). Adicionalmente, a ferramenta Contrast actua inevitavelmente em duas áreas (meios-tons claros e meios-tons escuros) e sempre de forma uniforme (afastando/aproximando os tons na mesma proporção), enquanto que com a Tone Curve pode ajustar-se apenas uma dessas áreas de tons (deixando a outra inalterada, portanto) ou ajustar ambas na mesma direcção (por exemplo, tornando os meios-tons claros mais escuros e os meios-tons escuros também mais escuros, muito embora assim já não se esteja a criar um contraste no seu sentido mais comum).

[78] Ver **Contraste (Contrast)**, p. 103.

Quinto método

Os resultados obtidos por todos os métodos referidos até ao momento podem ainda ser condicionados por um conjunto de três ponteiros existentes na base da curva de tons, delineando aquele que seria o quinto método de usar a Tone Curve. Essencialmente, estes ponteiros permitem definir qual o ponto central em torno do qual os ajustes em Highlights, Lights, Darks ou Shadows se baseiam, alongando/encurtando o seu raio de acção. Sempre que tenham sido feitos ajustes, posicionar o rato por cima de um dos três ponteiros irá iluminar uma zona a cinza-claro na curva de tons, mostrando até onde esta poderá ser flectida em função de uma modificação de um deles.

Sexto método

Apesar de os métodos até agora apesentados serem bastante eficazes, existe um sexto método que permite trabalhar a ferramenta Tone Curve da forma mais avançada possível, designadamente através de uma opção adicional em Point Curve. Para tal, é preciso clicar no pequeno ícone posicionado no canto inferior direito da Tone Curve, fazendo desaparecer imediatamente os já conhecidos quatro ponteiros de ajuste. Caso se escolha a predefinição 'Medium Contrast' ou 'Strong Contrast' aparecerão, automaticamente, um conjunto de pontos ao longo da curva de tons, como mostram as figuras seguintes.

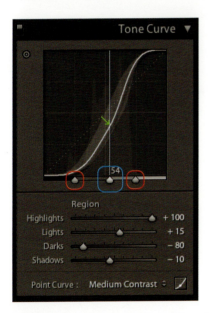

Legenda: Como exemplo, moveu-se o ponteiro central (assinalado a azul), passando o valor de 50 para 54 e deixando os restantes ponteiros inalterados (assinalados a vermelho). Esta acção provocou uma flexão para baixo da parte central da curva de tons (assinalada a verde), alterando o centro de gravitação dos ajustes e, neste caso, escurecendo os meios-tons. A zona a cinza-claro mostra quais são os limites da flexão da curva que podem ser induzidos através do ponteiro central.

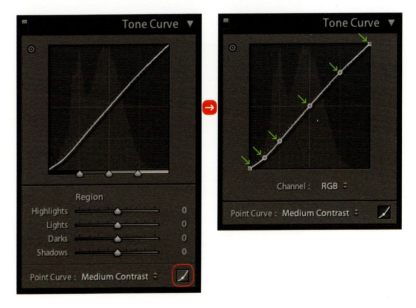

Legenda: Apresentação de um novo método de ajuste da Tone Curve, o qual pode ser acedido clicando no pequeno ícone situado na canto inferior direito desta secção (assinalado a vermelho). De imediato, aparecerão diversos pontos de ajuste da curva (assinalados a verde), podendo estes ser eliminados ou acrescentados.

Agora, ao contrário do que acontecia com o segundo método, estes pontos podem ser manobrados extensiva e livremente, fazendo ajustes que vão muito para além dos limites impostos pelos outros métodos. Adicionalmente, para um controlo total da luminosidade da imagem, podem ser criados mais pontos do que os disponibilizados inicialmente, bastando clicar na parte desejada da curva de tons. Por fim, resta clicar e arrastar para cima ou baixo os referidos pontos, criando uma curva de tons totalmente à medida do que for desejado. Se necessário, esses pontos também poderão ser eliminados, bastando clicar no ponto pretendido e arrastá-lo para fora da área desta ferramenta. Eis um exemplo de como usar alguns pontos sobre a curva para efectuar um ajuste preciso num determinado tipo de tons.

Legenda: Recorrendo à função Point Curve criaram-se e moveram-se um conjunto de pontos, redefinindo a curva de tons até se obter a forma de um "S". Note-se como o contraste foi aumentado, traduzindo-se inclusivamente em cores mais vivas e numa maior tridimensionalidade da imagem. A nuance mais importante encontra-se no canto inferior esquerdo da curva, onde se afastou o primeiro ponto do vértice do gráfico (está ligeiramente subido) e se desenhou uma 'contra curva' (ambas as acções assinaladas a azul), recuperando detalhes perdidos nas sombras, de tal modo que os avisos de subexposição azul presentes na imagem original desapareceram, mas sem prejudicar o contraste global da imagem. Importa reparar que o facto de se ter deslocado o primeiro ponto para cima, afastando-o do vértice do gráfico, criou um micro intervalo vazio no início do histograma (assinalado a verde), mostrando que deixou de haver um ponto de preto puro na imagem.

Ajuste da exposição (Histogram, Clipping, Exposure, Contrast, Highlights, Shadows, Whites, Blacks e Tone Curve) | 135

Sétimo método

Todos os métodos de trabalho com a ferramenta Tone Curve abordados até agora operam sobre uma curva de tons composta, ou seja, uma curva que agrega os três canais de cor existentes numa imagem – (R) vermelho-(G)verde-(B)azul. Assim, a derradeira forma de trabalhar com a Tone Curve, o sétimo método, permite ajustar separadamente a curva de tons de cada canal RGB.

Mesmo que já tenham sido operados ajustes na curva de tons agregada, é possível efectuar ajustes num canal de cor específico, sendo esses ajustes cumulativos. Deste modo, a título de exemplo, poderá ser desejável recorrer a um ajuste na curva de tons do canal azul (Blue) para corrigir uma imagem que apresente uma dominante dessa mesma cor[79]. Veja-se um exemplo concreto deste último caso.

[79] As cores presentes numa imagem também podem ser eficazmente ajustadas através de outras ferramentas, nomeadamente através da White Balance (Ver **Ajuste do equilíbrio de brancos**, p. 84) e/ou da HSL (Ver **Ajuste das Cores**, p. 153).

Legenda: Para seleccionar o canal de cor a ajustar através da curva de tons, basta clicar imediatamente à frente de onde aparece 'Channel', mais precisamente em 'RGB' (assinalado a roxo), momento em que aparecerá a lista completa de canais de cor. Depois, bastará seleccionar o canal pretendido – Red (assinalado a vermelho), Green (assinalado a verde) ou Blue (assinalado a azul) –, o que fará mudar a cor do histograma desvanecido que se encontra atrás da curva de tons.

Legenda: A imagem original apresentava uma forte dominante de azul, pelo que se seleccionou o canal Blue, presente em Channel, na ferramenta Tone Curve (assinalado a azul). Depois, clicou-se num ponto no centro da curva de tons (assinalado a roxo), arrastando-o muito lentamente para baixo até que a dominante de azul fosse completamente 'subtraída' da imagem, abaulando a curva para baixo. O mesmo género de operação poderia ter sido feita nos canais Red ou Green, caso se desejasse anular uma dominante de vermelho ou verde, respectivamente. Como seria de esperar, mover um ponto para cima 'adiciona' mais de uma dada cor à imagem, o que poderá ser explorado criativamente. Por fim, resta ainda salientar que a funcionalidade de ajuste directo sobre a imagem (assinalado a verde), tal como foi abordado no terceiro método, também está disponível nas curvas de tons de cada canal de cor.

Legenda: O ajuste efectuado na Tone Curve, recorrendo a uma Point Curve personalizada em 'ziguezague', transformou de forma radical os tons presentes na imagem original, alterando também as cores de uma forma criativa.

CRIE E GRAVE UMA CURVA DE TONS PERSONALIZADA

É possível gravar uma curva de tons personalizada de forma a que esta fique disponível como uma predefinição em 'Point Curve:'. Para tal, antes de mais, deverá construí--la através da função com o mesmo nome (à qual se acede, como já foi mencionado, clicando no pequeno ícone posicionado no canto inferior direito da ferramenta Tone Curve, assinalado a vermelho). De seguida, será preciso clicar à direita de onde está escrito 'Point Curve:' (assinalado a azul), escolhendo a opção *Save* (assinalada a verde) e inserindo uma designação pertinente. A partir deste momento essa curva de tons personalizada ficará gravada, aparecendo nas predefinições do Lr e do ACR (assinalado a roxo). A título de curiosidade, repare-se como a 'estranha' curva de tons construída para este exemplo alterou de forma notória o histograma, criando 'sulcos' de informação e mostrando o seu real impacto na distribuição dos tons de uma imagem (assinalado a laranja).

Ajuste da exposição (Histogram, Clipping, Exposure, Contrast, Highlights, Shadows, Whites, Blacks e Tone Curve) | 137

 USE O INTERRUPTOR DA FERRAMENTA TONE CURVE

Uma forma de activar ou desactivar os ajustes aplicados pela Tone Curve consiste em clicar no pequeno interruptor posicionado no canto superior esquerdo desta ferramenta. Ao fazê-lo não afecta os ajustes feitos em outras ferramentas e, caso exporte[80] a imagem com o interruptor 'desligado', os ajustes efectuados na Tone Curve não serão considerados. ⊠

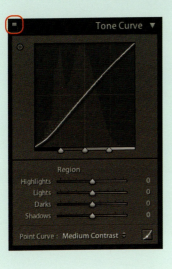

  CURVES

A ferramenta Tone Curve funciona de forma análoga à ferramenta Curves do Ps (Image ▸ Adjustments ▸ Curves), nomeadamente no que diz respeito à possibilidade de trabalhar a curva de tons por cada canal de cor (Red, Green e Blue). No Lr não existe, contudo, a possibilidade de usar as pipetas negra, cinza e branca para amostragem e consequente ajuste dos tons. ⊠

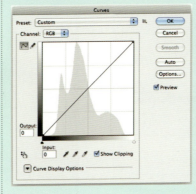 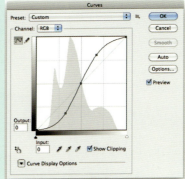

Legenda: A ferramenta Curves do Ps funciona de forma idêntica à Tone Curve do Lr e ACR, permitindo ajustar os tons de uma imagem através da modificação da forma da curva de tons, como fica evidente na figura da direita.

Filtros em gradiente (Graduated filtre) – ajuste da exposição

As ferramentas até agora abordadas actuam sobre determinados conjuntos de tons, moldando a exposição original de acordo com as necessidades técnicas e estéticas do fotógrafo. Contudo, uma coisa é trabalhar separadamente conjuntos de tons presentes em *toda* a imagem, outra é trabalhar apenas *uma parte* da imagem sem afectar as restantes.

Assim, para ajustar a exposição de forma localizada, uma das soluções consiste em usar a ferramenta Graduated Filtre. Simplisticamente, esta ferramenta pretende simular digitalmente o uso de filtros em gradiente ópticos, apresentando algumas potencialidades e limitações face a estes últimos, como se verá adiante. Falando estritamente dos ajustes de exposição, esta ferramenta dá acesso a outras já mencionadas, como a Exposure[81], a Contrast[82], a Highlights[83] e a Shadows[84], agora com a possibilidade de estas serem aplicadas de forma localizada.

[80] Ver **Exportação das imagens (Export)**, p. 309.
[81] Ver **Exposição (Exposure)**, p. 98.
[82] Ver **Contraste (Contrast)**, p. 103.
[83] Ver **Highlights (Realces)**, p. 105.
[84] Ver **Shadows (Sombras)**, p. 109.

Para activar a ferramenta Graduated Filtre basta clicar no ícone com a forma de um rectângulo, posicionado directamente abaixo do histograma. De imediato, irá abrir-se um painel com múltiplos ponteiros, quatro deles relacionados com as ferramentas de ajuste da exposição atrás referidas, tal como mostra a figura seguinte.

Depois de identificar uma imagem que necessite de um ajuste localizado, importa criar e aplicar o filtro através da ferramenta Graduated Filtre, percorrendo o seguinte conjunto de passos exemplificativos.

CRIAR E USAR FILTROS EM GRADIENTE

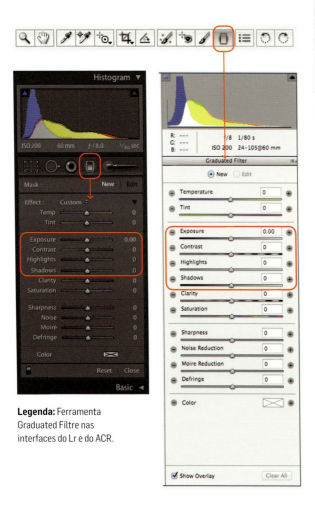

Legenda: Ferramenta Graduated Filtre nas interfaces do Lr e do ACR.

01. A imagem original está na sua globalidade boa e apresenta um céu com potencial, mas pouco dramático e com algumas zonas sobreexpostas (assinaladas pelos avisos de sobreexposição a vermelho). Assim, activou-se a ferramenta Graduated Filtre (assinalada a verde) e definiu-se um ajuste propositadamente exagerado de -3.00 em Exposure (assinalado a azul). Depois, já com o ponteiro do rato em forma de cruz, clicou-se no topo da imagem e, sem deixar de pressionar o botão esquerdo, arrastou-se para baixo (assinalado a vermelho), fazendo aparecer um conjunto de três linhas (cujo significado se explicará nos passos seguintes).

02. Depois de criado o filtro, clicou-se no pequeno círculo negro no centro deste e arrastou-se até que a linha central coincidisse com o topo da montanha à direita (assinalado a vermelho). O facto de se ter definido um ajuste exagerado em Exposure é útil para perceber as zonas realmente afectadas pelo filtro. Também se percebe que a transição do filtro acontece entre as linhas superior e inferior (assinaladas a verde), passando de escuro a 'transparente' nessa zona.

03. No passo anterior percebeu-se que a transição era muito abrupta e notória, sobretudo neste caso em que, devido às montanhas, a linha de horizonte é irregular. Para corrigir esse aspecto, clicou-se na linha inferior (assinalada a verde) e arrastou-se para baixo (até onde surge água na paisagem), ampliando a zona de transição. Assim, quanto maior for a distância entre as linhas superior e inferior, mais suave será a transição. Contrariamente, quanto menor for a distância entre essas linhas, mais abrupta será a transição.

04. Agora que o filtro foi correctamente posicionado e a transição bem definida, resta aplicar um ajuste em Exposure que proporcione um resultado realista. Neste caso, definiu-se um valor de -1.50 (assinalado a vermelho), criando uma equilíbrio natural entre a luminosidade do céu e da terra. Contudo, a claridade das nuvens brancas junto às montanhas é ainda excessiva, algo que importa resolver.

05. Para solucionar a questão identificada na parte final do último passo, foi aplicado um ajuste de -100 em Highlights (assinalado a vermelho), o que permitiu escurecer as nuvens mais claras, mas sem afectar as nuvens mais cinzentas ou o tom do azul do céu. A imagem ainda poderia beneficiar de outros ajustes localizados, nomeadamente através dos pincéis de ajuste[85], por exemplo, para aclarar o ligeiro escurecimento do topo das montanhas provocado pela ferramenta Graduated Filtre. Clicando em 'Done' (assinalado a verde) ou pressionando a tecla 'Return' a operação ficará concluída, fechando o painel de ajustes da ferramenta Graduated Filtre.

[85] Ver Pincéis de ajuste (Adjustment brush), p. 145.

EVOLUÇÃO DO HISTOGRAMA NA IMAGEM DO EXEMPLO ANTERIOR

O histograma da esquerda corresponde à imagem original e o da direita à imagem com um ajuste de -3.00 em Exposure e -100 em Highlights, ambos através da ferramenta Graduated Filtre. Repare-se como o ajuste localizado eliminou o 'pico' de informação na parte direita do gráfico e como reduziu a quantidade de informação nas altas luzes, transitando-a para os meios-tons (assinalado a vermelho). O histograma pode não o mostrar de forma evidente, mas a vantagem do ajuste localizado é que ele não provocou qualquer alteração nos tons que ficavam abaixo da linha de água na paisagem e que não precisavam de qualquer correcção.

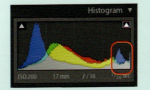
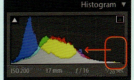

Embora possa ser menos óbvio, a ferramenta Graduated filtre também pode ser usada para aclarar zonas da imagem e/ou criando filtros de baixo para cima, conseguindo dessa forma equilibrar a exposição numa imagem. A imagem seguinte mostra-o de forma concreta, recorrendo a diversos ajustes de exposição com um só filtro em gradiente.

Legenda: Neste caso, já com a ferramenta Graduated Filtre activada (assinalado a vermelho), foi criado um filtro de baixo para cima, posicionando a linha central perto do horizonte subentendido da paisagem (assinalada a laranja). A distância entre as linhas superior e inferior é curta, tornando a transição ligeiramente abrupta. Depois, aplicou-se o seguinte conjunto de ajustes (assinalado a verde): +1.71 em Exposure (para aclarar), +100 em Contrast (para aumentar a sensação de volume nas rochas) e -20 em Highlights (para recuperar alguma da luminosidade excessiva nas rochas brancas após os ajustes em Exposure e Contrast). Somando os esforços destes ajustes, conseguiu-se devolver a luminosidade e o impacto à parte inferior da imagem, equilibrando a exposição global sem interferir com a luminosidade do céu. Para concluir, clicou-se em Done.

[86] Ver exemplo concreto de um ajuste cumulativo em **Claridade (Clarity)**, p. 197.
[87] Ver **Ajuste das cores**, p. 153.
[88] Ver **Ajuste da nitidez**, p. 173.
[89] Ver **Redução de Ruído (Noise Reduction)**, p. 202.
[90] Ver **Correcção de Problemas Ópticos**, p. 219.
[91] Ver **Correcção do Padrão Moiré**, p. 241.

Uma vantagem da ferramenta Graduated Filtre é que esta pode ser usada mais do que uma vez, criando múltiplos filtros dentro de uma mesma imagem, os quais podem actuar de forma complementar (filtros em zonas distintas da imagem) ou cumulativa (mais do que um filtro na mesma zona da imagem, acumulando ajustes)[86]. Para tal, basta clicar em 'New' na parte de cima da ferramenta, seguindo depois os passos normais para a criação do filtro sobre a imagem. O exemplo seguinte mostra um uso complementar de dois filtros com ajustes definidos em múltiplas ferramentas de exposição (Exposure, Contrast, Highlights e Shadows), seguindo a lógica de funcionamento previamente abordada nos capítulos respeitantes a cada uma delas.

Note-se que quando se cria mais do que um filtro, ficará assinalado com um círculo negro aquele que pode ser trabalhado, ou seja, aquele cujos ajustes podem ser alterados (na imagem de exemplo era o que estava assinalado a vermelho). Para modificar os ajustes noutro filtro já criado, sempre identificado por um círculo branco (na imagem de exemplo estava assinalado a azul), basta clicar sobre ele e, de imediato, ele passará a ficar negro, significando que pode ser trabalhado. Sempre que se desejar eliminar um filtro, basta clicar sobre o círculo branco que lhe corresponde para que este fique negro, pressionando depois a tecla *Backspace* ou *Delete* para o apagar.

Como se verá nos capítulos dedicados ao ajuste das cores[87], ajuste da nitidez[88], redução de ruído[89], correcção de problemas ópticos[90] e correcção do padrão moiré[91], a ferramenta Graduated Filtre possui outras capacidades extremamente relevantes para além da correcção da exposição.

Legenda: A imagem original apresentava um céu pouco denso e um primeiro plano sobreexposto. Assim, aplicou-se um primeiro filtro de cima para baixo alinhado com as montanhas, definindo um ajuste de -0.50 em Exposure, +100 em Contrast, -80 em Highlights e 50 em Shadows (assinalado a vermelho). Depois, clicando em New (assinalado a verde), criou-se um segundo filtro, aplicado de baixo para cima até cobrir as algas no primeiro plano, definindo um ajuste de -0.30 em Exposure, +45 em Contrast e -100 em Highlights (assinalado a azul). A partir deste momento, e apenas se necessário, a exposição da imagem já poderia ser trabalhada como um todo, visto que as zonas 'problemáticas' já foram ajustadas de forma localizada.

POTENCIALIDADES E LIMITAÇÕES DOS FILTROS EM GRADIENTE DIGITAIS

Conforme se mencionou anteriormente, os filtros criados com a ferramenta Graduated Filtre possuem algumas potencialidades e limitações face aos filtros em gradiente ópticos. Do lado das potencialidades está o facto de se poder escolher com grande flexibilidade a área de transição (os filtros ópticos só possuem duas opções: suave e dura), ajustar a exposição negativa e positivamente (os filtros ópticos só bloqueiam luz, logo não permitem aclarar imagem), trabalhar o contraste (nenhum filtro óptico ajusta o contraste) e recuperar sombras (novamente, os filtros apenas bloqueiam a luz). Adicionalmente, como veremos noutros capítulos, estes filtros vão para além dos ajustes de exposição, já que permitem controlar a nitidez, a saturação, a introdução de uma cor à escolha, a redução de ruído, entre outras

Ajuste da exposição (Histogram, Clipping, Exposure, Contrast, Highlights, Shadows, Whites, Blacks e Tone Curve)

possibilidades. Contudo, do lado das limitações, é vital ter presente que estes filtros trabalham com base na informação registada pela câmara, pelo que, por exemplo, se um céu apresentar altas luzes fortemente 'cortadas', a ferramenta poderá não conseguir resgatar essa informação ou fazê-lo com graves penalizações qualitativas ao nível reprodução tonal e de cor. Neste caso, apenas o uso de um filtro de densidade neutra em gradiente no terreno conseguiria equilibrar a exposição registada, potenciando as possibilidades em pós-produção ou tornando desnecessários alguns esforços de edição de imagem.

USE O INTERRUPTOR OU O BOTÃO 'RESET' DA FERRAMENTA GRADUATED FILTRE

Os filtros criados com a Graduated Filtre podem ser todos activados/desactivados clicando no pequeno interruptor posicionado no canto inferior esquerdo da secção desta ferramenta (assinalado a vermelho). Esta acção não afecta os ajustes realizados com outras ferramentas e, caso exporte[92] a imagem com o interruptor 'desligado', os ajustes em Graduated Filtre não serão aplicados. Imediatamente à direita do interruptor, existe um botão de 'Reset' (assinalado a verde), o qual tem uma acção mais radical, já que, em vez de activar/desactivar os filtros, elimina-os todos com um só clique.

[92] Ver **Exportação das imagens (Export)**, p. 309.

USE UMA INCLINAÇÃO ADEQUADA À DO HORIZONTE APARENTE DA IMAGEM

Nos casos em que o horizonte aparente da imagem não está alinhado, poderá ser conveniente criar um filtro em Graduated Filtre com a mesma inclinação desse suposto horizonte. Para tal, o filtro deve ser criado arrastando o rato de forma oblíqua, conforme surge assinalado a vermelho sobre a imagem de exemplo. Para um ajuste minucioso da inclinação do filtro, basta clicar algures na linha central (onde está assinalado a azul, por exemplo) e, sem levantar o dedo do rato e com muita suavidade, arrastar para cima ou para baixo até atingir o ângulo pretendido.

ALTERE À POSTERIORI A INTENSIDADE DOS AJUSTES REALIZADOS EM GRADUATED FILTRE

Uma das vantagens da edição não destrutiva possível no Lr e no ACR é que se pode, em qualquer altura, regressar a um dos filtros criados em Graduated Filtre e modificar a sua posição, inclinação e, até, os ajustes anteriormente definidos. Esta possibilidade é muito útil, sobretudo porque será comum usar esta ferramenta em conjunto com muitas outras, nomeadamente a Adjustment Brush[93], reforçando ou anulando os ajustes efectuados por cada uma delas.

ACR

A ferramenta Graduated Filtre tem uma aparência ligeiramente diferente no ACR, mas mantém uma natureza absolutamente igual à do Lr. Assim, depois de activada na parte superior da interface, a criação do filtro sobre a imagem mostra que as linhas superior e inferior surgem agora a verde e vermelho respectivamente.

Legenda: Ferramenta Graduated Filtre na interface do ACR, apresentando algumas diferenças face ao que se viu no Lr.

GRADIENT FILL

Em parte, a ferramenta Graduated Filtre funciona de forma análoga à ferramenta Gradient Fill do Ps (Layer ▸ New Fill layer ▸ Gradient...). Contudo, a primeira apresenta uma maior diversidade de ajustes, enquanto a segunda possibilita a construção de um filtro em gradiente com inúmeras possibilidades ao nível das nuances de tom e de cor.

Legenda: Ferramenta Gradient Fill na interface do Ps, apresentando algumas vantagens e desvantagens face ao número e tipologia dos ajustes oferecidos pelo Lr e ACR.

[93] Ver **Pincéis de ajuste (Adjustment brush)**, p. 145.

Ajuste da exposição (Histogram, Clipping, Exposure, Contrast, Highlights, Shadows, Whites, Blacks e Tone Curve) | 145

Pincéis de ajuste (Adjustment Brush) – ajuste da exposição

A ferramenta Graduated Filtre é extremamente útil quando existe uma área bem definida e linear na imagem que precisa de ser ajustada, mas perde alguma eficácia quando se pretende efectuar ajustes de exposição rigorosos, maioritariamente em zonas dispersas pela imagem.

Nestes casos, a melhor solução será a ferramenta Adjustment Brush, através da qual é possível criar 'pincéis' com os quais se 'pintam' ajustes em Exposure[94], Contrast[95], Highlights[96] e Shadows[97] sobre as zonas pretendidas da imagem[98]. Para activar esta ferramenta basta clicar no ícone correspondente, posicionado debaixo do histograma, no lado direito.

Como se pode reparar através da interface da ferramenta, esta oferece não só um conjunto de ajustes de exposição idêntico ao oferecido pela ferramenta Graduated Filtre (assinalados a vermelho), mas também alguns parâmetros inerentes ao funcionamento da própria ferramenta (assinalados a verde) que importam detalhar.

Assim, percorrendo os parâmetros de cima para baixo, existem três opções em 'Brush' (assinaladas a azul): A (pincel número um), B (pincel número dois, no qual podem ser definidos ajustes diferentes dos escolhidos em A) e Erase (para apagar, como se fosse uma borracha, os ajustes aplicados pelos pincéis A e/ou B). Por omissão, estará sempre definido o pincel A e, salvo alguma necessidade especial, raramente será preciso recorrer ao B, pois é mais prático criar outro pincel de ajuste com ajustes diferenciados, como se verá adiante.

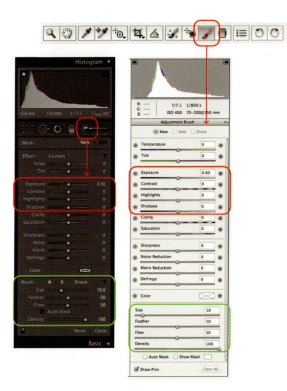

Legenda: Ferramenta Adjustment Brush nas interfaces do Lr e do ACR, estando assinalados os ajustes que influenciam a exposição e os parâmetros que controlam a sua aplicação.

Imediatamente abaixo, excluindo por enquanto a função 'Auto Mask', encontram-se quatro ponteiros referentes a um mesmo número de parâmetros do pincel de ajuste (assinalados a laranja, na página seguinte): (1) 'Size' – define a dimensão do pincel, a qual dependerá do tamanho e das características da zona da imagem a ajustar; (2) 'Feather' – determina a suavidade do pincel, sendo que valores baixos tornam o 'traço' do pincel mais vincado (como se fosse uma esferográfica) e valores altos fazem o 'traço' mais difuso (como se fosse um pincel suave); (3) 'Flow' – especifica a quantidade de ajuste aplicado em cada 'pincelada', logo, por exemplo, com um valor de 50 seriam precisas duas passagens até atingir o efeito total definido num dos ajustes de exposição; (4) 'Density' – funciona como um limitador desta

[94] Ver Exposição (Exposure), p. 98.
[95] Ver Contraste (Contrast), p. 103.
[96] Ver Realces (Highlights), p. 105.
[97] Ver Sombras (Shadows), p. 109.
[98] Tal como acontecia na ferramenta Graduated Filtre, a Adjustment Brush permite outros ajustes para além dos aqui mencionados. Contudo, no âmbito deste capítulo, que é dedicado ao ajuste da exposição, apenas interessa abordar estas quatro possibilidades, deixando as restantes para os capítulos sobre o ajuste das cores (p. 153), de nitidez (p. 173), de redução de ruído (p. 202), entre outros.

ferramenta, pelo que, por exemplo, um valor de 50 faria com que um ajuste de +2.00 em Exposure nunca ultrapassasse metade desse valor (logo, +1.00).

Agora que os parâmetros estão esclarecidos, vai considerar-se a fotografia seguinte, sem dúvida uma boa candidata para a utilização da ferramenta Adjustment Brush. De facto, suponha-se que se pretende reduzir a luminosidade do reflexo, mas sem alterar a exposição dos diversos elementos no primeiro plano e respeitando meticulosamente os contornos da serra reflectida. Neste caso particular, a ideia subjacente à redução da luminosidade do reflexo seria não só a de destacar a presença do tronco branco e das pedras com algas amarelas, mas também a de simular o efeito de um polarizador, criando a ilusão de que o reflexo foi suprimido progressivamente. Concretizando, veja-se como atingir este propósito, que ficará bem patente pela diferença existente entre a imagem original e o resultado final.

Legenda: Depois de activar a ferramenta Adjustment Brush (assinalada a verde), definiram-se os seguintes parâmetros (assinalados a azul): 15.0 em Size (o tamanho ideal para trabalhar em redor do tronco e das pedras), 50 em Feather (para que o ajuste não seja muito vincado nas margens do pincel), 50 em Flow (para dosear progressivamente o ajuste) e 100 em Density (para não limitar a intensidade máxima do ajuste). De seguida, escolheram-se os ajustes propriamente ditos, definindo -1.59 em Exposure e +70 em Contrast (assinalados a vermelho), um bom ponto de partida para a imagem em questão. Por fim, pintou-se em torno dos elementos em primeiro plano e do reflexo da serra, destacando o tronco branco e criando a impressão de que o reflexo foi atenuado (quase parecendo o efeito de um filtro polarizador, ao qual não se pôde recorrer na altura do registo).

Quando se utiliza a ferramenta Adjustment Brush nem sempre é fácil perceber quais as zonas já 'pintadas' com os ajustes, sobretudo quando se definiram parâmetros personalizados em Feather, Flow e Density. Assim, existe a hipótese de algumas zonas estarem por 'pintar' e outras em que se extravasou inadvertidamente os limites dessa 'pintura'. Para precaver estes enganos, é fortemente aconselhável que se active a função 'Show Selected Mask Overlay' ('Show Mask' no ACR), conforme mostra a imagem seguinte.

Legenda: Ao activar a função 'Show Selected Mask Overlay' (assinalada a azul) é criada uma máscara sobre a imagem, ficando a vermelho as zonas 'pintadas' com ajustes. Repare-se como o tronco não se encontra 'pintado', assim como as rochas com algas amarelas no primeiro plano. Também é visível a forma como se contornou o reflexo da serra e como a máscara vermelha é progressivamente menos opaca à medida que se aproxima da linha de horizonte, sinónimo de um ajuste mais intenso em baixo (várias pinceladas) e mais fraco em cima (apenas uma pincelada).

Existe uma última funcionalidade da ferramenta Adjustment Brush que importa considerar – a Auto Mask –, já mencionada mas ainda não desenvolvida. Muito simplesmente, esta funcionalidade ajuda a determinar automaticamente os limites das zonas pintadas com ajustes à medida que o processo decorre, algo particularmente útil quando os motivos possuem formas muito bem definidas. Veja-se um exemplo em que a Auto Mask se revelou uma boa opção.

 CRIAR E USAR PINCÉIS DE AJUSTE

01. A utilização de um filtro de densidade neutra em gradiente no terreno controlou a luz no céu, mas escureceu inesteticamente o topo do castelo. Assim, com as funcionalidades Auto Mask e 'Show Selected Mask Overlay' ligadas (assinaladas a azul), usou-se a ferramenta Ajustment Brush (assinalada a verde) para 'pintar' sobre o topo do castelo, definindo um ajuste de +86 em Shadows (assinalado a roxo). Como os contornos do edifício estão muito bem definidos, a ferramenta Adjustment Brush, com a ajuda da função Auto Mask, determinou moderadamente bem os limites da sua acção, tendo sido usado 18 em Size, 50 em Feather, 50 em Flow e 100 em Density. Note-se o pequeno círculo negro (assinalado a laranja), que corresponde ao pincel de ajuste criado e ao local onde o processo teve início.

02. Para comprovar a eficácia com que a ferramenta Adjustment Brush foi usada, desligou-se a função 'Show Selected Mask Overlay' (assinalada a azul), percebendo-se que a zona enegrecida foi corrigida com sucesso, sem ter sido afectada a luminosidade no céu que circunda o castelo. Para concluir o processo, clicou-se em Done (assinalado a verde).

É essencial referir que nem sempre os limites de acção dos pincéis de ajuste serão bem determinados pela funcionalidade Auto Mask. Adicionalmente, sobretudo quando os motivos possuem superfícies com texturas muito irregulares, existe a possibilidade de a 'pintura' apresentar pequenas falhas. Como tal, a funcionalidade Auto Mask será melhor usada para uma primeira 'pintura' e sempre com várias passagens, mas, depois, será conveniente desligá-la e preencher as falhas que possam ter ocorrido. Repare-se num exemplo em que a pintura inicial com a função Auto Mask activada não foi perfeita, sendo depois corrigida com passagens adicionais.

Legenda: Para corrigir as falhas criadas pela função Auto Mask (um exemplo assinalado a verde) foram necessárias várias 'pinceladas' adicionais, seguidas de outras tantas com a função Auto Mask desactivada, definindo 100 em Flow e Density (para garantir que toda a superfície ficava preenchida com os ajustes). Adicionalmente, para apagar o excesso verificado acima da zona da chaminé (assinalado a azul), seleccionou-se a opção Erase (assinalada a roxo) com 100 em Flow e com a função Auto Mask novamente activada, passando uma espécie de borracha no céu e eliminado qualquer ajuste nessa zona.

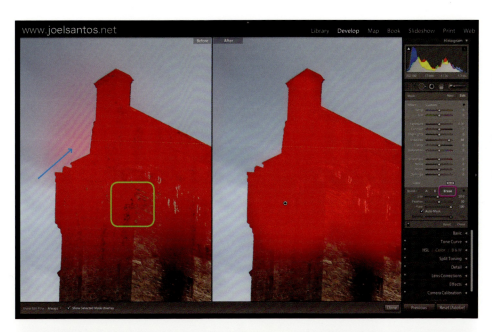

A ferramenta Adjustment Brush permite a criação de mais do que um pincel de ajuste, aplicando ajustes diferenciados em zonas distintas da imagem ou até mesmo cumulativos nas mesmas áreas. A imagem seguinte demonstra este processo, que, regra geral, será muito frequente ao editar uma imagem.

Legenda: Clicando em 'New' (assinalado a verde), criaram-se, um de cada vez, seis pincéis de ajuste com diferentes valores definidos em Contrast. Procurou-se, deste modo, melhorar o contraste de forma diferenciada em múltiplas zonas da imagem, umas distintas outras coincidentes umas com as outras (neste último caso, acumulando os ajustes). O pincel activo (assinalado a azul) apresenta um círculo negro, o que significa que se podem 'pintar' mais ajustes para além da zona a vermelho, alterar os valores definidos (assinalado a roxo) e/ou apagá-lo (usando a tecla Backspace ou Delete). É possível activar outro pincel anteriormente criado, bastando clicar no círculo branco correspondente, o qual, como seria de esperar, ficará negro ao ser seleccionado.

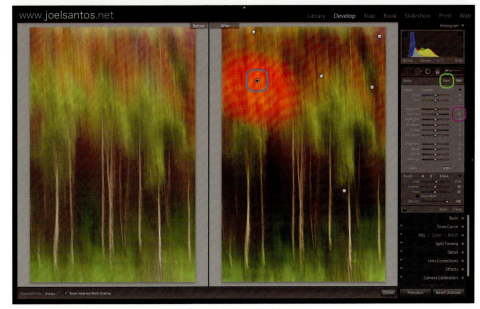

Como nota final, à luz do que será analisado nos capítulos dedicados ao ajuste das cores[99], ajuste da nitidez[100], redução de ruído[101], correcção de problemas ópticos[102] e correcção do padrão moiré[103], as potencialidades da ferramenta Adjustment Brush não se esgotam na correcção da exposição.

[99] Ver **Ajuste das cores**, p. 153.
[100] Ver **Ajuste da nitidez**, p. 173.
[101] Ver **Redução de Ruído (Noise Reduction)**, p. 202.
[102] Ver **Correcção de Problemas Ópticos**, p. 219.
[103] Ver **Correcção do Padrão Moiré**, p. 241.

AMPLIE EXAGERADAMENTE A IMAGEM PARA AJUSTES RIGOROSOS

Para facilitar o uso meticuloso dos pincéis de ajuste é aconselhável ampliar consideravelmente a imagem. Para tal, escolha a opção 4:1 no Lr (na secção Navigator, na parte superior do painel lateral esquerdo) ou 400% no ACR (no canto inferior esquerdo da interface).

USE O INTERRUPTOR OU O BOTÃO 'RESET' DA FERRAMENTA ADJUSTMENT BRUSH

Os pincéis criados com a ferramenta Adjustment Brush podem ser activados/desactivados simultaneamente clicando no pequeno interruptor posicionado no canto inferior esquerdo desta ferramenta (assinalado a vermelho). Esta operação não afecta os ajustes realizados em outras ferramentas e, caso exporte[104] a imagem com o interruptor 'desligado', os ajustes em Adjustment Brush não serão considerados. À direita do interruptor, existe um botão de 'Reset' (assinalado a verde), o qual permite eliminar todos os pincéis com um só clique.

 ### USE AS PREDEFINIÇÕES DA FERRAMENTA ADJUSTMENT BRUSH CONTIDAS EM EFFECT

Em caso de dúvida acerca das melhores definições em Adjustment Brush para atingir um dado objectivo, existe um conjunto de predefinições contidas em Effect (assinalado a vermelho), as quais permitirão escurecer (Burn), clarear (Dodge), destacar a íris de um olho (Iris Enhance), suavizar a pele (Soften Skin) ou aclarar os dentes (Teeth Whitening) numa imagem, definindo os ajustes pertinentes para cada caso (um exemplo assinalado a verde). Também é possível criar uma predefinição personalizada, bastando definir os valores desejados nas diversas opções da ferramenta Adjustment Brush e, através do mesmo menu em Effect, clicar em Save Current Settings as New Preset (assinalado a roxo), gravando-a com o nome que se desejar.

 ### ALTERE À POSTERIORI A INTENSIDADE DOS AJUSTES REALIZADOS EM ADJUSTMENT BRUSH

Uma das vantagens da edição não destrutiva realizada pelo Lr ou ACR é que se pode, em qualquer momento, regressar a um pincel já criado em Adjustment Brush para alterar os ajustes definidos e expandir/eliminar as zonas trabalhadas. Esta possibilidade é interessante quando se tem em conta que será comum usar esta ferramenta em conjunto com muitas outras, nomeadamente a Graduated Filtre[105], reforçando ou anulando os ajustes efectuados por cada uma delas.

[104] Ver **Exportação das imagens (Export)**, p. 309.
[105] Ver **Filtros em gradiente (Graduated Filtre)**, p. 137.

 **ADJUSTMENT BRUSH**

A ferramenta Adjustment Brush oferece as mesmas funcionalidades no Lr e ACR, mas com algumas diferenças ao nível da interface. De facto, no ACR, o acesso à ferramenta está num local diferente da interface (assinalado a vermelho), algumas designações variam (como a Show Mask, assinalada a laranja) e não existe pincel A e B (apenas a opção Add, assinalada a verde). Esta última diferença não constitui uma limitação em si, visto que, como se mencionou anteriormente, não há uma clara vantagem em ter duas variantes de ajustes dentro de um mesmo pincel de ajuste, sobretudo quando existe a liberdade para criar múltiplos pincéis de ajuste em 'New' (assinalado a azul).

 DODGE / BURN

No âmbito dos ajustes de exposição, a ferramenta Adjustment Brush apresenta semelhanças com as ferramentas Dodge (clarear) e Burn (escurecer) do Ps, as quais permitem seleccionar diferentes tipos de pincel, de opacidade (Exposure) e de tons trabalhados (Shadows, Midtones e Highlights).

Ajuste das cores

A cor é uma componente basilar da luz e, como tal, também é um ingrediente primordial da fotografia. Uma subtil modificação nas cores de uma imagem pode ter um impacto dramático no resultado final, modificando por completo a forma como esta é interpretada. De facto, um ajuste tão simples como aumentar a saturação dos azuis numa determinada imagem pode reforçar a sensação de se estar perante um ambiente frio – e este exemplo é apenas a ponta do iceberg.

Note-se que, de uma forma indirecta, alguns capítulos anteriores já se debruçavam sobre a temática da cor. Com efeito, recorde-se que os Perfis da câmara[104] e o Equilíbrio de brancos[105] têm um impacto na forma como a cor é reproduzida numa imagem, isto já para não mencionar a influência que um ajuste da exposição possui na luminosidade das cores.

Uma vez que as possibilidades de trabalho com a cor são praticamente ilimitadas e eminentemente subjectivas, este capítulo vai concentrar-se nos desafios que a maioria dos fotógrafos enfrenta nas fase de pós-produção, sendo que o objectivo principal será transmitir a mecânica, as potencialidades e as limitações das ferramentas de ajuste de cor.

BÁSICO

A maior parte das imagens digitais, sobretudo aquelas que foram registadas por uma câmara reflex e no formato RAW, apresentam cores pouco intensas. Assim, um dos ajustes mais comuns é o aumento da saturação das cores, o qual, quando bem doseado, confere um maior impacto à imagem. Para o conseguir sem grande esforço, o Lr e o ACR oferecem duas ferramentas, a Saturation e a Vibrance, as quais, apesar de parecem semelhantes, operam de forma consideravelmente distinta – razão pela qual serão analisadas separadamente.

[104] Ver **Perfis da Câmara (Camera Profiles)**, p. 82.
[105] Ver **Equilíbrio de brancos (White balance)**, p. 84.

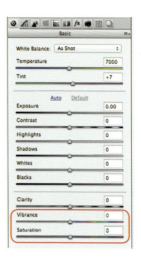

Legenda: Ferramentas Saturation e Vibrance nas interfaces do Lr e do ACR.

A imagem seguinte mostra como uma imagem pode beneficiar com um aumento da saturação das cores, obtendo-se um resultado com maior impacto. Todavia, dada a natureza da ferramenta Saturation, o ajuste de +50 incrementou a intensidade das cores de forma uniforme, o que resultou bem nos azuis do céu, mas tornou exagerados os vermelhos-alaranjados da parede. Isto acontece porque o vermelho e o laranja são cores naturalmente mais intensas, logo não precisariam de ajustes tão fortes. Porém, como a ferramenta Saturation não tem essa diferença em consideração, os laranjas e vermelhos ficam sobressaturados muito rapidamente, havendo mesmo uma perda de textura nas áreas dominadas pelas cores em questão.

Saturação (Saturation)

A ferramenta Saturation funciona como uma espécie de 'volume' das cores, aumentando ou reduzindo a sua intensidade de uma forma linear. Tal significa que um ajuste de +50 corresponde a um aumento de +50 em todas as cores presentes na imagem, independentemente do quão saturadas algumas delas já possam estar. Esta forma de funcionar nem sempre será a mais conveniente e, na verdade, é uma das razões pelas quais a ferramenta Saturation aparece depois da Vibrance na interface do Lr e do ACR.

Como é usual, o fundo da barra da ferramenta Saturation permite antever o seu funcionamento, sendo que ajustes positivos (ponteiro para a direita) aumentam a saturação das cores, enquanto ajustes negativos (ponteiro para a esquerda) dessaturam as cores.

Legenda: A imagem da esquerda corresponde ao registo original e a da direita apresenta um ajuste de +50 em Saturation. Embora os azuis tenham saído beneficiados, a sobressaturação dos vermelhos- -alaranjados é evidente, prejudicando o resultado final. Existem ferramentas mais interessantes para saturar as cores numa imagem, nomeadamente a Vibrance e, num patamar mais avançado, a HSL.

Legenda: Ferramenta Saturation.

Regra geral, os resultados obtidos por um ajuste forte e positivo da Saturation deixam muito a desejar, fazendo pouco sentido recorrer a esta solução quando se pode utilizar ferramentas mais 'inteligentes' como a Vibrance (a abordar no próximo subcapítulo) ou a HSL[106]. Todavia, a ferramenta Saturation, através de ajustes negativos, pode revelar-se muito interessante como forma de reduzir parcial ou totalmente a saturação das cores, contribuindo para resultados criativos.

Legenda: A imagem da esquerda corresponde à imagem original, enquanto a da direita sofreu um ajuste de -56 em Saturation, reduzindo a intensidade global da cores e conferindo um toque criativo ao resultado.

[106] Ver **Matiz, Saturação e Luminância (HSL – Hue, Saturation, Luminance).** p. 158.

DESSATURAÇÃO COM A FERRAMENTA SATURATION

Como seria de esperar, à medida que se aplica um ajuste negativo na ferramenta Saturation, as cores vão perdendo a sua intensidade e, no limite, a imagem ficará em tons de cinzento. De facto, quando se aplica um ajuste de -100, a imagem ficará monocromática. Ainda assim, nem sempre se justificará este tipo de abordagem para produzir uma imagem a preto-e-branco, já que o Lr e o ACR possuem uma ferramenta específica para o efeito – a Black & White –, a qual permite obter resultados consideravelmente mais avançados, como se mostrará no subcapítulo que lhe será dedicado[107].

[107] Ver **Preto-e-branco (Black & White)**, p. 248.

Vibração (Vibrance)

Ao contrário da ferramenta Saturation, a Vibrance permite aumentar a saturação das cores de uma forma não linear. Isto significa que, à medida que se aplica um ajuste positivo, as cores menos intensas irão beneficiar de um aumento de saturação notório, enquanto as cores mais intensas serão protegidas da saturação excessiva.

Legenda: Ferramenta Vibrance.

Para que se perceba o funcionamento 'inteligente' da ferramenta Vibrance, vai utilizar-se a imagem que serviu de exemplo quando se abordou a Saturation, definindo precisamente o mesmo ajuste – ou seja, +50.

Legenda: A imagem da esquerda corresponde ao registo original e a da direita apresenta um ajuste de + 50 em Vibrance. Fica evidente a forma como esta ferramenta evitou a sobressaturação do vermelho alaranjado da parede, sem deixar de conseguir um azul intenso.

Como se pode constatar através do exemplo anterior, o azul do céu foi mais saturado do que o vermelho alaranjado da parede, o que proporcionou uma saturação global das cores equilibrada. Mas, para que não restem dúvidas acerca da superioridade da ferramenta Vibrance face à Saturation, resta confrontar os resultados obtidos por ambas.

Legenda: Comparando um ajuste de +50 em Saturation (à esquerda) com um ajuste de +50 em Vibrance (à direita), percebe-se que a saturação alcançada no azul do céu é praticamente idêntica. Contudo, existe uma forte disparidade na saturação alcançada no vermelho alaranjado, pois esta cor, naturalmente mais intensa do que o azul, foi inteligentemente trabalhada e protegida pela ferramenta Vibrance.

RETRATO E A FERRAMENTA VIBRANCE

Uma particularidade marcante da ferramenta Vibrance é o facto de permitir saturar as cores presentes num retrato, mas sem afectar aquelas que fazem parte da pele. A imagem seguinte é um exemplo extremo do bom funcionamento desta ferramenta, sendo notória a forma como um ajuste de +50 em Vibrance saturou não só os amarelos das flores e da coroa, mas também os magentas e os azuis da maquilhagem, com a particularidade de não ter sobressaturado a pele do peito.

DESSATURAÇÃO COM A FERRAMENTA VIBRANCE

Muito embora se tenda a usar a ferramenta Vibrance para aumentar inteligentemente a saturação das cores numa imagem, ela também pode ser usada com valores negativos para a dessaturar. Todavia, também aqui se nota a diferença face à ferramenta Saturation, já que um ajuste de −100 não diminui integralmente a saturação de todas as cores. Isso mesmo fica patente na imagem seguinte, onde um ajuste de −100 eliminou todos os azuis, mas preservou os vermelhos e os verdes, os quais assumiram um tom pastel potencialmente interessante do ponto de vista criativo.

AVANÇADO

Por muito eficazes que as ferramentas Vibrance e White Balance sejam, nem sempre as cores de uma imagem ficarão como desejado. Isto porque, no caso das ferramentas mencionadas, os ajustes são aplicados a todas as cores (mesmo que com intensidades diferentes, como acontece com a ferramenta Vibrance) e em toda a imagem (no sentido em que não se podem escolher áreas de acção específicas).

Assim, por exemplo, o que fazer quando se quiser (des)saturar apenas uma cor num retrato ou corrigir uma dominante de cor que esteja localizada apenas no céu de uma paisagem? Quando se começam a sentir este tipo de limitações, importa considerar ferramentas que permitam um ajuste mais minucioso, específico e/ou localizado na imagem, algo que, como se verá nos próximos subcapítulos, pode ser conseguido com a HSL, com os Filtros em Gradiente (Graduated Filtre) ou com os Pincéis de Ajuste (Adjustment Brush).

Matiz, Saturação e Luminância (Hue, Saturation, Luminance – HSL)

A ferramenta HSL é a ferramenta de eleição para trabalhar a cor numa imagem, permitindo ajustar oito cores distintas (vermelho, laranja, amarelo, verde, azul-marinho, azul, violenta e magenta) ao nível da sua matiz (natureza da cor), saturação (intensidade da cor) e luminância (tom da cor).

---

[108] Embora a ferramenta White Balance tenha sido abordada fora do capítulo dedicado ao ajuste de cores, importa não esquecer que se trata da forma mais primordial de trabalhar e representar as cores presentes numa imagem, ajustando a temperatura de cor e tintas. Ver **Ajuste do Equilíbrio de Brancos (White Balance)**, p. 84.

[109] Ver **Ajuste das Cores, Filtros em gradiente (Graduated Filtre) – Ajustes Saturation (Saturação), Color (correcção de dominantes de cor) e Temp/Tint (ajuste do Equilíbrio de Brancos)**, p. 137.

[110] Ver **Ajuste das Cores, Pincéis de ajuste (Adjustment brush) – Ajustes Saturation (Saturação), Color (correcção de dominantes de cor) e Temp/Tint (ajuste do Equilíbrio de Brancos)**, p. 145.

Ajuste das cores | 159

Apesar de o número de cores ajustáveis ser um aspecto crucial, a verdadeira mais-valia da ferramenta HSL reside nas três formas de trabalhar a cor que esta oferece: **H**ue (Matiz), **S**aturation (Saturação) e **L**uminance (Luminância). Para que as particularidades destas três formas de ajuste fiquem explícitas, cada uma delas será abordada separadamente, terminando depois com um exemplo em que se retira partido do seu esforço conjunto.

Legenda: Ferramenta HSL nas interfaces do Lr e do ACR.

HUE/SATURATION

A ferramenta HSL do Lr e ACR é, em teoria, semelhante à Hue/Saturation disponibilizada pelo Ps (Image ▸ Adjustments ▸ Hue/Saturation). No entanto, na prática, a Hue/Saturation do Ps trabalha com menos cores (apenas seis) e o comportamento de cada uma das formas de ajuste é ligeiramente diferente. Este último pormenor é evidente no ajuste Lightness, já que dessatura e escurece as cores de forma imprevisível, enquanto a equivalente Luminance consegue retirar brilho à cor sem necessariamente a dessaturar.

Uma vantagem fulcral da ferramenta HSL, sobretudo quando se compara com a ferramenta Hue/Saturation do Ps, é o número de cores que podem ser trabalhadas. De facto, para além das tradicionais cores primárias aditivas (RGB – vermelho, verde e azul) e subtractivas (CMY – ciano, magenta e amarelo) do círculo de cores digital, a HSL também possibilita o ajuste de cores como o laranja, o azul-marinho e o violeta. A vantagem de se poder ajustar estas três cores adicionais torna-se óbvia, por exemplo, em retratos, já que os tons de pele, por vezes, não chegam a ser vermelhos ou amarelos, mas sim ligeiramente alaranjados. Outro exemplo são as paisagens em que aparecem simultaneamente o oceano e o céu, caso em que um ajuste no azul-marinho (cor da água) não provocará uma alteração do azul (cor do céu).

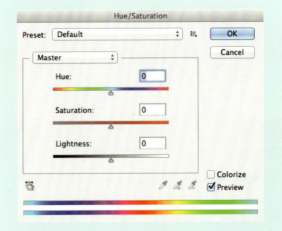

Legenda: Ferramenta Hue/Saturation do Ps.

Legenda: Círculo de cores digital, mostrando as cores complementares Vermelho-Ciano, Verde-Magenta e Azul-Amarelo.

[111] Ponteiros Red, Green e Blue, respectivamente.
[112] Ponteiros Cyan, Magenta, Yellow, respectivamente.
[113] Ponteiros Orange, Aqua e Purple, respectivamente.

Matiz (Hue)

Entende-se por matiz a própria natureza da cor, resultando daí as suas sobejamente conhecidas designações, como 'vermelho', 'azul', 'amarelo', entre outras. Assim, quando se ajusta a matiz de uma determinada cor, na prática está-se a alterar a essência dessa cor, transformando-a noutra que lhe esteja próxima no círculo de cores. Por exemplo, ao alterar a matiz da cor verde, esta pode, por um lado, aproximar-se da cor azul ou, por outro lado, da cor amarelo.

Em termos fotográficos, o ajuste da matiz de uma ou mais cores pode ser relevante para atingir a melhor reprodução de cor possível, sobretudo quando o ajuste do equilíbrio de brancos já não pode ser melhorado, até porque os ajustes efectuados com a ferramenta White Balance afectam todas as cores simultaneamente. Neste contexto, a ferramenta HSL mostra toda a sua utilidade, pois permite trabalhar selectivamente a matiz de uma cor sem necessariamente afectar as restantes.

Para tal, basta clicar na palavra Hue no seio da ferramenta HSL e, depois, ajustar as cores pretendidas. Repare-se que o interior de cada barra revela a forma como a matiz de cada cor será modificada quando o ponteiro for movido para a esquerda ou para a direita, ficando evidente que um ajuste positivo aproxima uma cor da seguinte (por exemplo, Orange/laranja passa para Yellow/amarelo) e que um ajuste negativo aproxima uma cor da anterior (por exemplo, Orange/laranja passa para Red/vermelho).

A imagem seguinte constitui um exemplo perfeito da utilidade do ajuste Hue, pois o equilíbrio de brancos Nublado forneceu as cores correctas na pele, no chapéu de palha e nas calças da camponesa, mas comprometeu a fidelidade do verde do campo de arroz e da camisa azul, já que ficaram 'contaminados' por uma evidente dominante de amarelo. Veja-se como dois pequenos ajustes em Hue resolveram de forma decisiva o problema.

Legenda: Uma vez identificadas as cores problemáticas na imagem original, activou-se a opção Hue na ferramenta HSL (assinalado a vermelho). De seguida, moveu-se o ponteiro Green para a direita, aplicando um ajuste de +9 (assinalado a verde), o qual afastou a cor verde de Yellow, aproximando-a de Aqua. Como resultado, obteve-se um verde com uma menor dominante de amarelo, ficando 'mais verde' devido à maior presença de azul-marinho. Para corrigir a cor da camisa seguiu-se um raciocínio análogo ao anterior. Assim, moveu-se o ponteiro Blue para a direita até ser criado um azul mais profundo, um objectivo atingido com um ajuste de +45 (assinalado a azul). O resultado final (imagem da direita), mostra a eficácia dos ajustes operados, tendo sido preservadas as cores originais da pele, chapéu e calças, pois a cor de base (o laranja – Orange) permaneceu inalterada.

Legenda: Ferramenta HSL, com a opção Hue activada.

[114] Ver **Equilíbrio de brancos (White balance)**, p. 84.

AJUSTE DA MATIZ (HUE) COM OBJECTIVOS CRIATIVOS

As matizes das cores podem ser alteradas de forma radical, modificando substancialmente a essência de uma fotografia e alcançando efeitos criativos.

Legenda: Foi definido um ajuste de +100 em Blue, aplicado através da opção Hue da ferramenta HSL. Como se pode constatar, com uma precisão milimétrica e num instante, o azul da porta foi transformado em roxo. Se porventura o ajuste fosse de -100 em Blue, a cor da porta transformar-se-ia num intenso azul-marinho.

Saturação (Saturation)

A saturação de uma cor diz respeito à sua intensidade, sendo que uma forte intensidade corresponde a uma cor vívida e uma fraca intensidade a uma cor esbatida (e que, no limite, pode traduzir-se num tom de cinzento).

Ao contrário do que acontecia com as ferramentas Saturation e Vibrance, na HSL é possível ajustar a saturação de uma determinada cor ou conjunto de cores, deixando as restantes inalteradas. Esta extrema versatilidade no controlo da intensidade das cores sai reforçada por um outro aspecto crucial: é possível aumentar a saturação de umas cores e, simultaneamente, diminuir a saturação de outras.

Para o conseguir, basta clicar na opção Saturation localizada na interface da ferramenta HSL e, de seguida, ajustar as cores desejadas. Novamente, o interior de cada barra fornece uma pista visual de como os ponteiros influenciam a saturação das cores, sendo que ajustes positivos (movimento para a direita) intensificam a cor escolhida e ajustes negativos (movimento para a esquerda) dessaturam a cor seleccionada.

[115] Ver **Saturação (Saturation)**, p. 154.
[116] Ver **Vibração (Vibrance)**, p. 156.

Legenda: Ferramenta HSL, com a opção Saturation activada.

A imagem escolhida para exemplo demonstra como é que a saturação e a dessaturação selectivas podem contribuir para aumentar o impacto de uma imagem.

Legenda: A imagem original (a da esquerda) não transmitia a verdadeira intensidade do amarelo do enxofre e o chapéu verde tinha um protagonismo excessivo, desviando a atenção da face do homem e do pedaço de enxofre quente nas suas mãos. Assim, seleccionando a opção Saturation na ferramenta HSL, aplicou-se um ajuste de +85 em Yellow para intensificar os amarelos e um ajuste de -50 em Green para reduzir a saturação dos verdes. Note-se que a cor da face do mineiro e do enxofre quente nas suas mãos permaneceu quase inalterada, mas poderia ter sido ajustada através do ponteiro Orange (Laranja).

AJUSTE SELECTIVO DA SATURAÇÃO (SATURATION) COM UM OBJECTIVO CRIATIVO

Tirando partido da capacidade que a HSL tem de trabalhar cada cor isoladamente, é possível dessaturar todas as cores excepto uma (ou, se necessário, duas), criando uma imagem maioritariamente monocromática, na qual apenas um motivo retém a sua cor/saturação originais.

Legenda: Através da opção Saturation da ferramenta HSL, definiu-se um ajuste de -100 em todas as cores, excepto em Red. Desta forma, a generalidade das cores foram dessaturadas excepto o vermelho da papoila, ficando agora destacada face a um contexto monocromático.

Luminância (Luminance)

A luminância de uma cor corresponde ao tom que esta apresenta, podendo traduzir-se num menor brilho (logo, menor luminosidade) ou num maior brilho (logo, maior luminosidade) da cor em questão.

Das três formas de trabalhar a cor com a ferramenta HSL, a opção Luminance poderá ser a menos óbvia. Ainda assim, como aconteceu anteriormente, o interior de cada barra ajuda a perceber que um ajuste positivo (movendo o ponteiro para a direita) aumenta a luminosidade da cor escolhida, enquanto um ajuste negativo (movendo o ponteiro para a esquerda) produz o efeito contrário.

Legenda: Ferramenta HSL, com a opção Luminance activada.

Legenda: Quando a imagem original foi registada não foi possível utilizar um filtro polarizador, o qual teria sido útil para contrastar o azul céu face à estrutura laranja. No entanto, recorrendo à opção Luminance da ferramenta HSL, definiu-se um ajuste de -60 em Blue (Azul), o que permitiu atingir um resultado semelhante. De facto, a imagem da direita mostra como a luminosidade do céu foi reduzida através desta acção, aumentando o contraste face ao branco das nuvens e ao laranja do edifício. Note-se que não foi realizado qualquer ajuste na saturação, mas nada o impede, reforçando ainda mais a intensidade do céu azul.

Todavia, apesar das pistas visuais fornecidas pelo interior das barras serem úteis, estas podem não ser suficientes para perceber como é que, na prática, se pode tirar partido deste tipo de ajuste da cor. Deste modo, a forma mais intuitiva de o exemplificar é recorrendo a uma situação fotográfica muito frequente: uma fotografia com um vasto, mas pouco profundo, céu azul. A imagem seguinte encaixa nesse pressuposto, comprovando a eficácia de um ajuste em Luminance, particularmente para obter um resultado que em muito se assemelha ao uso de um filtro polarizador.

[117] O filtro polarizador permite filtrar luz polarizada, atingindo o seu efeito máximo quando esta última faz um ângulo de 90º com o primeiro. Desta forma, o filtro polarizador consegue, entre outros efeitos com utilidade estética na fotografia, minimizar ou eliminar reflexos criados por superfícies não metálicas, incluindo a luz que é reflectida pela água em suspensão no céu. Por essa razão, o filtro polarizador é frequentemente usado para reduzir a luminosidade no azul do céu, aumentando a 'densidade' dessa cor e, por conseguinte, contrastando-o relativamente a outros motivos presentes na imagem, como nuvens, edifícios, montanhas, entre outros. Assim sendo, salvaguardadas as devidas e consideráveis diferenças, ajustes negativos em Luminance simulam digitalmente o efeito do filtro polarizador, pois também aqui se está a reduzir a luminosidade de uma cor. Todavia, importa sublinhar que a capacidade de eliminar reflexos é exclusiva de um filtro polarizador, mas, em casos muito específicos, o efeito visual da redução de uma determinada porção de luz numa cor pode ser replicado digitalmente. Por exemplo, eliminar por completo um reflexo de um vidro, sendo este último uma espécie de imagem dentro de uma imagem principal, seria impossível de conseguir através da ferramenta HSL.

CUIDADO COM OS 'RISCOS BRANCOS' CAUSADOS PELOS AJUSTES EM LUMINANCE

Ao usar o ajuste Luminance é preciso ter algum cuidado para não o levar longe demais, pois nas zonas de fronteira entre duas cores contrastantes poderá surgir uma inestética linha branca.

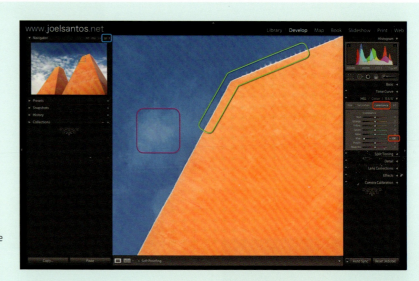

Legenda: Ampliando a imagem usando o modo de visualização 2:1 (assinalado a azul) e usando a opção Luminance da ferramenta HSL (assinalada a vermelho), fica patente como um forte de ajuste de -100 em Blue cria uma linha branca bastante vincada (assinalada a verde). Adicionalmente, ajustes demasiado fortes em Luminance podem produzir cores com uma luminosidade bastante artificial, arruinando inclusivamente os detalhes mais finos ou introduzindo artefactos de cor bastante inestéticos (assinalado a roxo).

RECUPERE ZONAS COM CORES SOBREEXPOSTAS ATRAVÉS DA FERRAMENTA HSL

Os ajustes efectuados através da opção Luminance da ferramenta HSL também podem ser úteis para recuperar cores que apresentem sobreexposição. Desde que realizados com bastante moderação, até podem evitar o uso da ferramenta Highlights[118].

Legenda: A fotografia original apresentava uma pequena porção do céu sobreexposta (assinalada pelos avisos de sobreexposição a vermelho)[119], sendo esta particularmente rica nas cores amarelo e vermelho. Assim, através da opção Luminance da ferramenta HSL (assinalada a verde), aplicou-se um ajuste de -25 em Red e de -26 em Yellow (assinalado a azul), reduzindo a luminosidade dessas cores e eliminando a sobreexposição. Outra solução passaria por usar a ferramenta Adjustment Brush[120], trabalhando selectivamente a zona afectada através de um ajuste negativo em Highlights.

---

[118] Ver **Realces (Highlights)**, p. 105.
[119] Ver **Avisos de sub /sobreexposição (Clipping)**, p. 95.
[120] Ver **Ajuste da Exposição, Pincéis de Ajuste (Adjustment Brush)**, p. 145.

Uso conjunto das opções Hue, Saturation e Luminance

Uma vez esclarecida a mecânica de cada uma das opções de ajuste oferecidos pela HSL, importa considerar esta ferramenta como um todo, pois só assim se pode explorar todo o seu potencial. Veja-se um exemplo concreto da utilização conjunta de ajustes em Hue, Saturation e Luminance para obter uma imagem com uma reprodução de cor mais exacta e com maior impacto.

Mesmo percebendo o funcionamento dos ajustes Hue, Saturation e Luminance, por vezes a dificuldade reside em identificar as cores que realmente precisam de ser trabalhadas. Para simplificar esse processo, a ferramenta HSL possui um *botão de ajuste localizado*, que permite um método de ajuste 'visual' semelhante ao já abordado na ferramenta Tone Curve[121]. Assim, depois de escolher qual o tipo de ajuste a efectuar na cor – Hue, Saturation ou Luminance –, basta clicar no pequeno círculo

Legenda: A fotografia original, a da esquerda, apresentava cores pouco intensas, não traduzindo a qualidade da luz no momento do seu registo. Assim, através da ferramenta HSL, aplicou-se a seguinte série de ajustes: Hue – +17 em Blue, conseguindo uma matiz de azul mais profunda no céu; Saturation – +50 em Yellow e +10 em Orange, para reforçar a intensidade das cores que circundam a vegetação verde no terreno, complementado com +15 em Blue, para intensificar o azul do céu; Luminance – -50 em Blue, para contrastar o azul do céu relativamente às nuvens, e -8 em Yellow e Green, para reduzir o brilho da vegetação, simulando o uso de um filtro polarizador. O resultado final, patente na imagem da direita, praticamente que dispensa ajustes de exposição, pois esta foi bem conseguida no terreno e a ferramenta HSL alcançou o que se pretendia ao nível da cor sem recorrer a mais ferramentas.

[121] Ver **Curva de Tons (Tone Curve)**, p. 125.

posicionado no canto superior esquerdo da secção da ferramenta HSL, sendo que este ficará iluminado a cinza-claro e com duas pequenas setas anexadas, uma a apontar para cima e outra para baixo. De seguida, posiciona-se o rato em cima da zona da imagem cujas cores se querem ajustar, deixando a cargo da ferramenta HSL identificar qual é a mais indicada (algo que se pode verificar olhando para o nome da cor que irá aparecer iluminado a cinza-claro na secção da ferramenta HSL). Por fim, ainda com o rato na zona seleccionada e com botão esquerdo sempre pressionado, pode-se arrastar para cima (variações positivas) ou para baixo (variações negativas), aplicando dessa forma ajustes em Hue, Saturation ou Luminance, consoante a opção que tiver sido escolhida inicialmente.

Uma vantagem indiscutível deste método de ajuste 'visual' é que se consegue identificar automaticamente as cores que devem ser trabalhadas, já que, muitas vezes, um determinado motivo é composto por mais do que uma cor[122]. Adicionalmente, além de identificar as cores, este método também é capaz de determinar em que proporção cada uma dessas cores deve ser ajustada, pois só assim será possível obter um resultado natural e harmonioso. A imagem seguinte mostra um caso em que este método de ajuste se revelou bastante eficaz.

Legenda: Botão de ajuste localizado, com a opção Saturation activada.

Legenda: A observação da imagem original dá a entender que é composta sobretudo por laranja nas árvores e azul no céu. Contudo, não é óbvia qual a real proporção destas cores, além de que não se percebe se existe alguma cor 'camuflada'. Assim, activou-se o botão de ajuste localizado disponibilizado pela ferramenta HSL (assinalado a verde), seleccionou-se a opção Saturation (assinalada a roxo), posicionou-se o rato sobre as árvores e arrastou-se lentamente para cima (sem deixar de pressionar o botão esquerdo) até o resultado da saturação nas árvores ser visualmente agradável. No fim do processo foi possível constatar um ajuste de +46 em Orange e +18 em Yellow (assinalados a laranja), revelando que as árvores continham bastante laranja, mas também uma porção de amarelo. De seguida, usou-se precisamente o mesmo método, mas agora no céu, produzindo um esperado ajuste de +34 em Blue e um muito ligeiro – mas relevante – ajuste de +4 em Aqua (assinalado a azul).

[122] Um campo relvado, por exemplo, é frequentemente composto por verde, mas também por uma certa percentagem de amarelo, um facto nem sempre óbvio numa primeira observação. Assim, salvo alguns casos específicos, ajustar só o verde produziria um resultado inferior, pois as nuances criadas pelo amarelo não 'acompanhariam' esse processo de ajuste.

Ajuste das cores | 167

USE O INTERRUPTOR DA FERRAMENTA HSL

Uma forma de activar ou desactivar os ajustes aplicados pela HSL consiste em clicar no pequeno interruptor posicionado no canto superior esquerdo desta ferramenta. Ao fazê-lo não afecta os ajustes feitos em outras ferramentas e, caso exporte[123] a imagem com o interruptor 'desligado', os ajustes em HSL não serão considerados. ⊠

Filtros em gradiente (Graduated Filtre) – Ajuste da Saturação (Saturation), Correcção de dominantes de cor (Color) e Ajuste do Equilíbrio de Brancos (Temp e Tint)

Como se demonstrou no capítulo dedicado ao ajuste da exposição, os filtros em gradiente[124] são úteis para trabalhar apenas determinadas áreas da imagem, escapando às limitações impostas pelas ferramentas que actuam na generalidade da imagem. Aliás, antes de se prosseguir, caso existam dúvidas sobre a forma como estes filtros são usados, aconselha-se uma rápida leitura do subcapítulo Filtros em gradiente (Graduated Filtre), p. 137.

No que diz respeito ao ajuste das cores, a ferramenta Graduated Filtre volta a mostrar o seu interesse, pois permite ajustar a saturação (Saturation[125]), corrigir o equilíbrio de brancos apenas numa área da foto (Temp e Tint[126]) e tingir uma porção da imagem com uma determinada cor (Color).

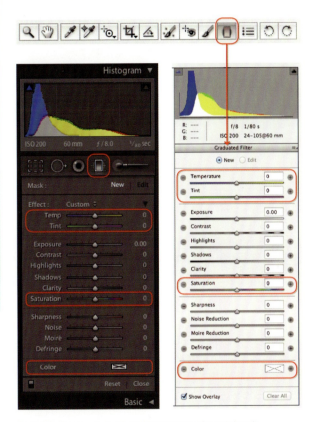

Legenda: Ferramenta Graduated Filtre nas interfaces do Lr e do ACR, estando assinalados os ajustes que têm efeito sobre as cores de uma imagem.

Começando pelo ajuste Saturation, apesar de não ser perfeito, pois satura todas as cores de igual forma[127], pode ser útil para reforçar as cores de uma parte da imagem, deixando a outra parte intocada, como se poderá ver de seguida.

[123] Ver **Exportação das imagens (Export)**, p. 325.
[124] Ver **Ajuste da Exposição, Filtros em gradiente (Graduated Filtre)**, p. 137.
[125] Ver **Saturação (Saturation)**, p. 154.
[126] Ver **Equilíbrio de Brancos (White Balance)**, p. 84.
[127] Ver **Saturação (Saturation)**, p. 154, e **Vibração (Vibrance)**, p. 156, para relembrar as limitações da primeira ferramenta face à segunda.

Legenda: A imagem original exibia um céu dramático, mas com cores pouco intensas. Assim, recorreu-se à ferramenta Graduated Filtre (assinalada a verde), aplicando um filtro em gradiente e com uma área de transição relativamente curta apenas na parte correspondente ao céu (assinalado a laranja). Depois, na própria ferramenta, definiu-se um ajuste de +38 em Saturation (assinalado a roxo), intensificando todas as cores na área de acção do filtro, como se pode comprovar na imagem da direita. Para concluir o processo basta clicar em Done (assinalado a vermelho).

Passando agora para os ajustes em Temp e Tint, estes podem ser preciosos para a corrigir o equilíbrio de brancos numa imagem que apresente dois tipos de iluminação distintos. De facto, quando se fotografa no terreno, apenas é possível definir uma predefinição de equilíbrio de brancos, mas existem casos em que uma cena é iluminada por fontes de luz com temperaturas de cor bastante diferenciadas, fazendo com que uma dada opção de equilíbrio de brancos só seja boa para parte da fotografia. A imagem seguinte é um caso paradigmático deste problema, que é muito mais comum do que tipicamente se julga.

Legenda: A imagem original foi registada com a predefinição de equilíbrio de brancos 'Luz do dia', a opção correcta para registar cores fidedignas no céu, mas obviamente imprópria para registar as cores das letras brancas e do alcatrão no primeiro plano, já que se encontravam à sombra e precisariam da predefinição de equilíbrio de brancos 'Sombra'. Neste contexto, activou-se a ferramenta Graduated Filtre (assinalada a verde), desenhou-se um filtro em gradiente até ao nível do muro branco (assinalado a laranja) e, por fim, definiu-se um ajuste de +35 em Temp (assinalado a roxo). Esta acção permitiu elevar a temperatura de cor na parte coberta pelo filtro, criando um equilíbrio de brancos equivalente à predefinição 'Sombra' e anulando por completo a dominante azul que existia na imagem original. Para concluir o processo restou clicar em Done (assinalado a vermelho).

Terminando com o ajuste Color, este pode revelar-se precioso para corrigir dominantes de cor, muito embora os ajustes em Temp e Tint abordados anteriormente resolvam a maioria das situações. Contudo, através do ajuste Color é possível escolher não só a cor exacta, como dosear a saturação com que esta é aplicada, permitindo acertos de cor mais rigorosos em determinadas situações. Em fotografia de paisagem, por exemplo, é recorrente usar filtros de densidade neutra em gradiente, com o objectivo de equilibrar a luminosidade entre o céu e a terra. No entanto, apesar de em teoria esses filtros ópticos serem neutros, na prática alguns deles tendem a criar uma dominante de magenta. Felizmente, essa dominante pode ser anulada recorrendo aos filtros em gradiente digitais, criando um com uma cor rigorosamente complementar e com uma intensidade doseada à medida do necessário. É o que se verá no exemplo seguinte.

Legenda: A dominante de magenta presente o céu da imagem original pode ser corrigida através da ferramenta Graduated Filtre (assinalada a vermelho), escolhendo uma cor complementar no ajuste Color. Assim, depois de 'desenhar' o filtro na zona do céu (assinalado a laranja), clicou-se em Color (assinalado a roxo) e, na janela de selecção de cores, escolheu-se a cor verde (assinalado a verde). Depois, ajustou-se lentamente o ponteiro na base dessa janela até se verificar que, com 20% de saturação (assinalado a azul), a dominante de magenta tinha sido anulada, devolvendo ao céu o seu tom de cinzento natural e neutro. Para terminar o processo clicou-se em Done.

USE A TONE CURVE PARA CORRIGIR DOMINANTES DE COR

Como se viu no subcapítulo dedicado à ferramenta Tone Curve[128], é possível efectuar ajustes na curva de tons separadamente em cada canal RGB. Assim, por exemplo, se uma imagem apresenta uma dominante de cor azul, esta pode ser eliminada recorrendo à curva de tons do canal azul (**B**lue), criando um ponto no centro da curva e movendo-o para baixo até que o resultado obtido seja o pretendido. O mesmo raciocínio pode ser aplicado se uma dada imagem apresentar uma dominante de verde (**G**reen) ou vermelho (**R**ed).

CORRIJA DOMINANTES DE COR DIRECTAMENTE NA CÂMARA FOTOGRÁFICA

Algumas câmaras fotográficas permitem aplicar desvios nas cores azul/amarelo e verde/magenta, num processo idêntico aos ajustes que poderiam ser respectivamente operados em Temp e Tint na ferramenta White Balance. Por exemplo, sabendo que o magenta é complementar do verde, uma dominante de verde poderá ser anulada com um desvio em magenta, como mostra a figura. Note-se que estes desvios são aplicados a toda a imagem, pelo que não servem para corrigir dominantes de cor localizadas. Este processo é totalmente reversível/ajustável no Lr ou ACR quando se fotografa no formato RAW.

[128] Ver **Curva de Tons (Tone Curve)**, p. 125.
[129] Ver **Ajuste da Exposição, Pincéis de ajuste (Adjustment brush)**, p. 145.

Pincéis de ajuste (Adjustment brush) – Ajuste da Saturação (Saturation), Correcção de dominantes de cor (Color) e Ajuste do Equilíbrio de Brancos (Temp e Tint)

Como ficou patente no capítulo 'Ajuste da exposição', a ferramenta Adjustment brush[129] permite uma liberdade total na aplicação de ajustes, 'pintando-os' em qualquer parte da imagem e com máxima precisão. Novamente, aconselha-se uma breve leitura do subcapítulo Pincéis de ajuste (Adjustment brush), p. 145, para que haja uma maior familiarização com o modo de funcionamento desta ferramenta.

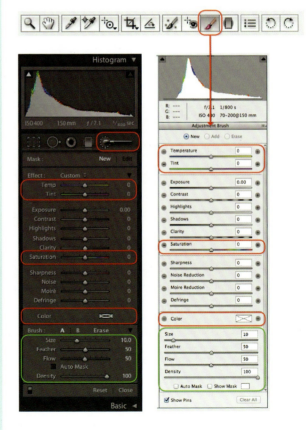

Legenda: Ferramenta Adjustment Brush nas interfaces do Lr e do ACR, estando assinalados os ajustes que têm efeito sobre as cores e os parâmetros que controlam a sua aplicação.

Em traços gerais, com a ferramenta Adjustment Brush conseguem-se trabalhar com os mesmos ajustes de cor que em Graduated Filtre, designadamente Saturation, Color e Temp/Tint, mas com a diferença de que agora podem ser aplicados de forma extremamente localizada. Assim, visto que no subcapítulo anterior já foi amplamente demonstrada a correcção das dominantes de cor (via Color) e do equilíbrio de brancos (via Temp/Tint), veja-se apenas um exemplo de como os pincéis de ajuste podem ajudar a saturar selectivamente partes de uma fotografia.

SATURAÇÃO SELECTIVA ATRAVÉS DA FERRAMENTA ADJUSTMENT BRUSH

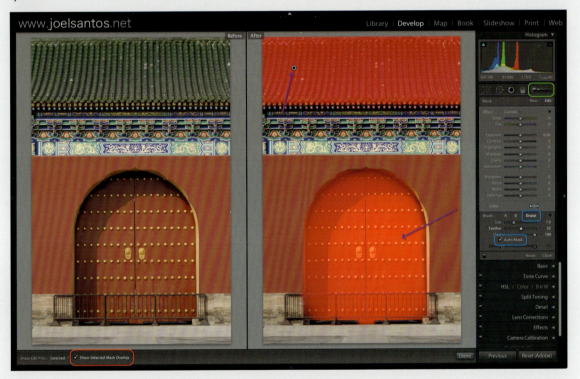

01. Depois de activar a ferramenta Adjustment brush (assinalada a verde), definiram-se valores apropriados em Size, Feather e Flow do pincel A, 'pintando' livremente sobre o telhado e sobre a porta (assinalados a roxo). Ao activar a função Show Selected Mask Overlay (assinalada a vermelho) foi possível ter uma noção precisa das áreas pintadas, as quais surgem identificadas a vermelho na imagem da direita. Com base nesta informação visual, seleccionou-se o pincel Erase e activou-se a função Auto Mask (assinalado a azul), eliminando as zonas que haviam sido 'pintadas' em excesso.

02. Sempre com a ferramenta Adjustment Brush activada, desligou-se a função Show Selected Mask Overlay (assinalada a vermelho), para que desaparecesse a máscara vermelha referente às zonas 'pintadas'. Depois, moveu-se o ponteiro Saturation lentamente até que, quando o ajuste atingiu +65 (assinalado a azul), se conseguiu o efeito desejado: o vermelho da porta destacava-se relativamente ao vermelho da parede, ao mesmo tempo que o verde do telhado exibia uma saturação próxima da dos desenhos multicoloridos imediatamente abaixo. Para terminar o processo, restou clicar em Done (assinalado a laranja).

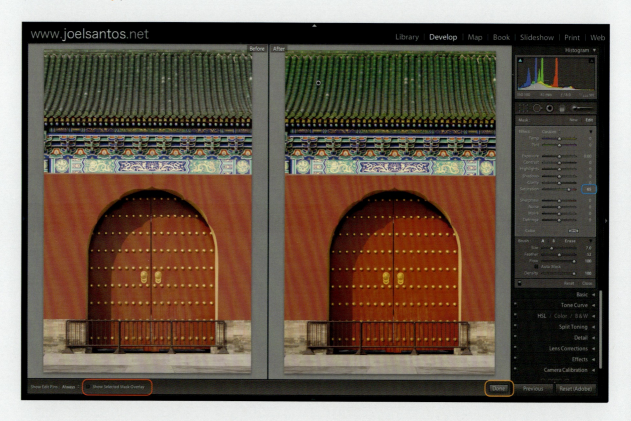

Note-se que o resultado obtido na imagem de exemplo seria impossível com qualquer outra ferramenta de ajuste generalizado, pois assim que se ajustassem os vermelhos da porta, os vermelhos da parede seriam afectados. O mesmo se passaria com os verdes do telhado relativamente aos verdes dos desenhos multicoloridos. Mesmo uma ferramenta de ajuste localizado como a Graduated Filtre seria ineficaz na zona da porta, pois os filtros não assumem formas particularizadas, embora pudesse ser igualmente eficaz no telhado (pois é uma área rectangular e no topo da imagem). Em suma, os pincéis de ajuste permitem um trabalho localizado que, em certos casos, será a única opção viável.

Ajuste da nitidez

A nitidez é uma das características da fotografia com maior relevância para quem a observa. Isto porque os nossos olhos tendem a concentrar-se (ou a descodificar melhor) uma imagem que apresente nitidez, seja no seu todo ou apenas num dos motivos que dela faça parte. Na verdade, a nitidez, ou a falta dela, contribui de forma considerável para a mensagem estética e conceptual de uma fotografia[130], daí que as ferramentas de ajuste de nitidez sejam tão relevantes. Todavia, antes de passar para os ajustes em pós-produção, importa esclarecer por que razão, no momento do registo da fotografia, poderá haver lugar à perda de nitidez, pois só dessa forma se perceberá as potencialidades e as limitações das ferramentas que se irão abordar.

Assim, no que diz respeito ao equipamento, a nitidez pode ser condicionada pela qualidade óptica da objectiva, acrescendo a possibilidade de esta se encontrar pouco limpa, devido à presença de humidade, pó ou gordura proveniente do contacto com a pele. A capacidade de o sensor de imagem registar detalhes, a qual pode ainda ser afectada pelas camadas/filtros existentes na superfície do mesmo, também desempenha um papel importante.

Passando para a vertente técnica da fotografia, a perda de nitidez no momento em que a imagem é registada pode ser descrita de três formas:

I. **IMAGEM DESFOCADA** – devido a uma incorrecta focagem automática ou manual, a distância de focagem definida na objectiva não coincide com a distância do motivo à câmara, colocando dessa forma o(s) motivo(s) fora de foco, logo sem nitidez;

II. **IMAGEM TREMIDA** – a câmara fotográfica, por alguma razão, não permaneceu estática no momento em que a exposição ocorreu e a velocidade de obturação não foi suficientemente elevada para compensar essa oscilação do equipamento, logo os motivos aparecem tremidos (como se houvesse uma imagem fantasma em torno deles) e com falta de nitidez;

[130] Embora tal não signifique que uma imagem nítida seja melhor do que uma que não apresente nitidez – tudo dependerá do objectivo fotográfico e/ou criativo.

III. **IMAGEM COM ARRASTO POR MOVIMENTO** — a velocidade de obturação, quando comparada com a velocidade de deslocação do motivo, é insuficiente para o congelar na imagem, logo este ocupa mais do que uma posição no rectângulo de imagem enquanto o obturador fica aberto, sendo portanto registado como um arrasto e não com a nitidez típica de um motivo estático.

Sabendo quais as razões que motivam a perda de nitidez numa fotografia, compreende-se que elas jamais poderão ser resolvidas em pós-produção, apenas artificialmente minimizadas. De facto, um programa de edição de imagem não pode limpar uma objectiva, alterar a distância de focagem, manter uma câmara estática ou aumentar a velocidade de obturação à posteriori — daí a importância de obter o melhor registo possível no terreno. Todavia, perante este cenário, o que pode, então, fazer um ajuste de nitidez em pós-produção e qual a sua importância?

Concretamente, o que um ajuste de nitidez em pós-produção faz é, na maioria dos casos, aumentar o micro contraste[131] nos contornos ou arestas que delimitam os motivos numa fotografia, explorando o facto de os nossos olhos interpretarem o aumento de contraste como um acréscimo de nitidez. De facto, no caso de uma aresta, quando um dos seus lados fica mais claro e o outro mais escuro, consegue-se que essa aresta inicialmente esbatida pareça mais nítida, resultado de o seu contorno ficar mais óbvio e fácil de identificar. Este mesmo artifício visual pode ser aplicado aos contornos de qualquer motivo numa imagem.

Como fica implícito, um incremento de nitidez digital não é um substituto perfeito da nitidez conseguida no terreno, mas tal não significa que seja desnecessária — muito pelo contrário. Isto porque, quer se trabalhe uma fotografia com o objectivo de a utilizar numa página de Internet ou de a imprimir com máxima qualidade, ela beneficiará sempre com um aumento da nitidez, pois será 'resgatado'

[131] Distinto do aumento de contraste global, tipicamente associado à ferramenta Contrast [Ver **Contraste (Contrast)**, p. 103.], e do aumento de contraste local, normalmente relacionado com a ferramenta Clarity [Ver **Claridade (Clarity)**, p. 197].

algum detalhe perdido nos processos de registo, redimensionamento e/ou impressão da imagem.

Adicionalmente, os ajustes de nitidez são particularmente relevantes quando se fotografa no formato RAW, caso em que não é aplicada nitidez pela câmara ao ficheiro de imagem, ao contrário do que habitualmente acontece quando se usa o formato JPEG. Aliás, sendo a aplicação de nitidez um processo destrutivo e irreversível num JPEG, torna-se vantajoso fotografar em RAW e usar um programa de edição não destrutiva (como o Lr e o ACR o são), já que se poderá dosear o aumento de nitidez em função do tipo de imagem e sua utilização final, escolhendo as áreas relevantes em que esse incremento de nitidez é aplicado. É precisamente isso que se verá nas próximas páginas.

BÁSICO

A ferramenta de controlo da nitidez pode ser encontrada na secção Detail, com a designação de Sharpening, oferecendo quatro ponteiros de ajuste: Amount (Intensidade), Radius (Raio), Detail (Detalhe) e Masking (Máscara). Muito embora a ferramenta Sharpening revele todo o seu potencial quando estes trabalham em conjunto, mais adiante estes ajustes serão abordados separadamente, para que se perceba melhor a influência de cada um deles.

Legenda: Ferramenta Sharpening nas interfaces do Lr e do ACR, estando assinalados os ajustes que têm efeito sobre a nitidez da imagem.

Para que a ferramenta Sharpening possa ser devidamente usada, é fundamental usar o modo de visualização 1:1 no Lr ou 100% no ACR. Apenas com este nível de ampliação, através do qual a imagem é exibida na sua resolução integral, se poderá avaliar correctamente os efeitos do aumento de nitidez, uma necessidade imperativa à medida que se percorrem todos os ponteiros de ajuste desta ferramenta.

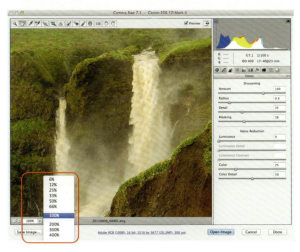

Legenda: Como mostram as figuras, a forma de activar o modo de ampliação 1:1 (100%) nas interfaces do Lr e ACR é distinta (assinalado a vermelho). Como funcionalidade adicional, o Lr, na secção Detail, oferece uma pequena janela que mostra um qualquer segmento da imagem a 100% (assinalado a azul), permitindo que a visualização geral seja definida com outro tipo de ampliação.

Outro aspecto fundamental acerca desta ferramenta é a presença de uma funcionalidade 'escondida', a qual pode ser activada através da tecla Alt enquanto se move cada um dos quatro ponteiros de ajuste. Como será explicado e mostrado nos subcapítulos dedicados a cada um deles, essa funcionalidade dá acesso a um modo de visualização alternativo, possibilitando uma análise conclusiva dos efeitos que cada um dos ajustes tem sobre a imagem, algo absolutamente precioso quer se use a ferramenta Sharpening de uma forma básica ou avançada.

Por fim, resta dizer que não existe uma fórmula certeira para usar a ferramenta Sharpening, pois cada imagem exigirá uma abordagem distinta, sendo que o mais importante é a compreensão da mecânica de cada um dos ajustes oferecidos. Para tal, irá começar-se pelos ajustes Amount e Radius, os quais permitem aumentar a nitidez de uma imagem de uma forma imediata e global, ainda sem a preocupação de minimizar alguns dos efeitos indesejados que ambos podem vir a criar.

Aumento da nitidez – Quantidade (Sharpening – Amount)

O primeiro ponteiro de ajuste da ferramenta Sharpening é o Amount, servindo para definir a intensidade com que a nitidez é aplicada à imagem, podendo variar entre 0 (intensidade nula, fazendo com que todos os restantes ponteiros de ajuste desta ferramenta fiquem desactivados) e 150 (intensidade máxima).

Embora não existam regras definidas para o uso deste ajuste, normalmente não será necessário fazer um ajuste superior a 100. Porém, como se verá nos próximos subcapítulos, existem formas de atenuar os efeitos de uma sobredosagem deste ajuste, pelo que, em determinadas situações, poderá justificar-se o uso de valores entre 100 e 150.

Um aspecto crucial da ferramenta Sharpening é que esta é aplicada exclusivamente ao canal de luminância de uma imagem. Isso significa que toda a informação de cor é deixada de lado enquanto se ajusta a nitidez, o que evita o aparecimento indesejado de artefactos coloridos. Tanto no Lr como no ACR é possível visualizar o canal de luminância através do ajuste Amount, bastando deixar pressionada tecla Alt à medida que se move o respectivo ponteiro[132]. Este último aspecto, bem como a forma como o ajuste Amount deve ser usado, será exemplificado através das seguintes imagens.

AUMENTO DA NITIDEZ – AJUSTE AMOUNT

01. Por enquanto, a imagem encontra-se no modo de visualização FIT (assinalado a vermelho), o que não é ideal para avaliar os efeitos da ferramenta Sharpening. Como se está a trabalhar um ficheiro no formato RAW, encontra-se automaticamente definido um ajuste de 25 em Amount (assinalado a verde). Se a imagem estivesse no formato JPEG, o valor seria 0, pela razão exposta na nota de rodapé[133].

[133] Quando se trabalha no formato RAW, um tipo de ficheiro virtualmente isento de processamento por parte da câmara fotográfica, o ajuste Amount assume automaticamente um valor de 25, caso contrário a imagem surgiria excessivamente esbatida. Pela razão contrária, quando se trabalha um JPEG, este ajuste fica definido para 0, pois a câmara fotográfica já terá aplicado alguma nitidez quando a imagem foi registada e um ajuste positivo predefinido poderia degradar excessivamente a qualidade de imagem. Recorde-se que, nestes casos, apenas quando se insere um valor superior a 0 é que os restantes ponteiros de ajuste da ferramenta Sharpening ficam funcionais, caso contrário permanecerão desactivados.

[132] No Ps este processo é possível passando a imagem para o modo Lab Color e, depois, aplicando as ferramentas de nitidez (Unsharp Mask, por exemplo) somente no canal Lightness.

02. Activou-se o modo de visualização 1:1 (assinalado a vermelho), equivalente a uma ampliação de 100% no ACR. Depois, pressionando sem largar a tecla Alt, clicou-se também sem levantar o dedo do botão do rato sobre o ponteiro de ajuste Amount (assinalado a verde). Esta acção deu acesso à visualização do canal de luminância, aquele onde a nitidez será aplicada, sendo representado em tons de cinzento. A imagem da esquerda mostra um ajuste de 25, definido por omissão, e a da direita um ajuste de 100, sendo evidente o imenso ganho de nitidez desta última.

03. Concluído o ajuste, deixou de se pressionar a tecla Alt, regressando ao modo de visualização tradicional, com a imagem a cores. Como seria de esperar, também aqui é evidente o ganho de nitidez proporcionado pelo ajuste de 100 em Amount.

Lr – Tecla Alt e mover ponteiro de ajuste Amount (para aceder ao modo de visualização alternativo, equivalente ao canal de luminância)

ACR – Tecla Alt e mover ponteiro de ajuste Amount (para aceder ao modo de visualização alternativo, equivalente ao canal de luminância)

Aumento da nitidez – Raio (Sharpening – Radius)
O ajuste Radius define a amplitude de acção da ferramenta Sharpening, podendo variar entre 0.5 (abrangência mínima) e 3 (abrangência máxima). Quanto maior for o valor definido, maiores serão os halos em redor dos contornos na imagem.

Apesar de não existirem receitas definidas para este ajuste, tipicamente um valor menor que 1 será ideal para aumentar a nitidez ao nível dos pequenos detalhes, muitas vezes útil em fotografias recheadas de pormenores, como acontece em muitas paisagens. Já um valor maior do que 1 fará com que a ferramenta Sharpening actue especialmente nos contornos mais suaves e largos de uma imagem, o que, por exemplo, pode ser indicado em retratos, aumentando a nitidez das pestanas, olhos e lábios[134].

Contudo, um ajuste superior a 1.5 em Radius raramente proporcionará resultados naturais, pois torna a ferramenta Sharpening muito 'agressiva', especialmente se os seus efeitos não forem contidos pelos ajustes que veremos adiante –Detail e Masking.

Tal como acontecia no ajuste Amount, em Radius também se pode ter acesso a um modo de visualização alternativo, bastando deixar a tecla Alt pressionada enquanto se move o respectivo ponteiro. Contudo, desta vez, essa representação visual serve para ajudar a perceber qual a amplitude de acção da ferramenta da Sharpening, especificamente em redor dos contornos existentes na imagem.

As imagens seguintes mostram a forma como o ajuste Radius funciona, continuando a usar a mesma fotografia como base do exemplo.

[134] Para conseguir que apenas estas zonas sejam alvo de um aumento de nitidez, é essencial usar o ajuste Masking, tal como se verá em **Controlo da nitidez – Máscara (Sharpening – Masking)**, p. 184. Opcionalmente, também se poderá usar a ferramenta Adjustment Brush, definindo um ajuste na opção Sharpness, como se poderá ver na p. 190.

AUMENTO DA NITIDEZ – AJUSTE RADIUS

01. O modo de visualização 1:1 continua activado e o ajuste de 100 em Amount transitou do exemplo criado no subcapítulo anterior. Note-se que, por omissão, fica automaticamente definido um ajuste de 1.0 em Radius (assinalado a verde), independentemente de se trabalhar com um ficheiro no formato RAW ou JPEG.

02. Para ter acesso ao modo de visualização alternativo, onde é possível aferir através de uma representação monocromática a abrangência dos contornos trabalhados pela ferramenta Sharpening, deixou-se pressionada a tecla Alt enquanto se movia o ponteiro do ajuste Radius. A imagem da esquerda mostra o ajuste de 1, definido por omissão, e a da direita um ajuste de 0.5, ficando moderadamente evidente a redução da dimensão dos halos em redor dos contornos.

03. Aqui testou-se um ajuste de 3 em Radius (imagem da direita), sendo notório o aumento substancial da dimensão dos halos relativamente ao ajuste de 1 (imagem da esquerda). Regra geral, ajustes muito distantes de 1 serão excessivos e tendem a produzir resultados artificiais.

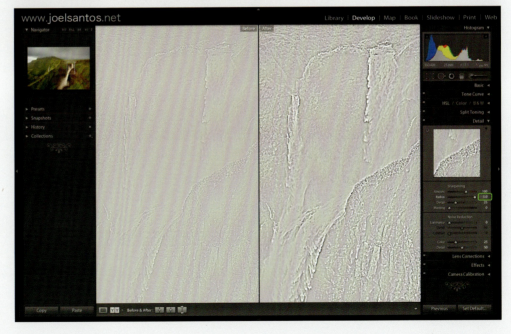

04. Atendendo que a imagem escolhida para exemplo é uma paisagem cheia de detalhes nas rochas e vegetação, optou-se por um ajuste de 0.8 em Radius. Já sem a tecla Alt pressionada, pode-se comparar o resultado (imagem da direita) com a fotografia original (imagem da esquerda, sem qualquer ajuste de nitidez), ficando evidente o acréscimo de nitidez.

Lr – Tecla Alt e mover ponteiro de ajuste Radius (para aceder ao modo de visualização alternativo)

ACR – Tecla Alt e mover ponteiro de ajuste Radius (para aceder ao modo de visualização alternativo)

AVANÇADO

Os ajustes até agora abordados são suficientes para atingir um resultado imediato, em que o objectivo seja, por exemplo, imprimir em pequenos formatos (A5 ou inferior), mas é pouco aconselhável quando se quer obter resultados de alta qualidade, produzindo um ficheiro de imagem final apto a ser exibido ou impresso em grandes dimensões, casos em que qualquer problema criado pelo aumento de nitidez será mais evidente.

Neste contexto, os ajustes Detail e Masking assumem um papel fundamental, já que permitem minimizar os efeitos perniciosos introduzidos por Amount e Radius, tornando o funcionamento da ferramenta Sharpening mais criterioso e selectivo. Nunca é demais referir que estes ajustes só funcionam se tiver sido estabelecido um valor maior do que 0 em Amount, sendo tanto mais úteis quanto maior for o ajuste definido neste último.

Controlo da nitidez – Detalhe (Sharpening – Detail)

O ajuste Detail tem como função controlar a presença de halos nos contornos existentes na imagem, um problema que pode ter sido criado por ajustes excessivos em Radius. Um valor de 0 em Detail significa que os halos serão anulados ao máximo, enquanto um valor de 100 implica que esses halos não serão suprimidos.

Assim, por um lado, à medida que se definem valores mais próximos de 0, os halos serão reduzidos e a ferramenta Sharpening irá concentrar-se especialmente nas zonas de arestas. Como tal, se necessário, poderá abusar-se um pouco mais dos valores introduzidos em Amount, sem que isso implique uma degradação excessiva em torno das arestas. Por outro lado, à medida que se definem valores mais próximos de 100, a ferramenta Sharpening é aplicada com toda a sua intensidade e amplitude, pelo que a sensação de nitidez e criação de detalhe é *maior* – mas raramente será *melhor*. Novamente não existe uma fórmula predefinida, mas imagens ricas em pormenores de pequena dimensão (paisagens, por exemplo) toleram ajustes maiores em Detail do que imagens com contornos amplos e suaves (retratos, por exemplo).

Como seria de esperar, este ajuste também possui um modo de visualização alternativo, o qual pode ser activado deixando a tecla Alt pressionada enquanto se move o ponteiro Detail. De uma forma semelhante ao que acontecia em Radius, a imagem monocromática exibida não diz respeito ao canal de luminância, mas sim a uma representação visual útil para aferir o funcionamento deste ajuste.

As imagens seguintes ilustram como o processo pode ser conduzido.

 CONTROLO DA NITIDEZ – AJUSTE DETAIL

01. Tal como aconteceu até agora, o modo de visualização 1:1 continua activado (assinalado a vermelho), transitando os ajustes de 100 em Amount e 0.8 em Radius definidos nos subcapítulos anteriores. Repare-se que, independentemente de se trabalhar um ficheiro no formato RAW ou JPEG, Detail apresenta o valor 25 definido por omissão (todos os valores assinalados a verde). Isto significa que, logo à partida, a redução de halos é significativa, sendo inclusivamente um valor 'seguro' na generalidade dos casos.

02. Deixou-se pressionada a tecla Alt enquanto se movia o ponteiro do ajuste Detail até 0 (assinalado a verde). Assim, na imagem da esquerda está representado um ajuste de 25, o valor definido por omissão, enquanto na imagem da direita foi definido um ajuste de 0. Embora o efeito fosse mais fácil de avaliar no ecrã do computador, passando de um ajuste de 25 para 0, os halos em torno das arestas foram minimizados (em exemplo assinalado a azul).

03. Agora testou-se uma solução contrária à anterior, passando o ajuste Detail para 100. Quando se atinge o valor 100 (assinalado a verde) os efeitos combinados dos controladores Amount e Radius passam na sua plenitude para a imagem, aplicando ao máximo a ferramenta Sharpening (um exemplo assinalado a azul). Regra geral, é melhor apontar para valores baixos ou médios em Detail, o que permite aumentar a nitidez, mas sem comprometer demasiadamente a qualidade final da imagem.

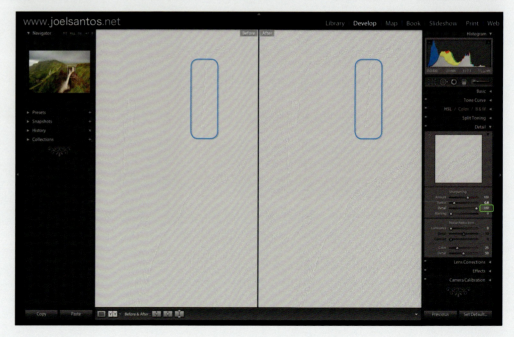

04. Sendo a imagem de exemplo rica em pequenos detalhes e sem contornos amplos, a minimização de halos não é uma necessidade tão premente, pelo que se definiu um ajuste de 35 em Detail. Deixando de pressionar a tecla Alt, percebe-se como o resultado é óptimo (imagem da direita) quando comparado com o ponto de partida (imagem da esquerda, sem qualquer ajuste de nitidez), isto apesar de se ter usado um ajuste algo comedido em Detail.

Lr – Tecla Alt e mover ponteiro de ajuste Detail (para aceder ao modo de visualização alternativo)

ACR – Tecla Alt e mover ponteiro de ajuste Detail (para aceder ao modo de visualização alternativo)

Controlo da nitidez – Máscara
(Sharpening – Masking)

O aumento de nitidez através do uso combinado dos ponteiros Amount, Radius e Detail é eficaz, mas ainda subsiste um grande problema: o processo é aplicado em toda a imagem de uma forma uniforme. Isto significa que zonas com detalhes (como as árvores ou as rochas numa paisagem) sofrem o mesmo tratamento que as zonas com poucos detalhes (como o céu ou uma zona fora de foco), degradando desnecessariamente a qualidade de imagem nestas últimas. Com efeito, as zonas com poucos detalhes nem sempre precisarão de um aumento de nitidez e, quando tal for preciso, normalmente este deve ficar restrito aos contornos gerais dessa mesma região.

Assim, em traços gerais, o ajuste Masking cria uma 'máscara protectora' baseada no tipo de informação presente numa imagem, fazendo com que a ferramenta Sharpening seja aplicada apenas nas áreas apropriadas – aquelas que realmente apresentam detalhes perceptíveis. Os valores podem variar entre 0 (sem máscara de protecção) e 100 (protecção do maior número possível de zonas), sendo que o valor ideal dependerá inteiramente da avaliação das necessidades de cada imagem.

À semelhança dos outros ajustes da ferramenta Sharpening, Masking também oferece um modo de visualização alternativo, o qual pode ser activado deixando pressionada a tecla Alt enquanto se move o respectivo ponteiro. Não será um exagero afirmar que este modo de visualização alternativo é o mais importante de todos os que já foram apresentados, pois é ele que permite aferir com máximo rigor onde é que o processo de aumento de nitidez é aplicado, um requisito essencial quando se almeja o melhor resultado possível.

As imagens seguintes ilustram de forma clara a pertinência e o funcionamento deste ajuste.

[135] Embora sob outra perspectiva, o termo 'ruído' será desenvolvido no capítulo **Redução do ruído digital**, p. 202.

CONTROLO DA NITIDEZ – AJUSTE MASKING

01. Com um objectivo meramente ilustrativo, activou-se o modo de visualização 4:1 (assinalado a vermelho), equivalente a uma ampliação de 400%, ficando evidente a forma como os ajustes até agora definidos (100 em Amount, 0.8 em Radius e 35 em Detail) afectam a totalidade da fotografia (imagem da direita), nomeadamente a área do céu, que originalmente apresentava uma textura suave e sem detalhes (imagem da esquerda). Ou seja, houve uma degradação desnecessária da qualidade de imagem no céu, pois passou a apresentar um aspecto granulado (ruído[135]), sendo que apenas a vegetação, a água e as rochas necessitam de um aumento de nitidez.

02. Regressou-se ao modo de visualização 1:1 (assinalado a vermelho), o ideal para trabalhar com a ferramenta Sharpening. Depois, deixando a tecla Alt pressionada, clicou-se sobre o ponteiro de ajuste Masking (assinalado a verde) sem levantar o dedo do botão do rato, o que activou o modo de visualização alternativo. Embora pareça estranho, a máscara branca revela que, com um ajuste de 0 em Masking, a nitidez será aplicada em toda a imagem. A representação da direita é igual à da esquerda (imagem original) precisamente porque ainda não foi definido qualquer ajuste em Masking.

03. Ainda com a tecla Alt pressionada, moveu-se lentamente o ponteiro de ajuste Masking, definindo valores positivos. À medida que o ponteiro ia sendo movido, foram aparecendo zonas a negro (imagem da direita), sobretudo nas áreas com poucos detalhes, como era o caso do céu. Ou seja, progressivamente, foi criada uma máscara, estando representado a branco as zonas onde a ferramenta Sharpening irá actuar, e a negro as zonas onde nenhum ajuste de nitidez será aplicado. No caso particular desta fotografia de paisagem, um ajuste de 38 em Masking (assinalado a verde) criou a máscara ideal, protegendo toda a área do céu, mas permitindo o aumento de nitidez nas zonas com vegetação e rochas.

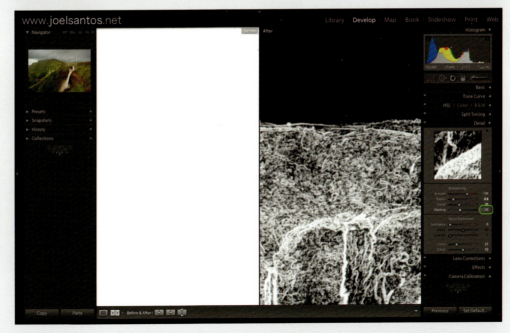

04. Para ter uma noção geral da máscara criada, passou-se para o modo de visualização FIT (assinalado a vermelho) e desactivou-se momentaneamente o modo de comparação Y|Y[136] (assinalado a azul). Mantendo a tecla Alt pressionada, clicou-se sobre o ponteiro de ajuste Masking sem nunca levantar o dedo do botão do rato, desta vez sem mover o referido ponteiro – isto porque a ideia foi apenas a de confirmar a máscara criada com um ajuste de 38 em Masking. Repare-se como ficou a negro toda a zona do céu, uma pequena lagoa na parte esquerda da imagem e o fim da queda de água principal, precisamente as áreas sem detalhes evidentes e que agora estão protegidas por uma máscara. Nesta fotografia em concreto, um ajuste superior a 38 iria criar uma máscara excessiva, aumentando a quantidade de zonas a negro exponencialmente e evitando que a nitidez fosse eficientemente aplicada nas zonas relevantes.

05. Novamente com um propósito ilustrativo, deixou de se pressionar a tecla Alt, regressou-se ao modo de visualização 4:1 (assinalado a vermelho) e reactivou-se o modo de comparação Y|Y (assinalado a azul), para assim confirmar, já sem a representação monocromática da máscara, como a nitidez está a ser aplicada na vegetação, mas não no céu.

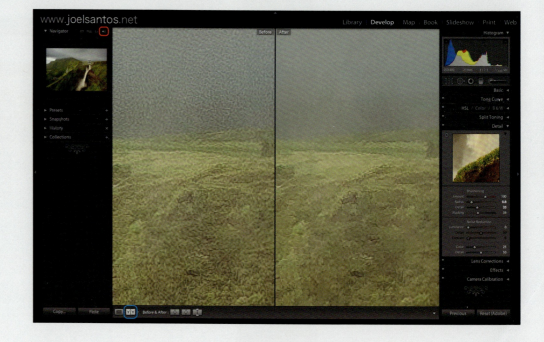

[136] Ver **Avaliação dos resultados**, p. 265, para saber mais sobre este modo de exibição.

06. Para uma derradeira análise, activou-se o modo de visualização 1:1 (assinalado a vermelho). À esquerda está a imagem original, sem qualquer ajuste de nitidez. À direita está a imagem final, com a ferramenta Sharpening utilizada da forma mais avançada possível, resultado de um ajuste combinado de 100 em Amount, 0.8 em Radius, 35 em Detail e 38 em Masking (assinalados a verde). Conseguiu-se um ganho de nitidez substancial, mas sem comprometer a qualidade de imagem ou obter um resultado artificial.

AJUSTES MAIORES EM AMOUNT GRAÇAS A MASKING

A partir do momento em que é criada uma máscara através do ajuste Masking, parte-se do princípio que as zonas mais propensas à degradação da qualidade de imagem estão protegidas. Assim, em alguns casos particulares, será possível 'arriscar' valores superiores a 100 em Amount e assim conseguir produzir uma maior nitidez.

USE MASKING EM PRIMEIRO LUGAR

Ao contrário do que sugere a ordenação dos ponteiros da ferramenta Sharpening, o ajuste Masking pode ser definido em primeiro lugar, estabelecendo à partida as áreas onde o processo de nitidez irá incidir. Uma vez definida a máscara torna-se mais fácil perceber até onde os restantes ajustes podem ou devem ir, pois ter-se-á como base dessa análise apenas as zonas relevantes.

NITIDEZ ADICIONAL AO EXPORTAR A IMAGEM

Como se verá no capítulo dedicado à exportação dos ficheiros de imagem, nessa fase será possível activar um processo adicional de aumento de nitidez (Output Sharpening), definindo o propósito final da imagem (ecrã, papel mate ou papel brilhante) e a intensidade desse ajuste[137]. Note-se que esta opção aplica nitidez de uma forma homogénea à imagem – logo, sem máscaras, com as desvantagens que tal implica. Adicionalmente, a ferramenta Sharpening e a opção Output Sharpening são independentes e cumulativas, sendo que, na maioria dos casos, só é aconselhável recorrer à última solução quando se redimensiona a imagem para formatos pequenos.

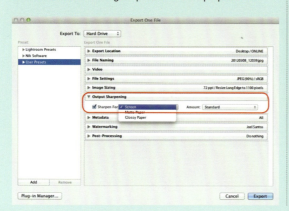

USE O INTERRUPTOR DA FERRAMENTA SHARPENING

Uma forma de activar ou desactivar os ajustes aplicados em Sharpening consiste em clicar no pequeno interruptor posicionado no canto superior esquerdo da secção Detail. Ao fazê-lo não afecta os ajustes realizados em ferramentas presentes noutras secções do Lr, mas afectará os ajustes feitos na ferramenta Noise Reduction, pois esta última partilha o mesmo interruptor da ferramenta Sharpening. Assim, caso exporte[138] a imagem com o interruptor 'desligado', os ajustes em Sharpening e Noise Reduction não serão considerados. Adicionalmente, caso se pretenda usar as ferramentas de nitidez do Ps (as quais possibilitam um trabalho minucioso graças às ferramentas de selecção), mas sem perder o trabalho efectuado no Lr, poder-se-á desligar o interruptor, iniciar o processo de edição num programa externo e, depois, voltar a ligar o interruptor para recuperar todos os ajustes sem necessidade de os redefinir[139].

Lr – Tecla Alt e mover ponteiro de ajuste Masking (para aceder ao modo de visualização alternativo)

ACR – Tecla Alt e mover ponteiro de ajuste Masking (para aceder ao modo de visualização alternativo)

---

[137] Ver **Exportação**, p. 309.
[138] Ver **Exportação das imagens (Export)**, p. 309.
[139] Ver **Editar Imagens no Adobe Photoshop CS**, p. 269.

UNSHARP MASK

A ferramenta Sharpening é parecida com a ferramenta Unsharp Mask (Filter ▸ Unsharp Mask...) do Ps, embora os algoritmos envolvidos sejam diferentes. Os ajustes Amount e Radius encontram uma equivalência no nome e na função desempenhada, enquanto o ajuste Threshold se assemelha ao ajuste Detail (embora com uma lógica invertida, já que 0 em Threshold equivale a 100 em Detail). Já a construção de uma máscara, conseguida com o ajuste Masking no Lr ou no ACR, é possível através de selecções e/ou da criação de camadas (Layers). O Ps permite aplicar nitidez com uma intensidade e amplitude distintas em áreas diferentes da imagem, um processo que é mais moroso, mas que pode ser vantajoso em casos particulares. Uma ferramenta a ter atenção no Ps seria ainda a Smart Sharpen (Filter ▸ Smart Sharpen...), a qual possibilita um controlo diferente na forma como a nitidez é aplicada. Independentemente da ferramenta em questão, os ajustes de nitidez no Ps deverão ser aplicados no canal de luminância (Image ▸ Mode ▸ Lab Color e seleccionar Lightness em Channels). Seja como for, se a ferramenta Sharpening do Lr e ACR for usada na sua forma mais avançada, complementando ainda com o uso das ferramentas Adjustment Brush[140], Graduated Filtre[141] e Output Sharpening[142], então a necessidade de recorrer às ferramentas do Ps será minimizada.

Legenda: A ferramenta Unsharp Mask (assinalada a vermelho) tem algumas semelhanças com a Sharpening do Lr e ACR. Contudo, no Ps é possível trabalhar com camadas (assinalado a verde), criando depois zonas ou máscaras (assinaladas a azul) em que o ajuste não é aplicado. Para terminar, seria preciso fundir as camadas (Layer ▸ Flatten Image). Importa salientar que, ao trabalhar desta forma com o Ps e caso se grave o resultado num formato de ficheiro que não preserve as camadas, os ajustes são irreversíveis e o aumento de nitidez deverá ser sempre o último passo na edição de uma imagem.

[140] Ver **Ajuste da nitidez, Pincéis de ajuste (Adjustment brush)**, p. 190.
[141] Ver **Ajuste da nitidez, Filtros em gradiente (Graduated Filtre)**, p. 193.
[142] Ver **Exportação**, p. 309.

Pincéis de ajuste (Adjustment brush) – Ajuste da Nitidez (Sharpness)

Como se pôde constatar, a ferramenta Sharpening é extremamente eficaz, sobretudo quando os quatro ajustes disponibilizados são usados 'inteligentemente', em particular o Masking, por permitir definir as áreas em que a nitidez é aplicada. Contudo, essas áreas são determinadas em função da ausência de detalhes e tendo por base uma análise generalizada da imagem, o que pode ser limitativo quando se quer aplicar nitidez apenas numa zona muito específica – por exemplo, nos olhos de uma pessoa retratada.

Neste contexto, a ferramenta Adjustment Brush (já abordada em capítulos anteriores, sendo aconselhável a sua leitura para rever o funcionamento da mesma[143]), mostra-se novamente valiosa. De facto, através do ajuste Sharpness presente no seio desta ferramenta, é possível aplicar a nitidez apenas onde se deseja. O inconveniente mais notório reside no facto de as opções Radius, Detail e Masking da ferramenta Sharpening não estarem disponíveis, pois na ferramenta Adjustment Brush está tudo congregado no ajuste Sharpness. Todavia, dada a natureza pontual de como esta ferramenta vai ser usada, as desvantagens desse menor grau de controlo nem sempre serão sentidas.

Veja-se um exemplo prático em que a ferramenta Adjustment Brush se revelou útil para aumentar a nitidez de uma zona particular da imagem, deixando as restantes intocadas.

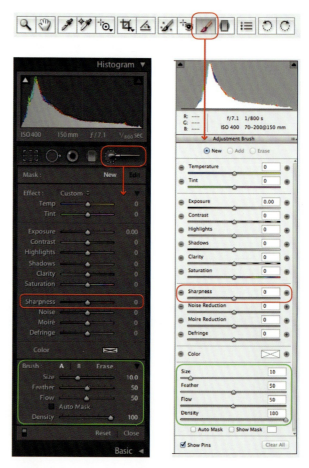

Legenda: Ferramenta Adjustment Brush nas interfaces do Lr e do ACR, estando assinalado o ajuste Sharpness e os parâmetros que controlam a sua aplicação.

---

[143] Ver **Ajuste da Exposição, Pincéis de ajuste (Adjustment brush)**, p. 145, e **Ajuste das Cores, Pincéis de ajuste (Adjustment brush)**, p. 170.

Legenda: Definiu-se o modo de visualização 1:1 (ampliação de 100% no ACR), para ter uma percepção correcta dos ajustes a aplicar (assinalado a vermelho). Depois, activou-se a ferramenta Adjustment Brush (assinalada a verde), definindo os ajustes ideais para esta imagem em particular: 90 em Sharpness, 13 em Size, 60 em Feather, 80 em Flow e 100 em Density, mantendo desligada a opção Auto Mask (assinalado a azul). Por fim, 'pintou-se' por cima dos olhos, aumentando consideravelmente a nitidez dos mesmos (assinalado a laranja). Como sugestão adicional, poder-se-ia aumentar ligeiramente os ajustes Exposure[144] e Clarity[145], destacando ainda mais o olhar do retratado.

Se, por um lado, a ferramenta Adjustment Brush não apresenta o grau de controlo da Sharpening, então, por outro lado, o ajuste Sharpness permite algo inteiramente diferente: reduzir a nitidez, nomeadamente através de um ajuste negativo. Da mesma forma que a nitidez tem o condão de atrair o nosso olhar para as zonas relevantes, a ausência de nitidez pode ser extremamente útil para que o nosso olhar não se detenha nas zonas menos significativas da imagem. Assim, de um ponto de vista fotográfico, ajustes negativos em Sharpness podem ajudar a simular uma perda de profundidade de campo, imitando a redução da nitidez aparente nas zonas fora de foco quando se usam aberturas do diafragma grandes (valores de f/ pequenos)[146].

---

[144] Ver **Ajuste da Exposição, Pincéis de ajuste (Adjustment brush)**, p. 145.
[145] Ver **Claridade (Clarity)**, p. 197.
[146] Consultar o livro **FOTOGRAFIA – Luz, Exposição, Composição, Equipamento e Dicas para Fotografar em Portugal** para saber mais sobre a abertura do diafragma e o conceito de profundidade de campo, nomeadamente no subcapítulo Variáveis de Exposição pertencente ao capítulo Exposição. Informação acerca das obras relacionadas com fotografia em http://www.centroatlantico.pt/fotografia/ .

A imagem seguinte constitui um exemplo prático da redução de nitidez propositada, com o objectivo claro de destacar a pessoa retratada face a um plano de fundo potencialmente distractivo.

REDUÇÃO LOCALIZADA DA NITIDEZ

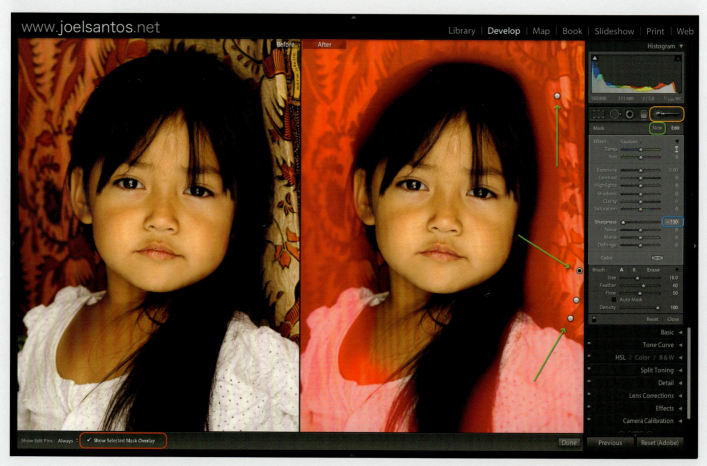

01. O procedimento para reduzir a nitidez envolve passos idênticos aos do exemplo anterior, com a diferença de que foram criados múltiplos pincéis de ajuste (clicando em New, assinalado a verde) com -100 em Sharpness (a azul), pintando depois todas as zonas em redor da rapariga, com a ajuda da função Show Selected Mask Overlay (assinalada a vermelho). Até certo ponto, quanto mais pincéis forem criados com este tipo de ajuste, maior será a perda de nitidez. Para rematar, criou-se um pincel de ajuste com +60 em Sharpness, para aumentar a nitidez no cabelo, olhos e boca.

02. Para ter uma noção precisa da perda de nitidez causada pelos ajustes efectuados no passo anterior, activou-se o modo de visualização de 1:1 (assinalado a vermelho) e escolheu-se uma secção do plano de fundo como base da análise (assinalada a verde). A imagem da direita, quando comparada com a original à sua esquerda, comprova o resultado obtido.

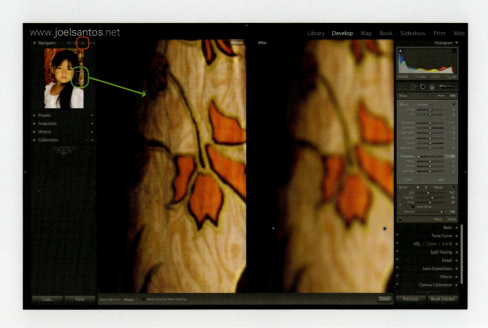

Filtros em gradiente (Graduated Filtre) – Ajuste da Nitidez (Sharpness)

A ferramenta Graduated Filtre, já abordada noutros capítulos cuja leitura se recomenda vivamente[147], também pode desempenhar um papel importante no aumento de nitidez de uma imagem, nomeadamente através do seu ajuste Sharpness (cujo algoritmo é idêntico ao da ferramenta Adjustment Brush, analisada no subcapítulo anterior), trabalhando apenas numa secção da imagem.

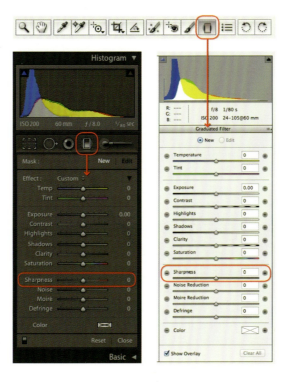

Legenda: Ferramenta Graduated Filtre nas interfaces do Lr e do ACR, estando assinalado o ajuste Sharpness.

[147] Ver Ajuste da Exposição, Filtros em gradiente (Graduated Filtre), p. 137.

Como se viu na ferramenta Sharpening, o ajuste Masking permite criar uma máscara, protegendo áreas em que não é necessário um aumento de nitidez, como num céu de uma paisagem. No entanto, existem casos em que o céu possui cores contrastantes e contornos mais bem definidos, situação em que é extremamente difícil encontrar o ajuste ideal em Masking, pois, para garantir que as restantes zonas são alvo de um ajuste de nitidez, o céu acaba por ser afectado desnecessariamente.

Para melhor entender este dilema e revelar uma solução para o resolver, vejam-se as seguintes imagens.

AUMENTO LOCALIZADO DA NITIDEZ

01. A imagem original apresenta uma grande quantidade de detalhes nas zonas com vegetação, mas também possui um conjunto de montanhas que interceptam o céu, criando contornos contrastantes ao nível da luminosidade e da cor.

02. Seguindo os procedimentos indicados no subcapítulo dedicado ao ajuste Masking da ferramenta Sharpening (secção Detail, assinalada a vermelho), criou-se uma máscara que protegesse o céu[148]. Contudo, para que a totalidade da zona com vegetação beneficiasse de um aumento de nitidez, não é conveniente definir um ajuste superior a 20 em Masking (assinalado a verde). Porém, desta forma, assim que se aplicassem ajustes mais fortes em Amount e Detail, rapidamente os contornos das montanhas ficariam degradados, pois a máscara mostra essas zonas a branco (exemplo assinalado a laranja), apresentando uma nitidez com um aspecto algo artificial. Aumentar o valor em Masking para tentar proteger estas áreas também não será uma boa opção, como se verá no passo seguinte.

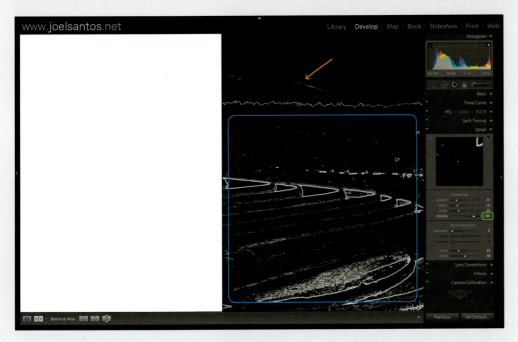

03. A título de curiosidade, aplicou-se um ajuste de 85 em Masking, o qual, mesmo assim, não foi capaz de proteger o contorno da montanha (assinalado a laranja). Também como consequência deste ajuste elevado, a zona de vegetação ficou excessivamente protegida pela máscara (assinalada a azul), não se obtendo uma situação de compromisso ideal. Assim, mais valeria regressar ao ajuste de 20 em Masking, sofrendo algumas das consequências indesejadas quando a nitidez fosse aumentada através do ajuste Amount, ou recorrer à solução que será apresentada no passo seguinte.

[148] Ver **Controlo da nitidez – Máscara (Sharpening – Masking)**, p. 184.

04. Perante as dificuldades encontradas com a ferramenta Sharpening, a ferramenta Graduated Filtre pode ser muito útil. Assim, depois de a activar (assinalado a vermelho), desenhou-se um filtro de baixo para cima e com uma zona de transição relativamente curta, alinhando-a com o horizonte (assinalado a laranja). Por fim, definiu-se um ajuste de 100 em Sharpness (assinalado a verde), aumentando significativamente a nitidez na zona coberta pelo filtro (imagem da direita). Neste caso particular, um ajuste tão elevado não foi prejudicial, não só porque pretende ser meramente ilustrativo, mas também porque a imagem é particularmente rica em pequenos detalhes, não tendo sido criados halos visíveis ou ruído notório.

Tal como foi mostrado no subcapítulo anterior, dedicado à ferramenta Adjustment Brush, a Graduated Filtre também pode servir para simular uma redução da profundidade de campo de uma imagem, designadamente quando se definem ajustes negativos em Sharpness. Fotograficamente, este recurso poderá ser útil quando se pretende destacar um motivo na imagem, imitando a perda de nitidez aparente quando se usam aberturas do diafragma amplas (valor de f/ pequeno) e criando uma zona de foco selectivo[149]. Dado o carácter rectilíneo da ferramenta Adjustment Brush, esta acaba por ser uma escolha acertada em fotografias de paisagem, como se ilustra na imagem seguinte.

[149] Consultar o livro **FOTOGRAFIA – Luz, Exposição, Composição, Equipamento e Dicas para Fotografar em Portugal** para saber mais sobre a abertura do diafragma e o conceito de profundidade de campo.

Legenda: Activou-se a ferramenta Graduated Filtre (assinalada a vermelho) e desenharam-se dois filtros com uma transição relativamente ampla, um de baixo para cima (assinalado a laranja) e um de cima para baixo (assinalado a azul), ambos com um ajuste de -100 em Sharpness (assinalada a verde). A imagem da direita mostra como a pequena cabana ficou destacada e como os campos de arroz ficaram esbatidos, parecendo uma imagem registada com uma abertura de f/2.8 e não de f/16 como na realidade foi. Este tipo de efeito também é típico de uma objectiva Tilt & Shift.

Claridade (Clarity)

No âmbito da edição digital de imagem podem distinguir-se três tipos de contraste – *global*, *local* e *micro contraste* –, sendo que, até ao momento, foram abordados dois deles.

O primeiro tipo de contraste a ser explorado foi o *global*, normalmente associado à ferramenta Contrast, a qual permite aumentar/reduzir a disparidade entre tons claros e escuros, aproximando/afastando esses dois grandes grupos de tons relativamente às extremidades do histograma.

O segundo tipo de contraste mencionado foi o *micro contraste*, tipicamente relacionado com a ferramenta Sharpening, a qual, tal como foi referido no início deste capítulo, aumenta a disparidade luminosa especificamente em zonas de aresta ou contornos finos, fazendo com que os detalhes pareçam mais nítidos. Por fim, resta o terceiro tipo de contraste – o *local* –, desta vez intimamente ligado à ferramenta Clarity, aquela que será desenvolvida neste subcapítulo, pois também ela assume um papel na nitidez aparente de uma imagem.

Legenda: Ferramenta Clarity nas interfaces do Lr e do ACR.

[150] Recorde-se que, salvo as devidas diferenças e casos particulares, os nossos olhos interpretam o aumento/decréscimo de contraste como um aumento/decréscimo da nitidez aparente numa imagem.

Em traços gerais, o *contraste local* fica entre o contraste global (referente a todos os tons numa imagem) e o micro contraste (alguns píxeis, num pequeno raio de acção), concentrando-se nos contornos mais amplos de uma imagem. Para melhor visualizar esta diferença, imagine-se a fotografia da palma de uma mão contra um fundo cinza-escuro – neste caso, genericamente, aumentar o contraste global tornaria a mão mais clara e o fundo mais negro; aumentar o micro contraste intensificaria a nitidez das impressões digitais; e, por fim, aumentar o contraste local acentuaria o contorno da mão e das linhas onde a mão e os dedos dobram, criando uma maior tridimensionalidade local e a sensação de que a imagem está mais nítida[150].

Tal como acontece com os outros tipos de contraste e respectivas ferramentas associadas, o contraste local tanto pode intensificado como atenuado, proporcionando resultados esteticamente diferentes. Assim, recorrendo a um exemplo concreto, começar-se-á por verificar qual o impacto de um ajuste positivo em Clarity sobre uma imagem.

Legenda: Foi aplicado um ajuste de +100 em Clarity (assinalado a vermelho), aumentando fortemente o contraste local nos contornos mais amplos da imagem. Comparando a fotografia original (a da esquerda) com o resultado (a da direita), fica evidente o aumento substancial da tridimensionalidade da imagem, particularmente nas feições da figura metálica e no suporte circular que sai da sua boca. Importa notar que nem sempre se deverá efectuar um ajuste tão agressivo, sob pena de tornar o resultado irrealista – mas existirão circunstâncias onde o objectivo até poderá ser precisamente esse.

Como ficou patente no exemplo anterior, um ajuste positivo em Clarity contribui para a sensação de aumento de nitidez numa imagem, vincando a presença dos contornos mais amplos. Porém, a ferramenta Clarity também permite a definição de ajustes negativos, produzindo um efeito contrário – ou seja, consegue atenuar de forma substancial os contornos, retirando-lhes relevo. A imagem seguinte mostra como este tipo de ajuste pode ter um potencial interesse criativo, já que permite transformar uma fotografia numa espécie de pintura a óleo.

Legenda: Foi aplicado um ajuste de -100 em Clarity (assinalado a vermelho), reduzindo drasticamente o contraste local e, consequentemente, alisando os contornos e texturas existentes na fotografia original. Note-se que, como efeito secundário, algumas das cores ficaram mais saturadas, nomeadamente as pinturas a vermelho e azul no barco, o que reforçou o aspecto de pintura digital e a sensação de que se trata de uma imagem proveniente de um sonho.

APLIQUE O AJUSTE CLARITY LOCALMENTE ATRAVÉS DA FERRAMENTA ADJUSTMENT BRUSH

A ferramenta Clarity tem um elevado potencial, vincando os contornos amplos numa imagem ou transformando esses mesmos contornos em meros esboços. Seja qual for a opção criativa, existem situações em que é desejável aplicar um ajuste em Clarity apenas de forma localizada, sem afectar a totalidade da imagem. Para tal, a ferramenta Adjustment Brush é a solução ideal, pois o ajuste Clarity também faz parte do seu vasto leque de opções. A imagem seguinte constitui um exemplo prático da utilidade de Clarity para, localmente, suavizar a pele e a maquilhagem de uma actriz.

Legenda: Activou-se a ferramenta Adjustment Brush, definindo Size (11.0), Feather (90), Flow (47), Density (100) e, por fim, Clarity (-100). Com o pincel de ajuste criado, 'pintou-se' com o maior rigor possível sobre a pele da actriz, tendo o cuidado de nunca passar por cima dos olhos, lábios, adereços e pintas brancas. Desta forma, conseguiu-se alisar substancialmente a pele, transformando-a numa espécie de 'pele de pêssego', mas sem afectar a nitidez original dos restantes detalhes.

ULTRAPASSE OS LIMITES DE AJUSTE DA FERRAMENTA CLARITY USANDO A FERRAMENTA GRADUATED FILTRE OU A ADJUSTMENT BRUSH

Uma característica comum a muitas das ferramentas do Lr e ACR é que os ajustes têm um valor máximo. No caso da ferramenta Clarity, esse limite é +100, o que levanta uma questão muito pertinente: e se fosse necessário aplicar um ajuste de +200, +300 ou mesmo +400? Uma forma de contornar esta limitação é através da ferramenta Graduated Filtre, criando um ou mais filtros que cubram toda a imagem, aplicando, dentro do painel desta ferramenta, um ajuste na opção Clarity com o valor pretendido. Os ajustes aplicados com cada novo filtro são cumulativos e serão adicionados ao ajuste efectuado directamente na ferramenta Clarity. Opcionalmente, também se poderá recorrer à ferramenta Adjustment Brush, concretizando a possibilidade de acumular múltiplos ajustes em Clarity, desta vez de uma forma mais localizada.

Legenda: A imagem da direita exibe o efeito de um ajuste de +100 em Clarity (assinalado a vermelho) acumulado com um ajuste de +100 na opção Clarity da ferramenta Graduated Filtre (assinalado a verde), perfazendo um ajuste total de +200 em toda a imagem. Note-se que o filtro em gradiente (assinalado a laranja) foi desenhado de baixo para cima (poderia ter sido ao contrário), apresentando uma área de transição extremamente curta e, como seria de esperar neste caso, cobrindo a totalidade da imagem.

AJUSTE DO CONTRASTE LOCAL COM A FERRAMENTA UNSHARP MASK

O efeito produzido por um ajuste em Clarity pode ser alcançado no Ps recorrendo à ferramenta Unsharp Mask (Filter ▸ Sharpen ▸ Unsharp Mask). De facto, relembrando que o efeito de Clarity consiste num aumento do contraste local, então um aumento significativo no valor de Radius, fazendo com que a ferramenta Unsharp Mask trabalhe de uma forma mais abrangente em redor dos contornos de uma imagem, irá alcançar precisamente o mesmo objectivo. Para tal, basta definir 50 em Radius, 0 em Threshold e, por fim, escolher um valor não muito distante de 20 em Amount (regra geral, um valor excessivo nesta variável produzirá resultados visualmente agressivos). Mesmo tendo em conta as semelhanças entre a ferramenta Unsharp Mask e a ferramenta Sharpening do Lr/ACR, esta última não permite definir valores em Radius tão elevados, razão pela qual Clarity é a método de eleição para ajustar o contraste local no Lr e no ACR.

Redução do ruído digital

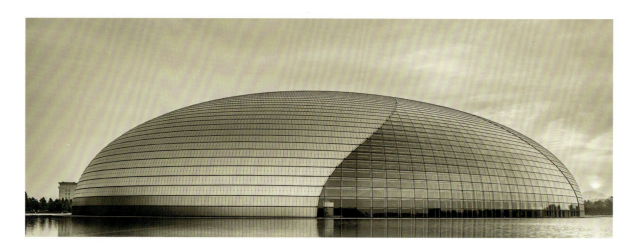

[151] Consultar o livro **FOTOGRAFIA – Luz, Exposição, Composição, Equipamento e Dicas para Fotografar em Portugal** para saber mais sobre a sensibilidade ISO e qual o seu papel na Exposição. Informação acerca das obras relacionadas com fotografia em http://www.centroatlantico.pt/fotografia/

Legenda: Amostra da presença de ruído de luminância (imagem da esquerda) e de ruído de cor (imagem da direita) numa zona de sombra de uma fotografia registada a ISO 3200.

Um dos aspectos que condiciona a qualidade de imagem de uma fotografia é a presença de ruído digital, visível sob a forma de minúsculas manchas que povoam aleatoriamente uma imagem. O ruído digital apresenta-se sob duas formas: ruído de luminância (muito semelhante ao designado 'grão', típico da fotografia com filme, e caracterizado por micro oscilações luminosas) e o ruído de cor (caracterizado pela presença de pontos coloridos, normalmente vermelhos e verdes, sobretudo nas zonas de sombra da imagem).

O acréscimo de ruído digital numa imagem torna-se mais evidente à medida que a sensibilidade ISO[151] definida na câmara fotográfica aumenta, mas não é o único factor determinante. De facto, quanto mais longos forem os tempos de exposição e maior for a temperatura ambiente, maior será a quantidade de ruído digital gerado. O tipo de sensor e de processador de imagem presentes na câmara fotográfica também têm uma influência considerável.

Assim, embora as câmaras fotográficas actuais possuam tecnologias e algoritmos de redução de ruído internos bastante eficazes, será sempre preferível decidir pela redução de ruído (ou não) em pós-produção. Isto porque existe um melhor controlo desse processo, evitando ajustes excessivos que degradem a qualidade de imagem, desta vez pela excessiva suavização das zonas afectadas pelo ruído digital. Opcionalmente, poder-se-á preferir não reduzir o ruído digital ou, de um ponto de vista mais avançado, optar pela redução do ruído de cor, mantendo o ruído de luminância praticamente inalterado. Esta última opção pode fazer sentido em muitos géneros fotográficos, pois enquanto o ruído de cor tende a ser bastante inestético e pouco natural, já o ruído de luminância pode transmitir uma impressão de ambiente envelhecido e/ou aumentar a sensação de nitidez na imagem[152]. Adicionalmente, em particular em alguns tipos de retrato, o ruído de luminância fica muitas vezes disfarçado pela própria textura da pele, não constituindo um problema.

Redução de ruído (Noise Reduction)
Tendo em consideração os dois tipos de ruído anteriormente mencionados – luminância e cor –, a ferramenta Noise Reduction, presente na secção Detail do Lr e ACR, permite trabalhar cada um deles separadamente e com grande eficácia, nomeadamente através dos ajustes Luminance e Color.

Legenda: Ferramenta Noise Reduction nas interfaces do Lr e do ACR.

O processo de redução de ruído digital possui efeitos secundários, sobretudo quando existe uma sobredosagem dos ajustes aplicados. De facto, ao diminuir o ruído de luminância através do ajuste Luminance poderá ser criada uma suavização excessiva das superfícies e, em particular, uma destruição dos detalhes mais finos, pois o algoritmo do ajuste terá dificuldade em distinguir as oscilações luminosas próprias do ruído daquelas que fazem naturalmente parte da imagem. Por sua vez, diminuir o ruído de cor através do ajuste Color também pode conduzir a alguns resultados indesejados, prejudicando a reprodução de cor e reduzindo a riqueza de algumas variações de cor inerentes aos motivos fotografados.

Para minimizar os efeitos secundários descritos, por debaixo do ajuste Luminance estão presentes outros dois ajustes: Detail e Contrast. O primeiro permite aumentar a nitidez nas arestas dos motivos presentes imagem, quase como se utilizasse a ferramenta Sharpening[153], e o segundo o contraste local ao nível dos contornos mais amplos desses mesmos motivos. Usados em conjunto, numa intensidade e proporção que será sempre dependente de cada imagem, estes ajustes conseguem resgatar parte dos detalhes que possam ter sido eliminados pelo ajuste Luminance. Ainda com o objectivo de minimizar os efeitos secundários, agora devido à redução do ruído de cor, por debaixo do ajuste Noise também está presente um ajuste associado: Detail. Como seria de esperar, este último serve para recuperar a nitidez e algum do contraste perdido no processo de redução do ruído de cor, mas, regra geral, não conseguirá compensar totalmente os impactos negativos que possam existir ao nível da reprodução de cor.

Quando a imagem assim o exija, e ao contrário do que sugere a ordem dos ajustes na interface da ferramenta Noise Reduction, deve começar-se por trabalhar o ajuste Color. Isto porque não só o ruído de cor é o mais inestético e fácil de eliminar, mas também porque se abre caminho para melhor trabalhar o ajuste Luminance, pois o ruído de cor já não estará a 'atrapalhar' quando se avaliar a presença do ruído de luminância. Independentemente do ajuste em questão, será vital que o modo de visualização 1:1 (equivalente a uma ampliação de

[152] Como se viu no capítulo **Ajuste da Nitidez**, p. 173, a intensificação do micro contraste aumenta a sensação de nitidez por parte dos nossos olhos. Assim sendo, quando a quantidade de oscilações luminosas provocadas pelo ruído de luminância aumenta, tal significa que o micro contraste está igualmente a aumentar, logo a nitidez aparente também aumenta. Neste sentido, como é mencionado na dica "Crie ruído de luminância propositadamente" partilhada neste subcapítulo, é possível adicionar ruído de luminância a uma imagem em pós-produção.
[153] Ver **Ajuste da Nitidez (Sharpening)**, p. 175.

100% no ACR) esteja activado, pois é a melhor forma de aferir os efeitos da ferramenta Noise Reduction.

As imagens seguintes mostram como esta ferramenta deve ser usada da forma mais eficaz, reduzindo a maior parte do ruído digital, mas sempre com o objectivo de não prejudicar os detalhes originais da imagem.

REDUÇÃO DO RUÍDO DE COR E DE LUMINÂNCIA

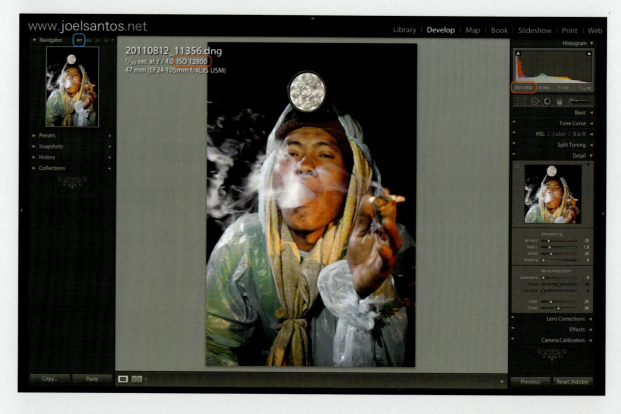

01. Dada a escassez de luz ambiente e para evitar uma imagem tremida, a fotografia foi realizada a ISO 12.800 (assinalado a vermelho), como se pode verificar na parte inferior do histograma ou através do atalho com a tecla "I" (o qual mostra, ciclicamente, informação sobre a fotografia). Assim, esta imagem trata-se de uma forte candidata à presença de ruído digital, o qual deverá ser mais evidente nas zonas de sombras e meios-tons escuros. Todavia, no modo de visualização FIT (assinalado a azul), o ruído digital ainda não é evidente.

Lr – tecla I (alternar as informações exibidas sobre a imagem)

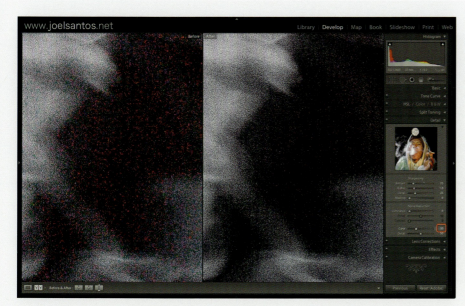

02. Activou-se o modo de visualização 1:1 e seleccionou-se como base de análise uma zona com grande presença de ruído digital, neste caso a área com fumo do tabaco. As manchas vermelhas e verdes denunciam a forte presença de ruído de cor na imagem original (a da esquerda), sendo por ele que o processo de redução de ruído digital deve começar. Assim, muito lentamente, através da ferramenta Noise Reduction, deslocou-se o ponteiro de ajuste Color para a direita, parando no exacto momento em que as manchas de cor desapareceram (imagem da direita), neste caso quando foi atingido um valor igual a 30 (assinalado a vermelho). Note-se que, quando se está a trabalhar uma imagem no formato RAW, o ajuste Color está definido por omissão com um valor de 25, um bom ponto de partida para a generalidade das imagens, mas nem sempre suficiente quando se usam sensibilidades ISO muito elevadas e a presença do ruído de cor é muito evidente.

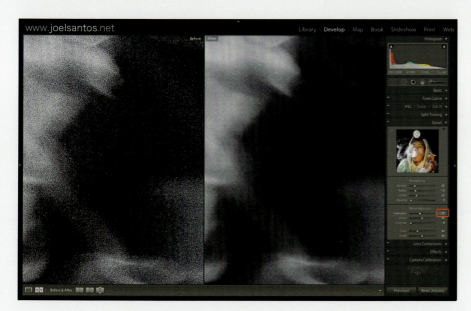

03. Depois de eliminado o ruído de cor, torna-se mais fácil de identificar o ruído de Luminância, bem visível através do aspecto 'granulado' que domina a zona com fumo (imagem da esquerda). Para o reduzir, moveu-se lentamente o ponteiro de ajuste Luminance até se atingir um bom compromisso entre a eliminação do excesso de ruído de luminância e a prevenção de uma excessiva suavização da imagem. Neste caso, um ajuste de 40 em Luminance (assinalado a vermelho) forneceu um bom resultado e, na maioria dos casos, deverá evitar-se valores superiores ao definido neste exemplo.

04. Os ajustes Detail e Contrast debaixo de Luminance, assim como o Detail debaixo de Color, ajudam a resgatar alguma da nitidez perdida no processo de redução do ruído digital. Tanto assim é que, por omissão, os ajustes em Detail estão definidos com um valor de 50 (assinalados a vermelho). Todavia, nenhum destes ajustes permite criar uma máscara como aquela que pode ser gerada pela ferramenta Sharpening, através do ajuste Masking[154] (assinalado a verde). A máscara é essencial para que a nitidez seja aumentada apenas nas zonas de aresta, evitando a reintrodução do ruído digital (sobretudo o de luminância) nas zonas com menos detalhes da imagem. Neste caso, aplicou-se um ajuste de 90 em Masking, protegendo a maior parte das superfícies planas, conforme se pode constatar na imagem da direita, ampliada a 1:1 na zona correspondente à face do homem.

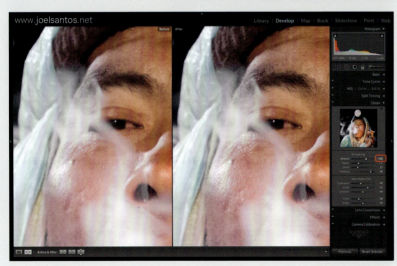

05. Depois de criada a máscara, definiu-se um ajuste de 100 em Amount (assinalado a vermelho), também ele pertencente à ferramenta Sharpening. Tendo em conta apenas a parte da imagem ampliada, o ganho de nitidez verificou-se sobretudo no brilho do olho, em alguns poros da pele e em partes da sobrancelha, mas também seria visível nas demais áreas com detalhes desta fotografia. A correcta combinação entre Masking e Amount permitiu um bom ganho de nitidez, sem reintroduzir o ruído digital, um resultado superior ao que se obteria através dos já mencionados ponteiros de ajuste Detail da ferramenta Noise Reduction. Ainda assim, importa notar que estes últimos permaneceram inalterados, já que o valor definido por omissão – 50 – é, genericamente, uma boa opção.

[154] Ver **Ajuste da nitidez, Controlo da nitidez – Máscara (Sharpening – Masking)**, p. 184.

AUMENTE A EXPOSURE MOMENTANEAMENTE PARA FACILITAR O USO DA FERRAMENTA NOISE REDUCTION

Caso seja difícil perceber qual a intensidade dos ajustes a aplicar na ferramenta Noise Reduction, poderá aumentar momentaneamente o ajuste Exposure, aclarando a imagem de uma forma exagerada, por exemplo, com um valor superior a +2.00. Com a imagem substancialmente mais clara, será fácil detectar a presença do ruído e aferir a combinação de ajustes ideal para o reduzir sem degradar excessivamente a qualidade de imagem. Depois de recorrer a este artifício, basta definir Exposure para os valores anteriormente atribuídos.

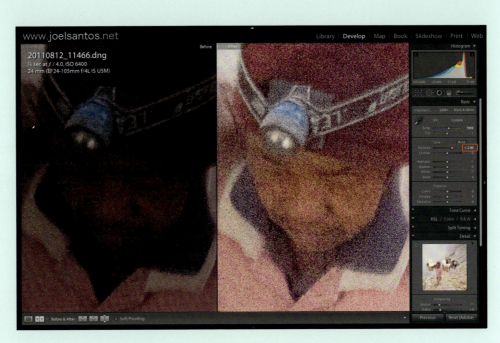

USE UMA SENSIBILIDADE ISO QUE SIRVA OS SEUS OBJECTIVOS, MAS COM CONHECIMENTO DAS CONSEQUÊNCIAS

Uma imagem registada a ISO 1600 terá muito mais ruído digital do que outra registada a ISO 100, logo, em princípio, dever-se-ia escolher sempre uma sensibilidade ISO o mais baixa possível. Todavia, na prática, nem sempre tal é exequível ou desejável, pois as condições de luz ambiente (tipicamente, situações de baixa luminosidade), equipamento disponível (ausência de um tripé) e/ou o objectivo criativo do fotógrafo (obter uma imagem nítida, sem estar tremida ou com arrasto por movimento) podem não o permitir. Na maior parte das câmaras reflex actuais, fotografar com uma sensibilidade ISO até 1600 oferece resultados surpreendentemente bons, partindo do princípio que se fotografa no formato RAW, que se tem o cuidado de expor 'correctamente' a imagem no terreno e que se usa apropriadamente as ferramentas de redução de ruído digital em pós-produção. Em suma, ter a consciência dos limites da pós-produção, das características da câmara e das especificidades da exposição digital ajudará a tomar as melhores opções enquanto se fotografa no terreno, influenciando a qualidade dos resultados finais[155].

[155] Ver anexo **Particularidades dos formatos RAW, JPEG e DNG, analisadas em função das especificidades da exposição digital**, p. 351.

CRIE RUÍDO DE LUMINÂNCIA PROPOSITADAMENTE

Contrariamente ao objectivo da ferramenta Noise Reduction, existe uma ferramenta específica para criar ruído de luminância na imagem – a Grain, na secção Effects –, conferindo um aspecto mais tradicional e marcado pelo tempo, além de aumentar a sensação de nitidez aparente. Deve preferir-se sempre a criação de ruído em pós-produção em vez de escolher propositadamente uma sensibilidade ISO elevada na câmara fotográfica, já que, assim, a qualidade de imagem será maximizada e as opções criativas serão mantidas em aberto. De facto, no seio da ferramenta Grain, poderá não só escolher a quantidade de ruído gerado (Amount), mas também a sua dimensão (Size) ou aspereza (Roughness).

Legenda: De forma propositada, recorreu-se à ferramenta Grain da secção Effects para introduzir ruído na fotografia original. Neste caso, optou-se por um ajuste de 100 em Amount, definindo 25 em Size e 50 em Roughness, para criar um ruído relativamente semelhante ao de uma película de elevada sensibilidade.

REDUCE NOISE

A ferramenta Noise Reduction é semelhante à ferramenta Reduce Noise do Ps (Filter ▸ Noise ▸ Reduce Noise), através da qual também é possível minimizar a presença de ruído de luminância (ajuste Strength) e de cor (ajuste Reduce Color Noise, combinado com o Strength), assim como prevenir a perda de detalhes (Preserve Details) e/ou aumentar a nitidez (Sharpen Details). Adicionalmente, esta ferramenta oferece um modo avançado (opção Advanced) através do qual é possível trabalhar a redução de ruído digital por canal de cor (Red, Green ou Blue). Por fim, existe ainda a possibilidade de diminuir a presença de artefactos em imagens no formato JPEG (Remove JPEG Artifact). Regra geral, partindo do princípio que se está a trabalhar um ficheiro de imagem no formato RAW, é vantajoso usar a ferramenta Noise Reduction do Lr ou ACR, pois esta é aplicada de forma não destrutiva e tira partido da maior quantidade de informação presente num RAW.

Pincéis de ajuste (Adjustment Brush) – Redução de Ruído (Noise)

Apesar da elevada eficácia da ferramenta Noise Reduction e dos ajustes associados Detail e Contrast, os quais ajudam a minimizar os efeitos secundários ao nível da perda de detalhes e contraste, esta continua a actuar em toda a imagem. Tal significa que os algoritmos de redução de ruído são aplicados não só nas zonas que realmente necessitam de ser corrigidas (tipicamente, as zonas de sombra), mas também noutras zonas que apresentam menos ruído (zonas mais claras) ou cujos detalhes importa reter a todo o custo, o que nem sempre é desejável quando se procura o melhor resultado possível. Perante este contexto, existe a possibilidade de recorrer ao ajuste Noise presente na ferramenta Adjustment Brush, usando-o de forma independente ou complementar à já apresentada ferramenta Noise Reduction.

A fotografia seguinte, um retrato registado com uma sensibilidade ISO bastante elevada, é uma boa candidata ao uso da ferramenta Adjustment Brush, eliminando o ruído localmente nas zonas onde este se encontra mais evidente, mas preservando as restantes. Veja-se como foi conduzido o processo.

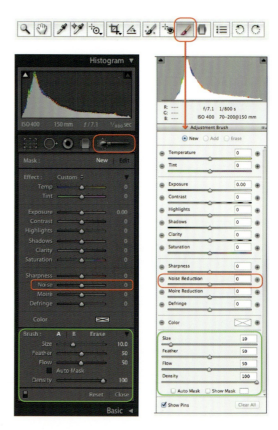

Legenda: Ferramenta Adjustment Brush nas interfaces do Lr e do ACR, estando assinalado o ajuste Noise e os parâmetros que controlam a sua aplicação.

Legenda: Como se pode constatar na informação sobre a imagem original (a da esquerda) e por baixo do histograma, foi usada a sensibilidade ISO 6400 (assinalado a azul), logo é expectável que se encontre uma considerável presença de ruído digital, sobretudo nas sombras. Contudo, a iluminação no rosto e roupas do pescador é boa (logo, a presença de ruído é reduzida), além de ser vital manter os detalhes finos de algumas texturas (pele, olhos, bigode, roupa, madeira e lanterna). Assim, optou-se por activar a ferramenta Adjustment Brush, definindo Size (5), Feather (50), Flow (16), Density (10) e, por fim, Noise (52) em função deste caso em particular (assinalado a laranja). Depois, para ter uma noção precisa de onde se iria 'pintar' o ajuste Noise, activou-se a função Show Selected Mask Overlay (assinalada a verde). Por fim, 'pintou-se' com a máxima precisão possível sobre as zonas de sombra, mais concretamente naquelas que surgem com a máscara a vermelho (imagem da direita). Para concluir o processo, restou clicar em Done (assinalado a roxo).

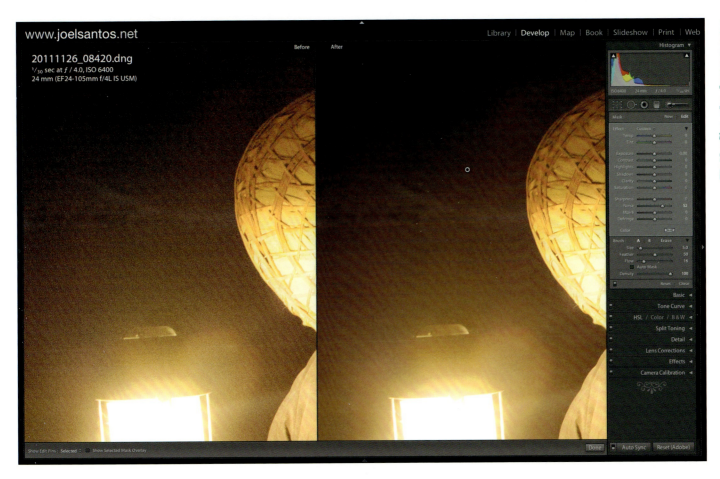

Legenda: Activando o modo de exibição de 1:1 e escolhendo uma secção da imagem perto do chapéu de palha é possível verificar a eficácia do ajuste operado no passo anterior. De facto, o ruído foi minimizado nas zonas de sombra, mas os detalhes do chapéu foram preservados, pois não sofreram a acção do ajuste.

Há que ter em consideração que o ajuste Noise contido na Adjustment Brush não é tão potente como a ferramenta Noise Reduction, pelo que se pode justificar começar por aplicar um pequeno ajuste nesta última e, depois, efectuar os últimos retoques com a primeira.

Como nota final, à semelhança do que tem acontecido noutros casos, importa referir que o ajuste Noise também existe na ferramenta Graduated Filtre. Contudo, devido à sua forma de actuação linear, na maioria das vezes não representará uma real mais-valia face à utilização da ferramenta Adjustment Brush, inevitavelmente mais flexível e precisa. Por essa simples razão, desta vez não será abordada a ferramenta Graduated Filtre, particularmente ao nível do ajuste Noise.

Correcção de elementos indesejados

Por maior que seja o cuidado e atenção do fotógrafo, com muita frequência ficarão registados elementos indesejados numa imagem, arruinando a sua beleza estética e/ou desviando a atenção do observador da sua mensagem principal.

Quando se usam câmaras de objectivas intermutáveis, como as reflex, um dos elementos estranhos à imagem mais frequentes são os pequenos pontos escuros causados pela acumulação de poeiras e sujidades na superfície do sensor. Estes são visíveis sobretudo em áreas com texturas e cores homogéneas, sendo tanto mais notórios quanto menor for a abertura do diafragma definida (valores de f/ grandes). Por essa razão, é habitual encontrar este problema em fotografias de paisagem natural e urbana, tipicamente registadas com aberturas de diafragma pequenas (para maximizar a profundidade de campo) e com uma regular presença de algumas zonas 'planas' (céu e superfícies espelhadas são apenas dois exemplos recorrentes).

Outros elementos indesejados bastante comuns são os fios na fachada de um edifício, um poste de alta tensão perdido no seio de uma paisagem natural, uma mancha na pele de uma pessoa, um halo de luz causado por uma fonte de luz forte, entre muitos outros. Em rigor, aquilo que é considerado um elemento indesejado irá variar consoante a avaliação subjectiva de cada fotógrafo, a mensagem que se quer transmitir com a fotografia e, inevitavelmente, o propósito criativo. Contudo, seja qual for o critério, existem ferramentas para os eliminar, por vezes de forma tão eficaz que não se notará que existiu trabalho de pós-produção, tal como se verá de seguida.

Remoção de manchas (Spot Removal)

Quando a imagem apresenta manchas ou pontos indesejados, sejam eles causados por poeiras no sensor ou por salpicos de água na objectiva, a ferramenta Spot Removal é a ideal para corrigir o problema.

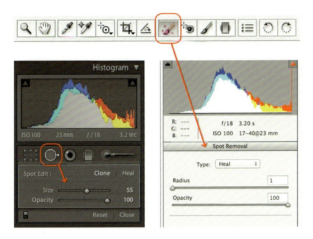

Legenda: Ferramenta Spot Removal nas interfaces do Lr e do ACR

Assim que a ferramenta Spot Removal é activada, o ponteiro do rato transforma-se num pequeno círculo, momento a partir do qual será possível clicar sobre um ponto indesejado da imagem para o remover. Porém, antes de o fazer, é preciso ter em consideração outros aspectos. Em primeiro lugar, é essencial escolher um dos dois modos de funcionamento desta ferramenta, designadamente Clone ou Heal. O modo Clone irá 'clonar' a porção circular da imagem escolhida com a informação proveniente de uma zona próxima – ou seja, este modo copia um pedaço da imagem de um lado e cola-o no outro. O modo Heal funciona de forma idêntica ao Clone, no sentido em que usa a informação de outra parte da imagem para corrigir a zona seleccionada, mas com uma diferença substancial: a informação retirada da zona de amostragem é adaptada ao local para onde será copiada, usando a informação exterior ao círculo na zona corrigida para conseguir esse feito.

Independentemente do modo de funcionamento escolhido, Clone ou Heal, a ferramenta Spot Removal determina automaticamente a zona de amostragem, isto é, assim que se clica na zona a corrigir, o local de onde a informação é retirada é definido sem a intervenção do utilizador. Todavia, como se verá adiante, a zona de amostragem pode – e, muitas vezes, deve – ser alterada, fornecendo à ferramenta uma amostra mais apropriada para atingir um melhor resultado final.

Nos dois modos é disponibilizado um par idêntico de ajustes: Size e Opacity. O primeiro define a dimensão do círculo de correcção e o segundo a opacidade dessa correcção (quanto maior a opacidade, menor a transparência da amostra copiada para cima da zona a corrigir).

Por fim, tal como acontece em todas as ferramentas que trabalham ao nível dos pormenores de uma imagem, a Spot Removal também deverá ser usada no modo de visualização 1:1 (ampliação de 100% no ACR). Os exemplos seguintes mostram como pode ser conduzido todo o processo de eliminação de manchas causadas por poeiras, umas facilmente corrigíveis e outra que requer uma abordagem mais meticulosa.

ELIMINAÇÃO DE ELEMENTOS INDESEJADOS (MANCHAS DE PÓ)

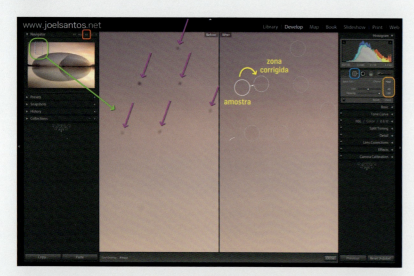

01. Activou-se o modo de visualização 1:1 (assinalado a vermelho) e, usando o rectângulo de ampliação em Navigator (assinalado a verde) percorreu-se a imagem até encontrar as manchas de pó (imagem da esquerda). Depois, activou-se a ferramenta Spot Removal (assinalada a azul) e, seleccionando o modo de funcionamento Heal (assinalado a laranja), definiu-se Size de forma a que o círculo de correcção fosse ligeiramente maior do que as manchas (neste caso, 45 foi suficiente) e definiu-se Opacity com um valor de 100 (logo, sem transparência na correcção). Por fim, bastou clicar sobre as manchas (assinaladas a roxo) para que estas fossem corrigidas, sendo a zona de amostragem escolhida automaticamente pela ferramenta, conforme se vê na imagem da direita (assinalado a amarelo).

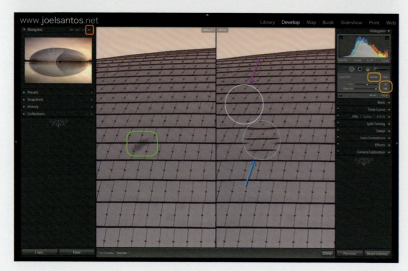

02. Ao percorrer o resto da imagem, descobriu-se uma macha de pó de grandes dimensões, posicionada sobre uma zona com uma textura padronizada (assinalada a verde). Para melhor analisar o problema, activou-se o modo de visualização 2:1 (assinalado a vermelho). Depois, para eliminar a mancha, aumentou-se o valor de Size para 55, manteve-se Opacity em 100 e alterou-se o modo de funcionamento para Clone (assinalado a laranja) – isto porque, ao contrário de Heal, este modo não irá usar a informação exterior ao círculo de correcção, o que é a melhor solução perante a presença de uma textura tão complexa e geométrica. Todavia, ao clicar sobre a zona afectada, a ferramenta Spot Removal não elegeu a melhor área de amostragem (círculo com linha branca mais espessa, assinalado a roxo), o que conduziu a uma correcção inapropriada (círculo com linha branca mais fina, assinalado a azul), como fica patente na imagem da direita.

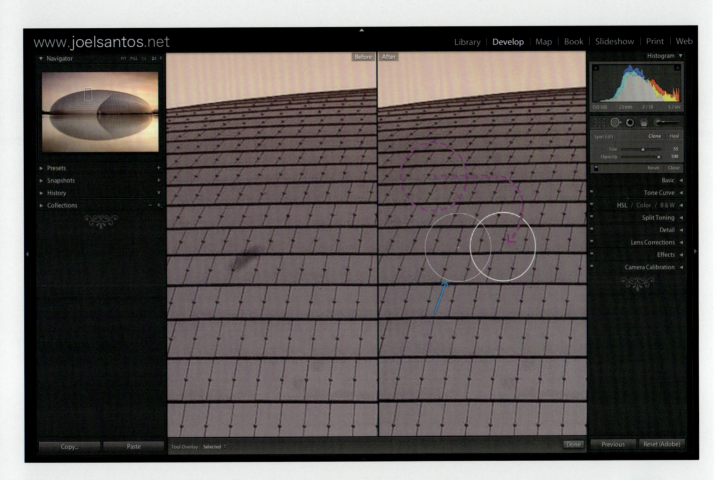

03. Para alterar a zona de amostragem, clicou-se sobre o círculo com a linha branca mais espessa e, sem deixar de pressionar o botão esquerdo do rato, arrastou-se esse círculo de forma muito criteriosa (assinalado a roxo), até conseguir que a zona corrigida apresentasse um resultado perfeito (assinalada a azul).

Lr – Tecla Q (activa/desactiva ferramenta Spot Removal)

ACR – Tecla B (activa/desactiva ferramenta Spot Removal)

DESCUBRA AS MANCHAS DE PÓ MAIS IMPERCEPTÍVEIS

Nem sempre será fácil detectar todas as zonas afectadas por manchas causadas por pó ou sujidade no sensor da câmara fotográfica, especialmente em áreas que não sejam totalmente homogéneas, como num céu nublado ou com várias nuances de cor. Para contornar essa dificuldade, existe uma estratégia pouco ortodoxa, mas extremamente eficaz: usar o modo de visualização alternativo do ajuste Masking da ferramenta Sharpening[156]. Com efeito, uma vez que a máscara criada pretende diferenciar zonas com e sem detalhe, as manchas surgirão como pontos detalhados (logo, a branco), tornando simples a tarefa de as detectar e, depois, as eliminar com a ferramenta Spot Removal.

[156] Ver **Controlo da nitidez – Máscara (Sharpening – Masking)**, p. 184.

Legenda: Para activar o modo de visualização alternativo deixou-se a tecla Alt pressionada enquanto se movia o ponteiro Masking lentamente para a direita (assinalado a vermelho). Quando o ajuste atingiu um valor aproximado de 30, tornaram-se evidentes as múltiplas manchas na imagem (alguns exemplos assinalados a laranja), as quais estavam bem 'camufladas' pelas diversas tonalidades do céu. Uma vez identificada a localização das manchas, bastaria eliminar uma a uma utilizando a ferramenta Spot Removal.

USE A FERRAMENTA SPOT REMOVAL CRIATIVAMENTE

A ferramenta Spot Removal também pode ser usada para alterar criativamente uma imagem, manipulando a presença ou ausência dos elementos registados originalmente. O processo é idêntico ao abordado para a remoção das manchas de pó, como é mostrado na seguinte imagem de exemplo.

Legenda: Usando a ferramenta Spot Removal no modo Heal, clicou-se sobre as saliências douradas (as que criativamente se desejava eliminar) e escolheram-se zonas de amostragem provenientes de locais planos das portas (substituindo, assim, as saliências de forma irrepreensível).

RESOLVA O PROBLEMA DE MÚLTIPLOS CÍRCULOS DE CORRECÇÃO NUMA MESMA ÁREA DA IMAGEM

Uma vez que o Lr e o ACR não permitem fazer selecções das áreas a corrigir, nem fazer correcções contínuas com formas versáteis (ou seja, sem estarem delimitadas por círculos), por vezes é necessário recorrer a vários círculos de correcção numa mesma área, trabalhando-a progressivamente. Assim, nos casos em que existe um 'sobrepovoamento' de círculos de correcção na mesma área e em que redefinir o diâmetro dos círculos de correcção já não é desejável (pois tal afectaria as zonas sem necessidade de correcção), deixa de ser possível criar um círculo de correcção por cima de um já existente. Quando tal acontece, já com a ferramenta Spot Removal activada, basta clicar fora da zona repleta de círculos de correcção, arrastando depois o círculo de correcção para o local pretendido dentro da referida zona. Depois, o próprio círculo de amostragem poderá ser movido para um local que se considere pertinente, para assim efectuar a melhor correcção possível.

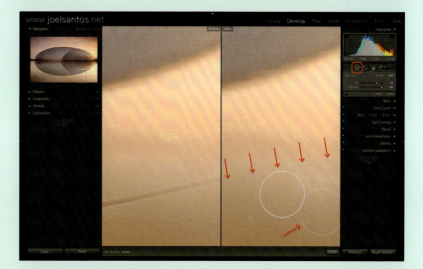

Legenda: Recorrendo à ferramenta Spot Removal, eliminou-se uma inestética linha na fotografia original (imagem da esquerda) através da criação de sucessivos círculos de correcção (imagem da direita). Como estes necessitavam de se sobrepor uns aos outros, algo que a ferramenta não permite concretizar de forma directa, muitos deles foram criados fora do local de correcção, sendo depois arrastados para o local a corrigir.

HEALING BRUSH TOOL

A ferramenta Spot Removal é parecida com a ferramenta Healing Brush Tool (quando no modo Heal) e com a ferramenta Clone Stamp Tool (quando no modo Clone) do Ps. Outra ferramenta do Ps indicada para remover manchas de pó é a Spot Healing Brush Tool, especialmente quando usada no modo Proximity Match ou, em casos específicos, no modo Content Aware. ×

Legenda: Algumas ferramentas de correcção de elementos indesejados no Ps.

Correcção de problemas ópticos

Por melhor que seja a qualidade das objectivas usadas na câmara fotográfica, estas possuem características e problemas ópticos que se tornam visíveis nas fotografias, podendo, salvo quando servem um propósito criativo, prejudicar a qualidade de imagem. Entre os problemas mais comuns encontram-se as distorções ópticas, a vinhetagem e as aberrações cromáticas, sendo que, em alguns casos, podem estar presentes simultaneamente numa mesma imagem.

Começando pelas distorções ópticas, estas podem ser de dois tipos: em barril ou em almofada. A distorção em barril está associada às objectivas grande-angular, ultra grande-angular e olho de peixe, sobretudo quando definidas na distância focal mínima, fazendo com que os motivos adoptem um aspecto esférico e parecendo que a imagem se encontra insuflada. Este género de distorção é particularmente visível nas linhas rectas presentes nos extremos do enquadramento, estando estas dobradas em direcção às margens da fotografia. Passando para a distorção em almofada, esta está sobretudo relacionada com as teleobjectivas, aumentando à medida que se definem distâncias focais mais elevadas. Este tipo de distorção faz com que as linhas nas extremidades do enquadramento dobrem em direcção ao centro da imagem, como se se tivesse pressionado o centro de uma almofada para dentro.

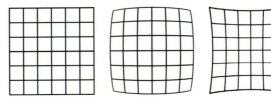

Legenda: Da esquerda para a direita, as figuras ilustram, recorrendo a um conjunto de linhas paralelas horizontais e verticais, uma imagem sem distorções, uma com distorção em barril e, por fim, uma com distorção em almofada.

Passando para a vinhetagem, esta é caracterizada pelo escurecimento dos cantos da imagem. Tal acontece devido à forma como a luz 'viaja' ao longo das diversas zonas das lentes que compõem uma objectiva, fazendo com que a luminosidade captada na extremidade circular da objectiva seja sempre menor do que aquela que é captada no centro. Deste modo, como as objectivas projectam uma imagem circular sobre uma área rectangular (o sensor de imagem ou o filme), então os cantos do rectângulo de imagem que coincidem com a extremidade circular da objectiva ficarão escurecidos – ou seja, surge a vinhetagem. Esta última pode ser agravada por objectivas de menor qualidade óptica e/ou pelo uso de filtros fotográficos, especialmente quando se usam as distâncias focais mínimas e as aberturas do diafragma máximas (valores de f/ baixos). Os efeitos da vinhetagem são mais facilmente detectáveis quando existem zonas de cores e tons homogéneos, como acontece nos céus limpos de uma paisagem.

No que diz respeito às aberrações cromáticas, estas caracterizam-se pelo aparecimento de uma espécie de 'rebordos' de cor em redor dos contornos mais contrastados dos motivos, sobretudo nos cantos da imagem. Este fenómeno deve-se à incapacidade de as lentes que constituem uma objectiva fazerem convergir todos os comprimentos de onda (ou seja, as várias cores) no mesmo plano focal (aberração cromática longitudinal) ou de os ampliarem de forma diferenciada (aberração cromática lateral, também designada por 'franjas de cor').

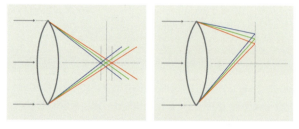

Legenda: A imagem da esquerda representa a aberração cromática longitudinal e a da direita a aberração cromática lateral.

Por fim, como se verá adiante, existem ferramentas para corrigir outras características 'visuais' de uma imagem, como as 'distorções' de perspectiva causadas pelo ponto de vista adoptado pelo fotógrafo. Estas alterações da perspectiva, não sendo problemas ópticos no sentido estrito, podem ser problemáticas, uma vez que, quando são indesejadas, afectam esteticamente uma imagem. Mas este é um assunto que será devidamente aprofundado depois de se abordarem os ajustes de nível mais básico.

2) Extremidade circular da objectiva, com evidente perda de luminosidade

3) Intersecção do rectângulo de imagem com a extremidade circular da objectiva, ficando patente por que razão os cantos de uma fotografia surgem escurecidos – ou seja, existe vinhetagem.

1) Sensor de imagem ou filme

Legenda: Exemplo de vinhetagem numa fotografia realizada a uma superfície plana completamente branca, usando uma objectiva grande-angular de fraca qualidade definida na sua abertura máxima (f/3.5) e distância focal mínima (18 mm).

BÁSICO

Se o tempo for um recurso escasso ou se existirem dificuldades na identificação/correcção de alguns dos problemas anteriormente mencionados, então existe um modo de os solucionar sem grande esforço. De facto, recorrendo às ferramentas existentes na secção Lens Corrections, nomeadamente no modo de funcionamento Profile, a maioria das questões relacionadas com as distorções e vinhetagem poderão ser resolvidas (quase) automaticamente, como se verá de seguida.

Perfis de correcção (Lens Corrections – Profile)

Cada objectiva apresenta particularidades únicas ao nível da sua arquitectura e desempenho óptico, as quais se manifestam de forma relativamente previsível na imagem. Assim, tendo isto em mente, foram desenvolvidos perfis de correcção adaptados às especificidades da maioria das marcas e modelos de objectivas, rectificando os problemas ópticos por elas criados. Estes mesmos perfis são disponibilizados na secção Lens Corrections, nomeadamente através do seu modo de funcionamento Profile.

Uma vantagem deste modo é que, assim que se activa a função Enable Profile Corrections, o Lr ou ACR detectam automaticamente qual foi a objectiva usada para registar a fotografia, aplicando de imediato o perfil de correcção adequado, minimizando a presença de distorções em barril/almofada e de vinhetagem.

Importa referir que nem todas as objectivas do mercado são suportadas pela função Enable Profile Corrections, embora a lista de perfis disponibilizados seja bastante extensa[157]. E, mesmo admitindo que existe o perfil para a objectiva usada, também se pode dar o caso de o resultado não ser satisfatório, situação em que se deve recorrer a dois ponteiros de ajuste – Distortion e Vignetting –, cujos valores variam entre 0 (ajuste nulo) e 200 (ajuste máximo), sendo 100 o valor definido por omissão. Deve ainda sublinhar-se que as aberrações cromáticas não são corrigidas pelos perfis, obrigando a recorrer ao modo de funcionamento Color, o qual será abordado posteriormente, como parte dos ajustes de nível *avançado*.

Veja-se uma fotografia que beneficiou de uma correcção realizada automaticamente por um perfil.

Legenda: Interface da secção Lens Corrections no Lr (à esquerda) e no ACR (à direita), em ambos os casos definida no modo de funcionamento Profile.

---

[157] Consultar *http://helpx.adobe.com/x-productkb/multi/lens-profile-support-lightroom-4.html* para tomar conhecimento da lista de equipamentos suportados.

USAR PERFIS DE CORRECÇÃO

01. Na secção Lens Corrections activou-se Enable Profile Corrections, pertencente ao modo de funcionamento Profile (assinalado a vermelho). Automaticamente, a marca (Make) e o modelo (Model) da objectiva usada para registar a imagem foram identificados, sendo aplicados os ajustes contidos no perfil (Profile) existente para esta óptica (assinalados a verde). A distorção em barril foi moderadamente corrigida (o que resultou num arco central mais 'pontiagudo') e a vinhetagem minimizada (as zonas assinaladas a azul na imagem da esquerda surgem agora mais claras na imagem da direita). Neste caso não foi necessário, mas poder-se-ia ter usado os ponteiros Distortion e Vignetting (assinalados a roxo) para efectuar, respectivamente, um ajuste mais minucioso das distorções ou da vinhetagem.

02. A título demonstrativo, activou-se o modo de visualização 3:1 e seleccionou-se uma parte da fotografia que ficasse próxima dos cantos e com elementos contrastantes (assinalada a roxo). Sem surpresa, verificou-se que as aberrações cromáticas continuam presentes, sob a forma de linhas verdes (assinaladas a verde) e vermelhas (assinaladas a vermelho), mostrando que os perfis de correcção não actuam ao nível deste problema óptico e que será preciso tomar outras medidas, como se verá no próximo subcapítulo.

REDEFINA UM PERFIL DE CORRECÇÃO EXISTENTE

Quando são definidos valores diferentes dos estabelecidos por omissão nos ponteiros de ajuste Distortion e Vignetting, estes podem ser gravados por cima do respectivo perfil original, bastando escolher a opção Save New Lens Profile Defaults em Setup. Caso se pretenda repor os valores originais, deve escolher-se a opção Reset Lens Profile Defaults que entretanto estará disponível em Setup.

ESCOLHA OUTRO PERFIL DE CORRECÇÃO

Quando a objectiva apropriada não for identificada automaticamente pela função Enable Profile Corrections ou quando se pretende usar um perfil já existente como ponto de partida para a correcção de problemas numa objectiva não listada, é possível seleccionar manualmente a marca e modelo de objectiva pretendidos. Para tal, basta clicar em Make e Model em Lens Profile.

AVANÇADO

Por vezes, os perfis de correcção são subtis nos ajustes aplicados, não resolvendo integralmente os problemas ópticos relacionados com as distorções em almofada e em barril, ou com vinhetagem. Adicionalmente, os perfis não fornecem uma solução para corrigir as aberrações cromáticas e franjas de cor, nem para efectuar alterações de perspectiva.

Assim, quando se pretende um maior controlo sobre as correcções a aplicar, deverão escolher-se os modos de funcionamento Color e/ou Manual da secção Lens Corrections, os quais disponibilizam um vasto leque de ferramentas e ajustes.

 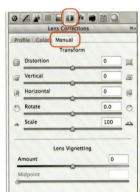

Legenda: Interface da secção Lens Corrections no Lr e no ACR, activando os modos de funcionamento Color (à esquerda) ou Manual (à direita). Dependendo do modo seleccionado, uma vasta panóplia de ferramentas e ajustes ficam à disposição para corrigir múltiplos problemas ópticos.

Para além das ferramentas existentes em Lens Corrections, como se verá ao longo dos próximos subcapítulos, poderá justificar-se o uso complementar de ferramentas já abordadas noutros contextos, nomeadamente a Adjustment Brush. Assim, de um modo progressivo, serão identificadas todas as soluções, demonstrando quais as mais eficazes para lidar com cada problema óptico específico.

Aberrações cromáticas e franjas de cor
(Lens Corrections – Color)
Na sequência do que foi referido anteriormente, para remover de forma eficaz as aberrações cromáticas e as franjas de cor, é vital recorrer às ferramentas existentes no modo de funcionamento Color da secção Lens Correction.

Para que os resultados obtidos sejam os melhores possíveis, importa percorrer as várias opções de forma faseada e sequencial, avaliando visualmente quais os ajustes necessários em cada caso específico. O exemplo seguinte mostra a melhor abordagem possível para a imagem em questão, aproveitando-se para explicar a natureza e modo de funcionamento de cada ajuste.

ELIMINAR ABERRAÇÕES CROMÁTICAS E MINIMIZAR FRANJAS DE COR

01. No modo de funcionamento Profile em Lens Corrections, activou-se a função Enable Profile Corrections (assinalado a vermelho), o que resolveu com sucesso alguma da distorção em barril e vinhetagem existentes na imagem original (a da esquerda). Embora o resultado seja bom (imagem da direita), já se referiu anteriormente que os perfis de correcção não eliminam as aberrações cromáticas, as quais seguramente estarão presentes no canto superior direito da imagem, onde existe um fortíssimo contraste entre as folhagem e o céu branco (assinalado a azul).

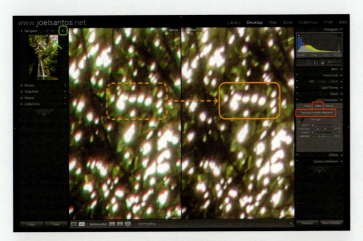

02. Para ter uma boa percepção da presença de aberrações cromáticas, activou-se o modo de visualização 4:1 e navegou-se até ao canto superior direito da imagem (assinalado a verde). Como fica patente na imagem original (a da direita), existe uma forte presença de aberrações cromáticas vermelhas e verdes. Para as eliminar, passou-se para o modo Color em Lens Corrections e activou-se a função Remove Chromatic Aberration (assinalado a vermelho). Como se pode constatar através do resultado (imagem a direita), com apenas um clique as aberrações cromáticas foram suprimidas, mas agora ficou exposto outro problema que carece de resolução, designadamente as franjas de cor arroxeadas nos contornos da folhagem (assinalado a laranja).

03. Para conseguir lidar com o problema das franjas de cor arroxeadas com máxima precisão, passou-se para o modo de visualização 8:1 e permaneceu-se na mesma zona da imagem. Depois, concentrou-se a atenção nos ajustes disponibilizados pela ferramenta Defringe (assinalados a vermelho), entre os quais os referentes aos dois ponteiros Amount – um com o fundo da barra a roxo e outro com o fundo da barra a verde. Sendo as franjas de cor arroxeadas, então a escolha recaiu no ponteiro Amount cujo fundo da barra é roxo, através do qual se definiu um ajuste de 8, o suficiente para eliminar por completo a franja de cor arroxeada (assinalado a azul). Contudo, note-se que ainda subsiste um último problema, já que está presente uma auréola alaranjada nos contornos da folhagem.

04. Para solucionar a presença da auréola alaranjada (assinalada a azul), um efeito secundário da remoção da franja de cor arroxeada no passo anterior, foi preciso recorrer ao ajuste Purple, onde estão presentes dois ponteiros Hue (assinalados a vermelho). Em termos práticos, este ajuste permite modificar a matiz da cor roxo, como aliás deixa antever o fundo da barra, o qual começa em azul, passa pelo roxo e termina em laranja. Assim, sabendo que a auréola é alaranjada, moveu-se o ponteiro da direita para o lado direito (pois é este o lado cujo fundo da barra é, também, laranja), definindo um ajuste de 30/95. Deste modo, eliminou-se por completo qualquer tipo de franjas de cor, deixando os contornos da vegetação absolutamente perfeitos.

[158] Existem outras ferramentas que oferecem modos de visualização alternativos, tal como a Sharpening. Ver **Ajuste da Nitidez (Sharpening)**, p. 173.

Para eliminar eficazmente as aberrações cromáticas e as franjas de cor, sem dúvida que a abordagem visual/manual que se mostrou até ao momento é a mais aconselhável. Ainda assim, para a tornar mais contundente, é possível recorrer a modos de visualização alternativos[158], bastando deixar pressionada a tecla Alt enquanto se movem os ponteiros de ajuste da ferramenta Defringe. Veja-se um caso exemplificativo, recorrendo, mais uma vez, à mesma fotografia que tem vindo a ser utilizada.

MINIMIZAR FRANJAS DE COR USANDO O MODO DE VISUALIZAÇÃO ALTERNATIVO

01. Sempre no modo de visualização 8:1 e na mesma zona da fotografia, ao deixar a tecla Alt pressionada enquanto se clicava e movia o ponteiro Amount (cujo fundo da barra é roxo), foi activado um modo de visualização alternativo. Através deste, como mostra a imagem original (a da esquerda), fica evidente que as franjas de cor são arroxeadas. Já o resultado (imagem da direita), mostra como as franjas de cor foram sendo cobertas a negro à medida que se movia o ponteiro Amount (cujo fundo da barra é roxo), sinónimo de que estavam a ser eliminadas. De acordo com o que já se viu no passo 03 do exemplo anterior, com um ajuste de 8 em Amount o problema ficou solucionado, tal como deixa antever este modo de visualização alternativo.

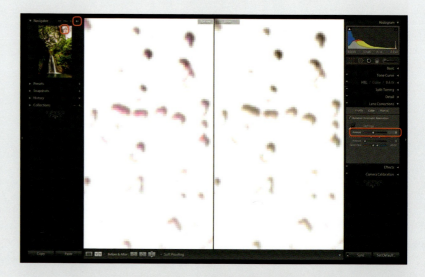

02. Sem nunca deixar de pressionar a tecla Alt, desta vez clicou-se no ponteiro Purple Hue, activando dessa forma outro dos modos de visualização alternativos da ferramenta Defringe. Analisando a fotografia original (imagem da esquerda), verifica-se que surgem manchas a negro (franjas de cor já resolvidas) e manchas alaranjadas (franjas de cor por resolver). Assim, como mostra o resultado (imagem da direita), à medida que o ponteiro da direita em Purple Hue foi movido para a direita (zona onde o fundo da barra é alaranjado), as manchas de cor alaranjadas foram sendo cobertas por manchas negras. Quando se atingiu o ajuste 30/95 em Purple Hue, o mesmo que foi aplicado no passo 04 do exemplo anterior, todas as franjas de cor subsistentes foram eliminadas. Para concluir o processo, basta deixar de pressionar a tecla Alt e, de imediato, se regressará ao modo de visualização habitual.

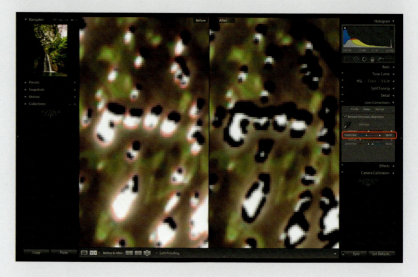

NÃO USE AJUSTES EXCESSIVOS/DESNECESSÁRIOS PARA ELIMINAR AS FRANJAS DE COR

Na fotografia da cascata rodeada por vegetação usada como exemplo para eliminar as aberrações cromáticas e as franjas de cor, não se chegou a usar o ajuste Amount cujo fundo da barra é verde, nem o ajuste Green Hue, pois não existiam quaisquer franjas de cor com essa matiz. Na verdade, qualquer ajuste dessa natureza, especialmente se envolvesse mover o ponteiro esquerdo de Green Hue para a esquerda (zona em que o fundo da barra é amarelo), iria afectar gravemente a cor da vegetação, pois o algoritmo desta ferramenta iria dessaturar o verde nos contornos da folhagem para eliminar as supostas franjas de cor esverdeadas. A imagem seguinte mostra esse efeito indesejado.

Legenda: A título exemplificativo, aplicou-se um ajuste de 12 no ponteiro Amount cujo fundo da barra é verde, seguido de um ajuste de 9/60 no ponteiro Green Hue (assinalado a vermelho). Esta combinação mostrou-se altamente perversa para os contornos mais finos da vegetação, dessaturando-os por completo. Visto que a generalidade da vegetação não seria afectada por este ajuste, apenas o modo de visualização de 8:1 permitiu detectar este problema.

EVITE USAR A PIPETA DA FERRAMENTA DEFRINGE

A ferramenta Defringe, presente no modo de funcionamento Color da secção Lens Correction, oferece a possibilidade de usar uma pipeta para colher uma amostra de cor numa zona com franjas de cor. Para tal, basta clicar no ícone com uma pipeta e, com a imagem no modo de visualização 4:1 ou 8:1, percorrer a imagem até encontrar uma franja de cor. Ao passar por cima desta última, a ponta da pipeta aparecerá tingida de verde ou de roxo, dando a entender a natureza da franja de cor identificada. Por fim, resta clicar sobre essa zona e, automaticamente, os ponteiros de ajuste em Defringe assumirão os valores que o automatismo julga serem ideais para eliminar as franjas de cor. Todavia, apesar desta abordagem parecer a mais desejável, na prática ela raramente oferece os melhores resultados, pois define ajustes que, caso se tivesse optado por uma abordagem visual/manual, raramente seriam uma primeira escolha. Fazendo uso da mesma fotografia que tem servido de exemplo, a imagem seguinte ilustra como a utilização da pipeta ofereceu um resultado indesejado.

Legenda: O uso da pipeta (assinalada a vermelho) sobre uma zona com franjas de cor (assinalada a roxo) conduziu a uma combinação de ajustes em Defringe (assinalados a azul) que estão longe de serem os mais indicados. Isto porque, como mostra o resultado (imagem da direita), não só a folhagem ficou dessaturada, como também as franjas de cor arroxeadas não chegaram a ser eliminadas.

Pincéis de ajuste (Adjustment Brush) – Eliminação das franjas de cor (Defringe)

Apesar de o modo de funcionamento Color da secção Lens Correction fornecer um conjunto de ajustes suficientemente eficaz para resolver a esmagadora maioria dos problemas ópticos relacionados com as aberrações cromáticas e/ou franjas de cor, existirão situações pontuais em que será necessário trabalhar de uma forma mais localizada e incisiva.

Nestes casos, é possível recorrer à ferramenta Adjustment Brush, já abordada noutros subcapítulos cuja leitura se recomenda[159], nomeadamente através do seu ajuste Defringe. Valores negativos anulam as correcções já efectuadas ao nível das franjas de cor, nomeadamente as efectuadas através da secção Lens Corrections, enquanto valores positivos eliminam a presença de franjas de cor.

Em determinadas situações, os ajustes globais revelam-se manifestamente insuficientes, subsistindo aberrações cromáticas apesar de todos os esforços efectuados através da função Remove Chromatic Aberration em Lens Corrections. Adicionalmente, sobretudo quando a imagem é rica em cores idênticas às das próprias franjas de cor, os ajustes aplicados na ferramenta Defringe em Lens Corrections poderão comprometer a reprodução de cor em alguns motivos presentes na fotografia. Considerando estas duas razões, por vezes justifica-se o recurso à ferramenta Adjustment Brush, particularmente através de ajustes positivos em Defringe (ponteiro para a direita). A fotografia seguinte ilustra como é que este processo poderá ser conduzido.

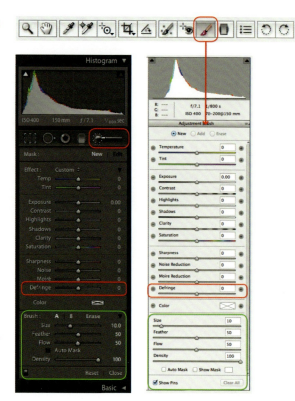

Legenda: Ferramenta Adjustment Brush nas interfaces do Lr e do ACR, estando assinalado o ajuste Defringe e os parâmetros que controlam a sua aplicação.

[159] Ver **Ajuste da Exposição, Pincéis de Ajuste (Adjustment Brush)**, p. 145.

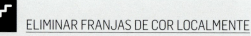

ELIMINAR FRANJAS DE COR LOCALMENTE

01. Para melhor avaliar a presença de aberrações cromáticas, activou-se o modo de visualização de 4:1 e, usando a secção Navigator, percorreu-se a imagem até uma zona de alto contraste (assinalada a verde), tendo sido identificadas aberrações cromáticas nas arestas das estacas de madeira e em alguns contornos do céu. De facto, analisando em detalhe a imagem original (a da esquerda), verifica-se que existe uma linha vermelha em torno da parte superior da estaca e na transição das nuvens, bem como uma ténue linha azulada do lado esquerdo. A solução óbvia passou por activar a já conhecida função Remove Chromatic Aberration (assinalada a roxo), a qual eliminou as aberrações cromáticas azuis (assinalado a azul), mas falhou na correcção das vermelhas (assinalado a vermelho), como evidencia o resultado (imagem da direita). Note-se que todas as tentativas de resolver o problema através da ferramenta Defringe em Lens Corrections não só falharam, como prejudicavam gravemente a reprodução de cor na porção de céu alaranjado.

Correcção de problemas ópticos | 229

02. Para eliminar definitivamente as aberrações cromáticas, activou-se a ferramenta Adjustment Brush, definindo valores em Size (8), Feather (0), Flow (70) e Density (100) adequados ao motivo em questão (assinalados a roxo). De seguida, visto que se desejava remover uma forte aberração cromática, estabeleceu-se um ajuste de +100 em Defringe (assinalado a laranja), 'pintando' depois com grande rigor por cima da linha vermelha em torno da estaca e do contorno da nuvem. Como mostra o resultado (imagem da direita), esta acção foi bem sucedida e restaria fazer o mesmo nas outras zonas por corrigir. Para concluir o processo, bastou clicar em Done (assinalado a verde).

Apesar de o ajuste Defringe também estar disponível através da ferramenta Graduated Filtre, já sobejamente abordada noutros subcapítulos cuja leitura é aconselhável[160], esta não será uma solução muito frequente para eliminar aberrações cromáticas e/ou franjas de cor. Isto porque a ferramenta Graduated Filtre tem uma área de acção demasiado generalizada e linear, não oferecendo a flexibilidade dos ajustes oferecidos no modo de funcionamento Color da secção Lens Corrections, especialmente quando conjugados com a precisão cirúrgica do ajuste Defringe da ferramenta Adjustment Brush. Por esta razão, não será exemplificado um ajuste com base na ferramenta Graduated Filtre, até porque o resultado seria previsível.

Correcção das distorções
(Lens Corrections – Transform – Distortion)

Como se viu anteriormente, os perfis de correcção actuam ao nível das distorções de forma parametrizada, ou seja, de acordo com a objectiva usada e as suas características específicas. Todavia, não só é de esperar que não existam perfis para todas as objectivas do mercado, como também existirão casos em que as distorções em barril e em almofada requerem uma abordagem mais incisiva e personalizada para serem completamente eliminadas (ou, se existir um objectivo criativo, exageradas).

Assim, para corrigir as distorções ópticas, a ferramenta Transform, presente na secção Lens Corrections, possui o ajuste Distortion, sendo que valores positivos corrigem as distorções em barril e os valores negativos as distorções em almofada.

CONSIDERE DEFINIR VALORES NEGATIVOS NO AJUSTE DEFRINGE DA FERRAMENTA ADJUSTMENT BRUSH

Tipicamente, a criação de um pincel de ajuste para uma correcção *local* das franjas de cor deverá ocorrer depois de se ter usado a ferramenta Defringe da secção Lens Correction para uma correcção *global* das franjas de cor, pois já se constatou que esta última resolverá a maior parte dos problemas. Todavia, pode dar-se o caso de essas correcções globais serem desejáveis numa grande parte da fotografia, mas comprometerem a reprodução de cor em contornos ou arestas de certos motivos na imagem. Quanto tal acontece, é possível definir valores negativos no ajuste Defringe da ferramenta Adjustment Brush (ponteiro para a esquerda), já que estes têm a particularidade de anular os ajustes efectuados em Defringe via Lens Corrections, recuperando *localmente* um potencial excesso de correcções *globais*.

Legenda: Ajuste Distortion da ferramenta Transform, parte da secção Lens Corrections, nas interfaces do Lr e ACR.

A imagem seguinte ilustra como se pode tirar partido do ajuste Distortion, complementado pelo ajuste Rotate e pela funcionalidade Constrain Crop.

[160] Ver **Ajuste da Exposição, Filtros em gradiente (Graduated Filtre)**, p. 167.

Correcção de problemas ópticos | 231

CORRIGIR DISTORÇÕES ÓPTICAS

01. Uma rápida observação da imagem mostra que esta sofre de uma distorção em barril, já que as traves de madeira laterais estão abauladas para fora, resultado de se ter usado uma objectiva ultra grande-angular definida para uma distância focal de 19 mm. Adicionalmente, a imagem também está inclinada para a esquerda, o que dificulta a futura correcção da distorção identificada, além de prejudicar esteticamente a imagem. Assim, usando o modo de funcionamento Manual em Lens Corrections (assinalado a vermelho), começou-se por rodar a imagem para a direita, movendo o ponteiro de ajuste Rotate nesse mesmo sentido. Neste caso, usando as linhas de guia fornecidas nativamente pela ferramenta, um ajuste de +1.0 em Rotate corrigiu totalmente a inclinação da imagem (assinalado a verde).

02. Para corrigir a distorção em barril presente na fotografia original (imagem da esquerda), aplicou-se um ajuste de +40 em Distortion (assinalado a vermelho), o valor que tornou as traves de madeira paralelas às linhas de guia (imagem da direita). Repare-se que esta correcção foi conseguida 'apertando' os lados da fotografia para o centro, criando as zonas cinzentas e sem informação nas partes laterais da imagem (assinaladas a azul).

03. Para descartar as zonas sem informação identificadas no passo anterior, seria possível recorrer à ferramenta Crop[161], mas optou-se por usar a funcionalidade Constrain Crop incluída em Lens Corrections (assinalada a vermelho). Uma vez activada, esta recortou automaticamente a imagem, eliminando as partes excedentárias e vazias (imagem da direita). A título de curiosidade, a imagem da esquerda corresponde à original, mas com um recorte idêntico à da versão corrigida, razão pela qual parece ter menos elementos visíveis (contudo, recorde-se que o enquadramento original é o que foi mostrado no passo 01).

[161] Ver **Reenquadrar a imagem (Crop)**, p. 76.

USE A FERRAMENTA CROP PARA REFINAR OS RESULTADOS OBTIDOS COM A FUNÇÃO CONSTRAIN TO CROP

A função Constrain to Crop consegue efectuar um recorte automático da imagem que, regra geral, maximiza da melhor forma a sua área útil. No entanto, dependendo dos motivos que esteticamente são mais relevantes para o enquadramento, existirão situações em que se justificará mover a área de recorte para outras zonas da área de imagem útil. Nesses casos, a única solução será recorrer à ferramenta Crop, onde se poderá averiguar detalhadamente o que é que a função Constrain to Crop (agora com a designação de Constrain To Warp) realmente fez e, em função dessa análise, realizar outro reenquadramento.

Legenda: Depois de efectuados todos os ajustes considerados necessários na ferramenta Tranform em Lens Corrections, activou-se a função Constrain to Crop (assinalado a vermelho). Contudo, o recorte automático não correspondia ao desejado (era horizontal), pelo que se recorreu à ferramenta Crop (assinalada a verde). Nesta, sem surpresa, estava activada a função Constrain To Warp (assinalada a azul), mas tal não impediu de 'desenhar' uma área de recorte vertical, optando por um reenquadramento completamente diferente do inicial, tal como se pode constatar pela imagem.

Correcção de perspectiva (Lens Corrections – Transform – Vertical/Horizontal)

A alteração do ponto de vista em relação ao motivo fotografado provocará sempre uma alteração da perspectiva, fazendo com que, por exemplo, linhas originalmente paralelas divirjam ou convirjam entre si.

A título exemplificativo, tendo por base um plano vertical, este fenómeno é fácil de visualizar quando se fotografa um edifício ou outra estrutura constituída por linhas verticais paralelas. Neste caso, quanto mais baixo for o ponto de vista adoptado relativamente ao motivo, maior será a percepção de afastamento das linhas na base e de convergência na extremidade mais distante. Fotograficamente, esta situação é muito comum, pois muitos motivos arquitectónicos elevam-se vários metros acima do ponto de vista do fotógrafo, que frequentemente se encontra ao nível do solo.

Legenda: Alterações de perspectiva vertical

Mantendo o exemplo de um motivo arquitectónico, as alterações de perspectiva também se manifestam nas suas linhas horizontais e na proporcionalidade dos elementos em cada um dos lados da imagem, nomeadamente quando é adoptado um ponto de vista oblíquo (ou seja, não perpendicular) face ao motivo.

Para alterar a perspectiva vertical e/ou horizontal de uma imagem, a ferramenta Transform, presente na secção Lens Corrections, oferece os ajustes Vertical e Horizontal respectivamente, os quais podem ser complementados pelos ajustes Rotate (valores negativos rodam a imagem para a esquerda e positivos para a direita) e Scale (valores maiores do que 100 ampliam a imagem, enquanto valores menores do que 100 a diminuem). Por fim, a opção Constrain Crop permite recortar automaticamente as partes excedentárias da imagem, sem necessidade imediata de recorrer à ferramenta Crop[162].

Veja-se um exemplo de como é possível redefinir a perspectiva de uma fotografia, operando transformações radicais face ao registo original, mas também revelando os sacrifícios inerentes a esse processo.

Legenda: Alterações de perspectiva horizontal

ORIGINAL

Legenda: Ajustes Vertical e Horizontal da ferramenta Transform, presente na secção Lens Corrections, nas interfaces do Lr e ACR.

[162] Ver **Reenquadrar a imagem (Crop)**, p. 76.

CORRECÇÃO DA PERSPECTIVA

01. Para alterar a perspectiva vertical da fotografia original (imagem da esquerda), moveu-se lentamente o ponteiro de ajuste Vertical para a esquerda, procurando o momento em que as colunas em primeiro plano ficassem paralelas às linhas de guia fornecidas nativamente pela ferramenta Lens Corrections, o que aconteceu quando se atingiu o valor -56 (assinalado a vermelho). Note-se que este processo fez com que a imagem fosse 'esticada' na parte superior (fazendo desaparecer elementos do enquadramento, como a viga horizontal no topo (assinalada a azul). Adicionalmente, a parte inferior foi 'encolhida', criando um 'vazio' de informação que surge representado a cinzento (assinalado a verde). Por esta razão, sempre que se fotografar com a intenção de alterar uma perspectiva em pós-produção, é vital enquadrar de forma a ter em conta os cortes que serão necessários.

02. Ao alterar a perspectiva, tornou-se perceptível uma ligeira inclinação da imagem para a direita. Para corrigir a pequena obliquidade das colunas moveu-se o ponteiro de ajuste Rotate para a esquerda, rodando a imagem para esse mesmo lado. Novamente, recorreu-se às linhas de guia para aferir o melhor ajuste, neste caso -0.9 (assinalado a vermelho).

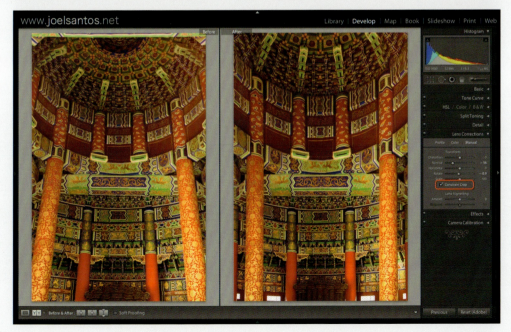

03. Para eliminar as partes sem informação da imagem que sofreu uma alteração de perspectiva, activou-se a opção Constrain Crop (assinalado a vermelho), a qual eliminou automaticamente as zonas irrelevantes, obtendo-se o resultado mostrado na imagem da direita. A imagem da esquerda mostra a imagem sem a alteração de perspectiva, mas com o mesmo recorte da versão corrigida, razão pela qual, de forma ilusória, aparenta ter menos elementos na base das colunas laterais do que a versão corrigida — uma impossibilidade, claro. Assim, para referência, importa relembrar que o enquadramento original é o do passo 01.

04. Ao efectuar o recorte da imagem e tirando partido das linhas de guia ficou patente um ligeiro desvio da perspectiva horizontal, denunciada pelo desalinhamento dos topos das colunas laterais (assinalado a azul). Assim, moveu-se o ponteiro de ajuste Horizontal para a esquerda até atingir o valor -5 (assinalado a vermelho), simulando em pós-produção os efeitos que um pequeníssimo passo para a direita teria tido na alteração de perspectiva.

05. Por fim, para eliminar a presença das colunas vermelhas tangentes à parte de baixo do enquadramento (assinaladas a verde na imagem da esquerda), moveu-se o ponteiro de ajuste Scale, provocando uma ampliação da imagem. Neste caso, com um ajuste de 105 (assinalado a vermelho) foi possível descartar as partes pretendidas, sem necessidade de recorrer directamente à ferramenta Crop[163], embora também se tenham eliminado outras áreas (alguns exemplos assinalados a azul).

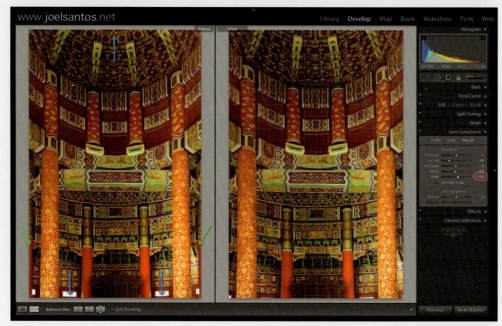

[163] Ver **Reenquadrar a imagem (Crop)**, p. 76.

Correcção da vinhetagem (Lens Corrections – Lens Vignetting e Effects – Post-Crop Vignetting)

Caso uma fotografia exiba vinhetagem, a ferramenta Lens Vignetting, localizada na secção Lens Corrections, constitui uma das formas de a resolver, nomeadamente através dos seus dois ajustes: Amount e Midpoint. O primeiro define a intensidade da correcção, sendo que valores de ajuste positivos clareiam os cantos da imagem (reduzindo dessa forma a vinhetagem) e os negativos escurecem-nos (aumentando a vinhetagem). O segundo determina a área de acção da ferramenta, sendo que valores acima de 50 (definido por omissão) concentram o ajuste nas extremidades da imagem, enquanto valores abaixo de 50 expandem o 'círculo' de clareamento/escurecimento até ao centro da imagem.

Legenda: Ajustes Amount e Midpoint da ferramenta Lens Vignetting, ambos integrados na secção Lens Corrections, nas interfaces do Lr e ACR.

O exemplo seguinte mostra uma imagem cujos cantos surgem escurecidos, algo bastante comum quando se utiliza uma objectiva ultra grande-angular. Veja-se como a ferramenta Lens Vignetting pode ser usada para eliminar este problema.

Legenda: Para eliminar a vinhetagem, ou seja, para reduzir o escurecimento dos cantos da imagem (assinalados a verde), definiu-se um ajuste de +20 em Amount. Adicionalmente, modificou-se o ajuste definido por omissão em Midpoint, alterando-o de 50 para 40, aumento dessa forma o raio de acção da ferramenta Lens Vignetting (assinalado a vermelho).

USE A FERRAMENTA LENS VIGNETTING PARA ESCURECER OS CANTOS DA IMAGEM

Legenda: Com o intuito de aumentar a vinhetagem na imagem original (a da esquerda), definiu-se um ajuste negativo em Amount, mais concretamente -25. Depois, para expandir o raio de acção da ferramenta Lens Vignetting praticamente até ao centro da imagem, definiu-se um valor de 18 em Midpoint. Repare-se como o senhor presente na imagem final (à direita) ganha um maior destaque e tridimensionalidade.

De um ponto de vista criativo, a vinhetagem nem sempre é considerada como um problema, existindo circunstâncias em que acentuar a sua presença é desejável. De facto, ao escurecer os cantos da imagem, o centro da mesma passa a ser a parte mais luminosa, fazendo com que o olhar se concentre nessa área. Assim, nas fotografias em que o motivo principal esteja posicionado no centro da imagem, a mensagem visual poderá sair reforçada por este problema óptico, que poderá ser fortalecido em pós-produção, nomeadamente através da ferramenta Lens Vignetting, como mostra a imagem escolhida para exemplo.

USE A FERRAMENTA POST-CROP VIGNETTING

A ferramenta Lens Vignetting funciona sempre sobre a área original da imagem. Assim, quando se recorta[164] a imagem de forma mais notória, corre-se o risco de também deixar de fora os ajustes efectuados em Lens Vignetting, já que estes não 'transitam' para a foto reenquadrada. Assim, para se poder ajustar a vinhetagem quando uma imagem tiver sido recortada, a ferramenta de eleição deverá ser a Post-Crop Vignetting, presente na secção Effects.

cantos, enquanto valores positivos servem para os clarear), momento a partir do qual outros quatro ajustes ficam disponíveis, tornando possível um controlo minucioso da vinhetagem: Midpoint (raio de acção da ferramenta, tal como se viu na ferramenta Lens Vignetting), Roundness (efeito mais arredondado – valores positivos – ou mais rectangular – valores negativos), Feather (extremidades do efeito mais suavizadas – valores superiores a 50 – ou mais abruptas – valores inferiores a 50) e Highlights (este ajuste só está disponível em Highlight Priority e Color Priority, permitindo preservar o contraste das altas luzes quando são definidos valores negativos em Amount).

Legenda: Interface da ferramenta Post-Crop Vignetting, presente na secção Effects, nas interfaces do Lr e ACR.

Legenda: Para obter o efeito de vinhetagem patente na imagem final (a da direita), foi seleccionado Highlight Priority, na opção Style da ferramenta Post-Crop Vignetting (assinalada a vermelho). Depois, definiu-se -31 em Amount, 38 em Midpoint, -12 em Roundness, 50 em Feather e 0 em Highlights (assinalado a verde). Note-se que esta ferramenta também poderia ter sido usada para eliminar a vinhetagem (ou seja, para clarear os cantos da imagem).

Antes de aplicar qualquer ajuste, é possível seleccionar o estilo (Style) de actuação da ferramenta: Highlight Priority (permite a recuperação de informação sobreexposta nas altas luzes, embora possa conduzir a desvios de cor nas partes escurecidas), Color Priority (minimiza os desvios de cor nas áreas escurecidas da imagem, mas não recupera informação nas altas luzes) e Paint Overlay (usa píxeis negros/brancos para clarear/escurecer os cantos da imagem, sem recuperar altas luzes ou minimizar desvios de cor). Depois de escolhido o estilo, deverá começar-se por definir um ajuste em Amount (valores negativos escurecem os

[164] Ver **Reenquadrar a imagem (Crop)**, p. 76.

REDUZA A VINHETAGEM DIMINUINDO A ABERTURA DO DIAFRAGMA

A vinhetagem óptica tende a ser mais notória na máxima abertura de diafragma permitida pela objectiva (valores de f/ baixos), mas é reduzida à medida que se utilizam aberturas progressivamente mais pequenas (valores de f/ grandes), muitas vezes bastando uma variação de 2 stops para o conseguir (passando, por exemplo, de f/2.8 para f/5.6 ou de f/4 para f/8). Contudo, é preciso avaliar se esta solução não prejudica outros propósitos técnicos ou criativos, já que uma diminuição da abertura conduz a um aumento da profundidade de campo (mantendo a distância focal e distância de focagem constantes) e/ou a uma redução das velocidades de obturação (mantendo a sensibilidade ISO constante e admitindo que não se está a usar o modo de exposição Manual)[165].

[165] Consultar o livro **FOTOGRAFIA – Luz, Exposição, Composição, Equipamento e Dicas para Fotografar em Portugal** para saber mais sobre a abertura do diafragma, velocidade de obturação, sensibilidade ISO, modo de exposição Manual, profundidade de campo, distância focal e distância de focagem. Informação acerca das obras relacionadas com fotografia em http://www.centroatlantico.pt/fotografia/.
[166] Ver **Exportação das imagens (Export)**, p. 309.

 USE O INTERRUPTOR DA FERRAMENTA LENS CORRECTIONS OU EFFECTS

Uma forma de activar ou desactivar os ajustes aplicados em Lens Corrections (simultaneamente nos modos de funcionamento Profile, Color e Manual) ou em Effects (Post-Crop Vignetting) consiste em clicar no pequeno interruptor posicionado no canto superior esquerdo destas secções. Ao fazê-lo não afecta os ajustes feitos em outras ferramentas e, caso exporte[166] a imagem com o interruptor 'desligado', os ajustes em Lens Corrections e/ou Effects não serão considerados.

  LENS CORRECTION

A ferramenta Lens Correction (Filter ▸ Lens Correction..) do Ps pode funcionar de forma idêntica à Lens Corrections do Lr e ACR. Todavia, será sempre preferível corrigir os problemas ópticos (distorções, vinhetagem e aberrações cromáticas) no Lr ou ACR, antes da conversão do ficheiro RAW ter sido efectuada.

Correcção do padrão Moiré

O padrão 'Moiré' ocorre em fotografia digital quando o motivo fotografado possui detalhes repetitivos (linhas, pontos, ou outros) numa quantidade que excede a resolução do sensor da câmara fotográfica e, também, devido à forma como a luz chega ao sensor e como este último a interpreta através do filtro de Bayer[167]. Deste modo, sob determinadas circunstâncias, poderá surgir um padrão ondulado, o qual pode ser de crominância ou luminância, cobrindo parcial ou totalmente a imagem.

Legenda: Exemplo da presença do padrão 'Moiré', traduzido pela presença de linhas/bandas ondulantes e coloridas ao longo da imagem. Neste caso, o padrão de Moiré surgiu quando se fotografou com uma câmara compacta o ecrã LCD de um computador portátil, o qual estava exibir uma fotografia com um pormenor de um garfo contra uma mesa metálica. Importa notar que o padrão de Moiré não se deve às formas do garfo ou mesa, mas sim à presença de um padrão repetitivo insuspeito: os pontos/píxeis que compõem o ecrã LCD (vários milhares de pontos de luz numa pequena área, dispostos de forma repetitiva). Foi a forma como a luz do ecrã LCD chegou ao sensor da câmara e a disposição repetitiva dos pontos que o compõem que criaram o padrão Moiré.

[167] Mais sobre o filtro de Bayer e outros em http://en.wikipedia.org/wiki/Bayer_filter

Uma particularidade do padrão Moiré é que este é frequentemente gerado por objectos ou motivos do nosso quotidiano, nomeadamente por alguns tipos de tecido, detalhes padronizados existentes num edifício ou ecrãs de televisão. É por esta razão que o padrão Moiré pode surgir mais frequentemente do que se desejaria, particularmente em fotografia de moda, arquitectura ou interiores, comprometendo seriamente a qualidade de imagem.

Embora o padrão Moiré seja bastante complexo e, à partida, pareça impossível de resolver, como se verá adiante o Lr e o ACR possuem ferramentas que conseguem *reduzir* a presença deste fenómeno. E foi empregue a palavra *reduzir* e não o termo *eliminar*, porque essas ferramentas são muito eficazes na remoção das bandas coloridas (Moiré de crominância), mas, muito frequentemente, não conseguem eliminar certos artefactos ou padrões luminosos (Moiré de luminância).

Pincéis de ajuste (Adjustment Brush) e Filtros em Gradiente (Graduated Filtre) – Correcção do Padrão Moiré (Moiré)

Para reduzir a presença do padrão de Moiré numa imagem, é possível contar com o ajuste convenientemente denominado de Moiré, o qual se encontra quer na ferramenta Adjustment Brush, quer na ferramenta Graduated Filtre. Ajustes positivos (ponteiro para a direita) irão reduzir o padrão Moiré, enquanto ajustes negativos (ponteiro para a esquerda) servem estritamente para anular algum ajuste positivo anteriormente efectuado (via Adjustment Brush ou Graduated Filtre).

As imagens seguintes irão demonstrar não só a presença do efeito Moiré, mas também exemplificar como é que este pode ser reduzido, tirando partido das especificidades das ferramentas Adjustment Brush e Graduated Filtre.

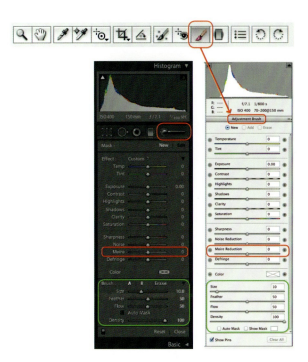

Legenda: Ferramenta Adjustment Brush nas interfaces do Lr e do ACR, estando assinalado o ajuste Moiré e os parâmetros que controlam a sua aplicação.
<<

Legenda: Ferramenta Graduated Filtre nas interfaces do Lr e do ACR, estando assinalado o ajuste Moiré.
>>

CORRECÇÃO DO PADRÃO MOIRÉ

01. Como se pode constatar, o padrão Moiré domina a maior parte das superfícies planas na imagem, manifestando-se sob a forma de bandas coloridas (alguns exemplos notórios assinalados a vermelho). Recorde-se que esta imagem corresponde à fotografia de um ecrã LCD de um portátil, o qual, por sua vez, estava a exibir uma imagem macro de um garfo contra um fundo de metal.

02. Para dar início ao processo de minimização do padrão Moiré, activou-se a ferramenta Adjustment Brush (assinalada a verde), definindo logo à partida um ajuste de +100 em Moiré (assinalado a azul), sem esquecer de dosear os demais parâmetros da ferramenta (assinalado a roxo). Depois, para ter uma noção exacta sobre quais os locais a 'pintar' esse ajuste, até porque existem partes da imagem que não necessitam de correcção, activou-se a função Show Selected Mask Overlay (assinalada a laranja). As zonas com a máscara a vermelho (imagem da direita) mostram onde a 'pintura' ocorreu.

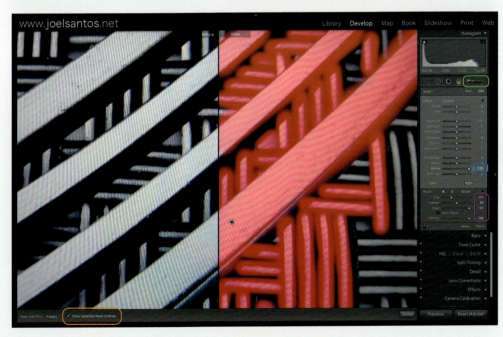

 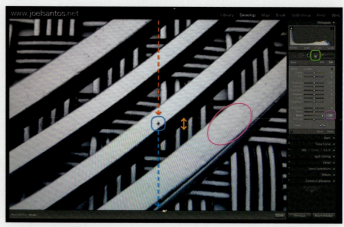

03. Para que a máscara a vermelho não interfira com a avaliação do resultado obtido, desactivou-se a função Show Selected Mask Overlay (assinalada a laranja). Comparando a imagem original (a da esquerda) com a imagem corrigida (a da direita), constata-se a elevada eficácia do ajuste Moiré, sobretudo na eliminação das bandas coloridas, ou seja, do padrão Moiré de Crominância (dois exemplos evidentes assinalados a verde).

04. Como método alternativo ao descrito nos passos anteriores, especialmente quando trabalhar de forma localizada não é imperativo e quando se pretende eliminar o padrão Moiré em toda imagem, a ferramenta Graduated Filtre é a melhor opção (assinalada a verde). Assim, a título exemplificativo, criou-se um filtro em gradiente de cima para baixo, definindo -100 em Moiré (assinalado a roxo) e uma área de transição muito abrupta (assinalada a laranja), baixando-o até meio da imagem (assinalado a vermelho). Sem qualquer dificuldade, percebe-se que a metade superior ficou isenta do padrão Moiré de Crominância, enquanto a metade inferior permanece afectada por este fenómeno (exemplo assinalado a magenta). Como seria de esperar, para corrigir toda a imagem, bastaria 'puxar' o filtro até à base da imagem, clicando e arrastando o círculo a negro (assinalado a azul).

EVITE O PADRÃO MOIRÉ SEGUINDO ALGUMAS SUGESTÕES

A natureza e causas do padrão Moiré já foram abordadas no início do capítulo, tendo ficado explícito que, apesar da eficácia das ferramentas de pós-produção, nem sempre o fenómeno pode ser totalmente eliminado. Assim, importa saber como evitar o padrão Moiré enquanto se fotografa, algo que se pode conseguir seguindo uma ou mais das seguintes indicações:

1. modificar a distância da câmara ao assunto;
2. alterar a distância focal (vulgo zoom);
3. modificar a distância de focagem, procurando focar numa área ligeiramente afastada do local onde o padrão Moiré se manifesta com maior intensidade;
4. alterar o ângulo da câmara em relação ao motivo;
5. diminuir a abertura do diafragma (valores de f/ elevados, como f/11 a f/16), já que esta acção aumentará o fenómeno da difracção, cujo efeito secundário consiste numa redução da resolução, atenuando indirectamente o padrão de Moiré.

Correcção do efeito de olhos vermelhos

Quando se fotografam pessoas recorrendo a um flash, é frequente surgir o efeito de 'olhos vermelhos'. Isto porque o clarão do flash ocorre antes de as pupilas conseguirem reagir e fechar-se, permitindo que a luz passe directamente até ao fundo do globo ocular, o qual reflecte parte dessa luz. Assim, a câmara regista a luz devolvida pelo fundo do globo ocular, uma área particularmente irrigada pelo sangue – daí a cor vermelha.

Este fenómeno ocorre sobretudo em câmaras cuja unidade de flash se encontra muito próxima da objectiva, tal como acontece na maioria das câmaras fotográficas compactas e até mesmo em algumas câmaras reflex. Assim, nos casos em que seja identificado o efeito de 'olhos vermelhos', é possível recorrer à pós-produção para o eliminar, como se exemplificará no subcapítulo seguinte.

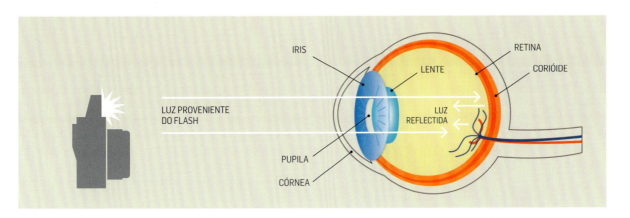

Correcção do efeito de 'olhos vermelhos' (Red Eye Correction)

Para corrigir o efeito de 'olhos vermelhos' existe uma ferramenta dedicada para tal, embora tenha um nome e uma interface ligeiramente distintas no Lr e no ACR.

Legenda: Interface da ferramenta Red Eye Correction no Lr (à esquerda) e da ferramenta Red Eye Removal no ACR (à direita).

Independentemente das diferenças, o modo de funcionamento da ferramenta requer sempre que se clique e arraste o ponteiro do rato do centro para as extremidades do olho (definindo assim a sua dimensão), fazendo com que a zona vermelha do olho seja detectada e corrigida. Posteriormente, esta última poderá ser melhorada minuciosamente através dos ajustes Pupil Size (valores abaixo/acima de 50 reduzem/aumentam a área de acção correspondente à pupila) e Darken (valores abaixo/acima de 50 clareiam/escurecem a zona da pupila).

Para comprovar a eficácia da ferramenta Red Eye Correction, veja-se o caso seguinte.

CORRECÇÃO DO EFEITO DE 'OLHOS VERMELHOS'

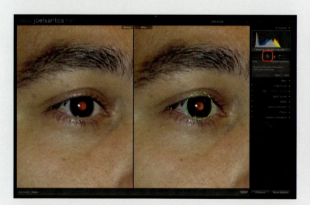

01. Depois de se activar a ferramenta Red Eye Correction (assinalada a vermelho) no painel que fica entre o histograma e a secção Basic, clicou-se no centro do olho e arrastou-se até se desenhar um círculo com uma dimensão superior à da íris, respeitando o formato circular que esta apresenta (assinalado a verde).

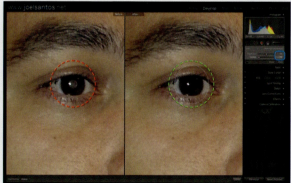

02. Assim que se deixou de clicar sobre o olho, a ferramenta Red Eye Correction eliminou a área vermelha, ficando a pupila preenchida por uma zona cinza-claro (assinalado a vermelho). Visto que esse tom não era consistente com a luminosidade da imagem, definiu-se um ajuste de -100 em Darken (assinalado a azul), escurecendo a pupila até que esta ficasse com um tom mais realista (assinalado a verde).

EVITE O EFEITO DE 'OLHOS VERMELHOS' COM UM FLASH EXTERNO

Existem algumas formas de evitar o efeito de 'olhos vermelhos' sem recorrer à pós-produção. Uma delas é através do uso de um flash externo, já que, regra geral, fica consideravelmente mais afastado da objectiva do que um flash integrado. Adicionalmente, muitos dos flashes externos possuem uma cabeça rotativa, permitindo direccionar a luz emitida para os lados ou para cima, procurando uma iluminação indirecta da pessoa fotografada (por exemplo, reflectindo a luz do flash numa parede ou tecto brancos).

CONSIDERE AS FUNCIONALIDADES DE REDUÇÃO DO EFEITO DE 'OLHOS VERMELHOS'

A maioria das câmaras actuais possui, pelo menos, uma solução para evitar o efeito de 'olhos vermelhos', mesmo que se use o flash integrado. Uma delas passa por activar um modo de flash específico (tipicamente designado de "Redução do Efeito de Olhos Vermelhos"), o qual faz com que seja emitida uma série de clarões antes do clarão definitivo, obrigando a que a pupila se contraia antes do registo final da fotografia. Todavia, este artifício possui desvantagens, já que é bastante desconfortável para as pessoas retratadas, quebra frequentemente a naturalidade das suas expressões e impede que o fotógrafo tenha uma presença discreta. Outra solução, existente apenas em algumas câmaras fotográficas digitais, passa por usar algoritmos de processamento internos, os quais identificam e removem digitalmente os olhos vermelhos. Esta abordagem implica que o ficheiro de imagem seja processado, pelo que, quando a qualidade de imagem é um requisito, também se deve evitar esta solução.

Preto-e-branco

[168] Para construir esta ilustração, foi usado o Ps, através do qual se criaram 4 barras coloridas. Depois, fazendo uma selecção da metade inferior dessas barras com a ferramenta Rectangular Marquee Tool, recorreu-se à ferramenta Black & White do Ps (Image ▶ Adjustments ▶ Black & White) para transformar as cores em tons de cinza. Ter-se-ia obtido o mesmo resultado – ou seja, os tons obtidos a partir de cada cor seriam os mesmos – com a ferramenta Black & White do Lr e ACR. Importa ainda sublinhar que os tons obtidos a partir de cada cor iriam variar se as cores possuíssem uma maior ou menor luminosidade, um pormenor crítico para perceber o funcionamento da ferramenta Black & White que será abordada mais adiante.

Passar uma imagem a cores para preto-e-branco é, ao contrário do que o senso comum nos possa dizer, um processo que não se esgota no simples descartar da cor. De facto, as imagens monocromáticas possuem uma linguagem estética completamente única, obrigando o nosso cérebro, habituado a receber informação a cores do mundo circundante, a deixar de ser atraído (ou distraído) por determinadas cores, passando a concentrar-se exclusivamente na luz e nas formas de uma imagem.

Assim, apesar de a cor não estar presente numa foto a preto-e-branco, ela é indispensável para produzir a melhor imagem monocromática possível. Era assim com a fotografia analógica (usavam-se filtros vermelhos, verdes, entre outros, nas objectivas para aumentar ou reduzir a densidade de alguns tons) e, embora de uma forma ligeiramente diferente, o mesmo se passa com a fotografia digital. De facto, para se dominar a fotografia a preto-e-branco, é fundamental entender os tons em que cada cor se transforma numa imagem monocromática, algo que, numa primeira análise, nem sempre é óbvio. Veja-se o exemplo seguinte.

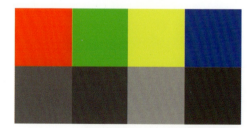

Legenda: Nos quadrados de cima estão presentes quatro cores: vermelho, verde, amarelo, azul. Como nota de curiosidade, o vermelho é a primeira cor que o olho humano vê e o amarelo é a cor mais luminosa, razão pela qual estas cores são tão utilizadas em sinais de trânsito, especialmente como forma de chamar a atenção para o perigo. Talvez de forma surpreendente, quando se passam as cores dos quadrados de cima para os tons de cinza que estão imediatamente abaixo[168], o tom correspondente ao vermelho deixa de ser o mais chamativo, ocupando uma posição intermédia entre o preto e o branco – ou seja, é um meio-tom, que até nem fica muito distante do tom de outra cor menos intensa, mais concretamente o verde. Sem surpresa, o tom corresponde à cor amarelo é o mais claro, confirmando a sua posição como cor mais clara e próxima do branco. Já o azul produz o tom mais escuro deste conjunto exemplificativo de cores.

De acordo com o exemplo construído, percebe-se como uma cor com muito impacto numa fotografia a cores se pode transformar num meio-tom. Assim, uma cor que poderia jogar a favor (ou contra) numa imagem a cores, poderá não ajudar (ou deixar de distrair) numa foto a preto-e-branco. Adicionalmente, duas cores que são tão distintas, como o vermelho e o verde, subitamente surgem próximas quando se observa o seu tom numa imagem a preto-e-branco – dito de outra forma, os seus tons não são muito contrastantes.

Importa também considerar que, de um ponto de vista de pós-produção, é muito mais fácil alterar cores que são notoriamente distintas (ou seja, que estão moderadamente distantes entre si no círculo de cores) do que alterar tons de cinza que estão próximos em termos de luminosidade. Por essa razão, é vital que uma fotografia seja registada a cores, mesmo que o objectivo final seja a produção de uma imagem a preto-e-branco, pois serão precisamente as cores que ajudarão a construir os contrastes que, na maioria das vezes, se procuram nas imagens monocromáticas.

Imagem monocromática através de uma dessaturação (Saturation)

Tal como foi sugerido numa dica de edição quando se abordou a ferramenta Saturation[169] da secção Basic, é possível utilizar esta última para transformar uma imagem a cores numa imagem em tons de cinza, nomeadamente quando se define um ajuste de -100 (ponteiro encostado totalmente ao lado esquerdo).

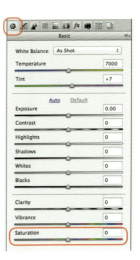

Legenda: Ferramenta Saturation na secção Basic nas interfaces do Lr e ACR.

Legenda: Círculo de cores 'digital'.

Apesar desta técnica parecer a solução mais prática e óbvia para obter uma imagem monocromática, pois consegue que a informação de cor seja descartada, nem sempre será a melhor boa opção. Isto porque se exclui à partida a possibilidade de trabalhar os tons de cinza conseguidos com base na informação de cor.

Apesar desta limitação, que só será resolvida com a ferramenta Black & White abordada no próximo subcapítulo, a imagem seguinte constitui um exemplo prático do que se pode conseguir através da ferramenta Saturation, sobretudo quando coadjuvada pelas ferramentas de ajuste da exposição.

[169] Ver **Saturação (Saturation)**, p. 154.

DESSATURAÇÃO E AJUSTE DOS TONS MONOCROMÁTICOS

01. A imagem original (a da esquerda) tem um bom potencial gráfico, mas constitui um grande desafio como candidata a imagem a preto-e-branco, já que, como se mencionou no início do capítulo, o tom da cor amarelo está muito próximo do branco. Já com essa expectativa, definiu-se um ajuste de -100 em Saturation[170] (assinalado a vermelho), obtendo-se uma imagem monocromática e, como se esperava, fortemente dominada pela gama de meios-tons. Contudo, uma imagem deste género raramente ficará pronta apenas com uma dessaturação total, necessitando de algum trabalho ao nível das ferramentas de ajuste da exposição[171], para que se consiga aumentar o seu impacto.

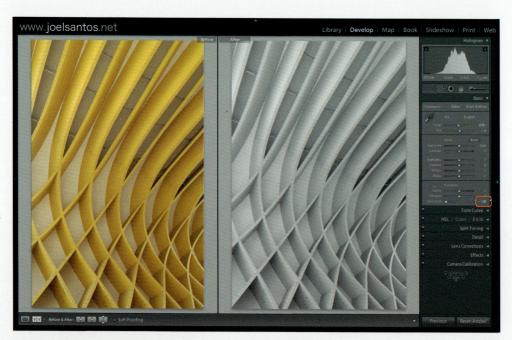

02. Visto que a imagem monocromática anteriormente obtida (a da esquerda) carece essencialmente de contraste, definiu-se um forte ajuste de +100 em Contrast[172] (assinalado a vermelho). O resultado obtido já se destaca do anterior, mas ainda está longe de ter o impacto desejado. Isto porque não está a ser explorada toda a amplitude tonal da imagem, especialmente devido a inexistência de um ponto de preto ou branco puros. Será esta carência, sempre esteticamente subjetiva, que se procurará resolver nos dois passos seguintes.

[170] Ver **Saturação (Saturation)**, p. 154.
[171] Ver **Ajuste da Exposição**, p. 91.
[172] Ver **Contraste (Contrast)**, p. 103.

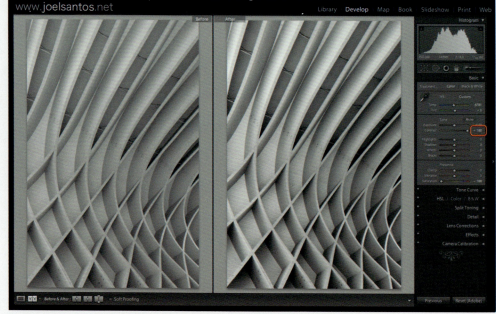

03. Na sequência do que foi constatado no passo anterior, definiu-se um ajuste de +55 em Whites[173] (assinalado a vermelho) com o objectivo de criar um ponto de branco puro na imagem – mas sempre com o cuidado extremo de não gerar zonas sobreexpostas. Repare-se como o resultado (imagem da direita) exibe uma luminosidade e uma vivacidade muito superiores. Porém, para maximizar o contraste das formas na imagem, também é recomendável reforçar a presença de pequenas zonas de preto puro.

04. Para criar zonas com pontos de preto puro, definiu-se um ajuste de -50 em Blacks[174] (assinalado a vermelho). Note-se como a densidade das sombras profundas passou a ser superior (imagem da direita) relativamente ao passo anterior (imagem da esquerda), vincando as linhas e as formas.

[173] Ver **Brancos (Whites)**, p. 113.
[174] Ver **Pretos (Blacks)**, p. 118.

05. Agora que o contraste global foi intensificado graças aos ajustes operados nos três passos anteriores, a imagem pode ainda beneficiar de um aumento do contraste local, com o objectivo de reforçar a sua tridimensionalidade. Para tal, definiu-se um forte ajuste de +100 em Clarity[175] (assinalado a vermelho), com o resultado que se pode comprovar (imagem da direita).

06. Por fim, para tornar as faixas escuras no topo da foto mais negras, novamente com o intuito de reforçar o contraste entre as formas, activou-se a ferramenta Adjustment Brush[176] (assinalada a vermelho). Depois, definiu-se um ajuste de -0,88 em Exposure (assinalado a azul) e definiram-se os parâmetros adequados ao uso da ferramenta na imagem em questão (assinalados a verde), 'pintando' sobre as faixas escuras até as enegrecer e também sobre algumas zonas excessivamente brancas na parte esquerda da imagem. Concluindo, resta comparar a imagem monocromática inicial (a da esquerda) com a imagem final (a da direita), comprovando-se uma diferença abissal entre ambas.

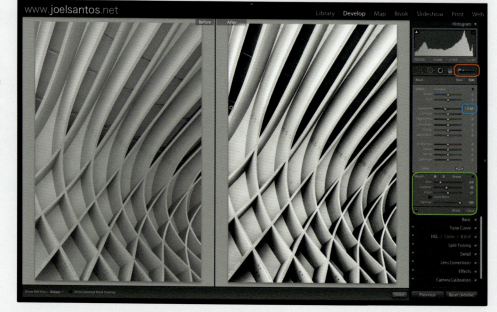

[175] Ver **Claridade (Clarity)**, p. 197.
[176] Para saber mais sobre esta ferramenta é vivamente aconselhável a leitura do capítulo dedicado aos **Ajuste da exposição**, onde pela primeira vez é abordada a Adjustment Brush. Ver **Pincéis de Ajuste (Adjustment Brush)**, p. 145.

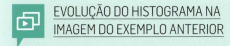
EVOLUÇÃO DO HISTOGRAMA NA IMAGEM DO EXEMPLO ANTERIOR

O histograma da esquerda corresponde à imagem original a cores, mostrando os três canais de cor e respectivas fusões, enquanto o histograma da direita corresponde à mesma imagem, mas agora totalmente dessaturada devido ao ajuste de -100 em Saturation (passo 01). Comparando os dois histogramas, existem dois aspectos dignos de nota:

1. com a dessaturação total o histograma passou a estar representado num único tom cinzento – ou seja, trata-se de um histograma de luminância –, logo sem qualquer referência aos canais de cor;
2. mesmo sem ter havido um ajuste ao nível da exposição (esses só aconteceram a partir do passo 02), o histograma da direita mostra a informação predominantemente concentrada ao centro, enquanto o histograma da esquerda se encontra mais 'espalhado'. Decorrente deste último aspecto, na prática o histograma da direita corrobora o que visualmente se havia constatado – uma imagem dominada por meios-tons, sem um ponto de preto ou branco puros, sinónimo de falta de contraste.

Transitando para a fase final da pós-produção da imagem em questão, o histograma da esquerda corresponde ao ajuste de -100 em Saturation (passo 01), enquanto o da direita corresponde ao resultado acumulado de todos os ajustes aplicados em Contrast, Whites, Blacks, Clarity e em Exposure via pincéis de ajuste (Passos 02 a 06, portanto). Note-se como o histograma já ocupa a plenitude do gráfico, possuindo informação desde o ponto de preto puro (extremidade esquerda, assinalada a azul) ao ponto de branco puro (extremidade direita, assinalada a laranja), possuindo duas elevações distintas (assinaladas a verde) separadas por um 'vale' ao centro (assinalado a roxo), sinónimo de uma imagem com um elevado contraste e com uma vasta distribuição tonal.

Legenda: Passo 01   **Legenda:** Passo 06

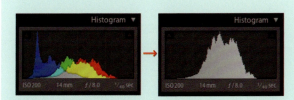

Legenda: Original   **Legenda:** Passo 01

USE A FERRAMENTA HSL PARA DESSATURAR SELECTIVAMENTE UMA IMAGEM

Tal como foi referido no subcapítulo dedicado à ferramenta HSL, esta pode ser usada para criar uma imagem dessaturada em todas as suas cores excepto numa que se deseje preservar. Deste modo, poder-se-á combinar as valências visuais que uma imagem monocromática possui com o impacto que a presença da cor pode transmitir, contribuindo para um resultado criativamente distinto.

Legenda: Recorrendo ao modo Saturation da ferramenta HSL, definiu-se um ajuste de -100 em todas as cores excepto em Red (assinalado a vermelho), criando uma imagem predominantemente monocromática com apenas uma das cores originais presente.

USE GRADUATED FILTRE OU ADJUSTMENT BRUSH PARA DESSATURAR SELECTIVAMENTE UMA IMAGEM

Tal como foi abordado no capítulo dedicado ao ajuste da cor, as ferramentas Adjustment Brush e Graduated filtre possuem o ajuste Saturation, pelo que podem ser usadas para dessaturar selectivamente uma imagem aplicando ajustes negativos. Estas ferramentas podem revelar-se particularmente úteis quando a dessaturação selectiva via HSL não permite atingir os resultados pretendidos, sobretudo em imagens em que uma mesma cor surge em múltiplos motivos ou quando se pretende um resultado criativo diferente.

Legenda: Com um intuito meramente experimentalista, recorreu-se à ferramenta Graduated Filtre (assinalado a vermelho), criando um filtro com uma inclinação de 45° que cobrisse metade da imagem (assinalado a azul). Depois, definiu-se um ajuste de -100 em Saturation (assinalado a verde) e, para culminar, ajustou-se a área de transição até obter uma progressão ideal da cor para os tons de cinza.

Preto-e-branco (Black & White) e Grão (Grain)

Como se viu no subcapítulo anterior, a ferramenta Saturation, especialmente quando combinada com ajustes ao nível da exposição, pode atingir resultados interessantes ao nível das imagens monocromáticas. Todavia, ao operar uma dessaturação total da imagem, invalida-se a possibilidade de tirar partido da informação de cor original para alcançar outros resultados, porventura revestidos de um maior impacto visual. Perante as limitações da ferramenta Saturation, surge como forte candidata a ferramenta Black & White, até porque, como o próprio nome indica, está totalmente vocacionada para a criação de imagens a preto-e-branco.

Legenda: Na interface do Lr, a ferramenta Black & White pode ser activada em dois locais distintos, nomeadamente na secção Basic ou na secção HSL / Color / B&W (assinalados a vermelho). Embora seja indiferente o local onde a ferramenta é activada, todos os seus ponteiros de ajuste e botão de ajuste localizado encontram-se na última secção referida (assinalados a verde).

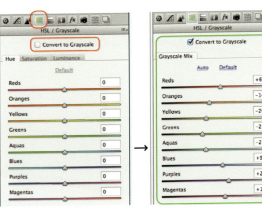

Legenda: Na interface do ACR, a ferramenta Black & White surge com a designação Grayscale Mix, podendo ser activada através da opção 'Convert to Grayscale' existente na secção HSL / Grayscale.

Ao activar a ferramenta Black & White, imediatamente se percebem duas particularidades dignas de nota. Em primeiro lugar, o fundo das barras dos ponteiros de ajuste estão a cores, isto apesar de a imagem ter sido convertida para tons de cinza. Em segundo lugar, os oito ponteiros de ajuste, cada um correspondente a uma cor, assumem automaticamente certos valores, sendo que estes irão variar de imagem para imagem.

O facto de o fundo das barras permanecer a cores e de ser idêntico ao encontrado no modo Luminance da ferramenta HSL[177] revela a natureza da Black & White. Com efeito, esta ferramenta tira partido da informação de cor presente na imagem original para operar ajustes de luminosidade na imagem convertida para preto-e-branco, especificamente nos locais onde determinadas cores marcavam presença, trabalhando dessa forma os seus tons correspondentes. Assim, por exemplo, quando se move um determinado ponteiro de ajuste para a direita (variação positiva), a cor em questão, que agora corresponde a um tom de cinzento, ficará mais luminosa; já quando esse ponteiro de ajuste é movido para a esquerda (variação negativa) a mesma cor ficará menos luminosa, pelo que o tom de cinzento correspondente será escurecido. Sempre que se desejar regressar aos valores iniciais dos ponteiros de ajuste basta clicar em Auto, presente no seio da ferramenta Black & White.

Para ter uma noção prática de como usar a ferramenta Black & White, das suas diferenças em relação à Saturation e de como se pode tirar partido de outras ferramentas complementares para criar efeitos tipicamente associados às fotografias a preto-e-branco[178], a imagem seguinte constituirá um bom exemplo.

---

[177] Ver Matiz, Saturação e Luminância (Hue, Saturation, Luminance – HSL), p. 158.
[178] Concretamente, como se verá no último passo, através das ferramentas Post-Crop Vignetting e Grain, ambas presentes na secção Effects.

CRIAÇÃO DE UMA IMAGEM A PRETO-E-BRANCO E AJUSTE DE TONS

01. Tendo por base exactamente a mesma fotografia original a cores, a qual será revelada no passo seguinte, a imagem da esquerda sofreu um ajuste de -100 em Saturation (via secção Basic, tal como abordado no subcapítulo anterior), enquanto a imagem da direita resulta da simples activação da ferramenta Black & White (assinalada a vermelho), a qual atribuiu automaticamente valores nos ponteiros de ajuste referentes a cada cor (assinalados a verde). Este passo tem o único intuito de comparar as duas técnicas de conversão de uma imagem para preto-e-branco, notando-se como, logo à partida e sem efectuar qualquer juízo de valor, os resultados são manifestamente diferentes.

02. Visto que a ferramenta Black & White produz alterações na imagem a preto-e-branco tendo por base as cores presentes na fotografia, neste passo e nos três seguintes manter-se-á a imagem original sempre no lado esquerdo. Assim, olhando para esta última, percebe-se que possui, pelo menos, quatro conjuntos de cores: azul (fundo), amarelo (tecido sobre a cabeça), laranja (pele) e magenta (camisa). Como foi mencionado no subcapítulo dedicado à ferramenta HSL[179], muitas vezes as cores que são visualmente identificadas escondem outras que lhe são próximas, caso em que se recomenda o uso do botão de ajuste localizado[180] (assinalado a vermelho). Assim, para dar início ao uso dos ajustes em Black & White através deste botão de ajuste localizado, clicou-se sobre o fundo azul e arrastou-se para baixo (assinalado a azul), realizando uma variação negativa em Blue [+37 ▸ -73] e em Aqua [-7 ▸ -40] (assinalado a roxo). Como consequência (imagem da direita), o tom do fundo ficou substancialmente mais escuro, um bom ponto de partida para os ajustes que se irão realizar de seguida.

[179] Ver **Matiz, Saturação e Luminância (Hue, Saturation, Luminance – HSL)**, p. 158.
[180] Referido pela primeira vez no subcapítulo **Curva de Tons (Tone Curve)**, p. 125, como parte do 'terceiro método de ajuste' desta ferramenta. O botão de ajuste localizado volta a ser mencionado no subcapítulo **Matiz, Saturação e Luminância (Hue, Saturation, Luminance – HSL)**, p. 158.

03. Desactivando o botão de ajuste localizado, para que agora se evitem ajustes em cores indesejadas, moveu-se o ponteiro Yellow para a direita, provocando uma variação positiva [-35 ▸ +41] (assinalado a vermelho). Esta acção fez com que o tecido sobre a cabeça (assinalado a amarelo) ficasse com um tom bastante mais claro, destacando-se do fundo anteriormente enegrecido e fazendo com que a atenção do observador comece a concentrar-se em torno da face.

04. Para aclarar ligeiramente o tom da pele (assinalado a laranja), com o objectivo de o aproximar do seu 'tom natural' e de se destacar ligeiramente do tom do cabelo, moveu-se o ponteiro Orange para a direita, produzindo uma variação positiva [-29 ▸ -6] (assinalado a vermelho).

05. Com o intuito de escurecer levemente o tom da camisa, reduzindo assim a sua preponderância e criando uma nova zona de tons, moveu-se o ponteiro Magenta para a esquerda, operando uma variação negativa [+9 ▶ 0] (assinalado a vermelho). Note-se que as zonas da pele que apresentam um ligeiro reflexo – sobretudo, a testa e o nariz – também possuem uma certa matiz de magenta, pelo que um ajuste demasiado forte no ponteiro Magenta iria prejudicar gravemente os tons da pele e torná-los incongruentes. Independentemente da cor que se está a ajustar, este tipo de situação é muito frequente, pelo que se recomenda a máxima atenção.

06. Uma vez concluídos todos os ajustes através da ferramenta Black & White, estes foram complementados por uma série de ajustes de exposição na secção Basic. Assim, com o objectivo de acentuar as diferenças luminosas na imagem da direita, realizaram-se os seguintes ajustes (assinalados a vermelho): +0.10 em Exposure (para aclarar ligeiramente a imagem), +25 em Contrast (para aumentar o contraste global), -60 em Highlights (para recuperar as altas luzes no tecido que envolve a cabeça), +24 em Shadows (para resgatar alguns detalhes no cabelo) e +35 em Clarity (para aumentar o contraste local). A título exemplificativo, a imagem da esquerda mostra o resultado que teria sido obtido exactamente com os mesmos ajustes de exposição, mas aplicados à imagem monocromática que havia sido obtida através do método da dessaturação (ajuste de -100 em Saturation). Sem impor qualquer tipo de juízo estético, a comparação directa entre ambos os resultados mostra de forma inequívoca a superioridade e a versatilidade da ferramenta Black & White.

07. Para evidenciar o rosto, optou-se por escurecer os cantos da imagem, aplicando dois ajustes através da ferramenta Post-Crop Vigneting presente na secção Effects (assinalados a vermelho): -58 em Amount e 100 em Highligths (visto que se definiu Highlight Priority em Style, este ajuste evita a protecção do contraste nas altas luzes). Com o intuito de recriar a sensação típica de uma fotografia registada em película, recorreu-se à ferramenta Grain (assinalada a verde) para adicionar 'grão' à imagem, definindo-se 55 em Amount (intensidade do efeito), 25 em Size (dimensão do grão) e 50 em Roughness (aspereza do grão)[181].

[181] Ver dica **Crie ruído de luminância propositadamente**, p. 208.

MODIFIQUE O EQUILÍBRIO DE BRANCOS PARA ALTERAR OS TONS NUMA IMAGEM MONOCROMÁTICA

Partindo do princípio que se trabalha uma imagem registada a cores, então a informação de cor estará sempre guardada no ficheiro de imagem original. Assim, da mesma forma que a ferramenta Black & White utiliza essa informação para alterar selectivamente os tons numa imagem, também a ferramenta White Balance[182] poderá ser usada com a mesma finalidade, ajustando os tons globais da imagem monocromática. Importa notar que as alterações em Temp e Tint surtem efeito ao nível dos tons de cinzento quer se use o método da dessaturação (ajuste de -100 em Saturation) ou o da ferramenta Black & White.

Legenda: Depois de activar a ferramenta Black & White através da opção existente na secção Basic, definiu-se um ajuste em Temp radicalmente distinto do valor inicialmente estabelecido pela ferramenta White Balance (assinalado a verde). Assim, a imagem da esquerda mostra a imagem 'original' (6300 em Temp) e a da direita um resultado alternativo (2000 em Temp). Poder-se-ia, ainda, operar alterações em Tint, multiplicando os resultados possíveis. Note-se que, como seria de esperar, os resultados obtidos via Temp e Tint podem ainda ser complementados por ajustes nas ferramentas Black & White, entre todas as outras ferramentas já referidas neste capítulo.

[182] Ver **Equilíbrio de Brancos (White Balance)**, p. 84.

BLACK & WHITE

A ferramenta Black & White (Image ▸ Adjustments ▸ Black & White…) do Ps funciona de forma idêntica à ferramenta homónima do Lr e ACR. Possui ainda a função Tint, a qual permite 'tingir' a imagem com uma determina matiz (Hue) e ajustar a respectiva intensidade (Saturation). Esta última função possui algumas semelhanças com a ferramenta Split Toning do Lr e ACR, a qual será abordada já no próximo subcapítulo.

Preto-e-branco (Black & White) e Tonalização Dividida (Split Toning)

É comum pensar-se que as imagens monocromáticas se restringem às frequentemente denominadas imagens a preto-e-branco, tipicamente dominadas por diversos tons de cinzento compreendidos entre o preto e o branco. Contudo, num sentido mais lato, os tons de cinzento poderão ser 'tingidos' por uma matiz, criando uma imagem monocromática com uma dominante dessa cor. Uma das tonalizações mais conhecidas e tradicionais é o sépia, caracterizada pela prevalência da cor castanho-escuro sobre a imagem, mas existem muitos outros exemplos.

Seja qual for o efeito pretendido, partindo de uma imagem a preto-e-branco, tenha ela sido criada através da ferramenta Black & White ou da Saturation, é possível recorrer à ferramenta Split Toning para tonalizar uma imagem monocromática com uma dada cor. Adicionalmente, fazendo jus ao seu nome, esta ferramenta consegue produzir uma tonalização dividida entre as altas luzes (modo Highlights) e as sombras (modo Shadows), recorrendo a diversos ajustes para escolher a matiz (Hue), a saturação da matiz escolhida (Saturation) e o equilíbrio da tonalização entre as altas luzes e as sombras (Balance). Como acontece noutras ferramentas, o fundo das barras de cada um destes ajustes deixa antever o seu efeito sobre a imagem.

Legenda: Ferramenta Split Toning nas interfaces do Lr e ACR.

O exemplo seguinte mostra como se pode tirar partido da ferramenta Split Toning para 'aquecer' uma imagem a preto-e-branco, conferindo-lhe um aspecto envelhecido.

Legenda: Na secção correspondente à ferramenta Split Toning (assinalada a vermelho), começou-se por definir as matizes das cores com que se desejava tingir a imagem 'original' em tons de cinzento (a da esquerda), tendo em vista um aspecto envelhecido. Assim, em Highlights, definiu-se um valor de 56 em Hue (matiz amarelada), e, em Shadows, um valor de 32 (matiz de alaranjada). Depois, para que a tonalização se efectivasse, deslocaram-se os ponteiros Saturation para a direita, atingindo um valor de 30 no primeiro e 4 no segundo (assinalado a verde), definições que conferiram o resultado desejado (imagem da direita). Neste caso, não foi relevante usar o ponteiro de ajuste Balance.

DEFINA A MATIZ E A SATURAÇÃO EXACTAS NA FERRAMENTA SPLIT TONING

Uma das principais dificuldades no uso da ferramenta Split Toning consiste em determinar a matiz exacta com que se pretende tonalizar uma imagem, isto porque os ponteiros Hue ocultam a cor do fundo da barra sobre a qual estão posicionados. Para resolver esta questão, existem duas soluções. A primeira consiste em deixar pressionada a tecla Alt à medida que se move qualquer um dos ponteiros Hue, método que activará um modo de visualização alternativo, através do qual a imagem surge 'tingida' a cem por cento pela matiz que se está a tentar definir. A segunda solução, talvez a mais prática e eficaz, consiste em clicar sobre os rectângulos de cor posicionados à direita das palavras Highlights ou Shadows. Este método fará abrir um painel de cores, sendo que, clicando e arrastando sobre este último, será possível escolher a matiz/Hue (eixo horizontal) e a saturação/Saturation (eixo vertical), produzindo efeitos imediatos e previsíveis sobre a imagem.

Legenda: Para tonalizar a imagem com o famigerado tom Sépia, clicou-se nos rectângulos de cor presentes ao lado das palavras Highlights e Shadows (assinalados a vermelho), operando modificações imediatas nos respectivos ponteiros Hue e Saturation (assinalados a azul) à medida que se clicava sobre o painel de cores (assinalado a verde). Para dosear o equilíbrio entre as duas matizes definidas, aplicou-se um ajuste de -12 em Balance (assinalado a roxo), privilegiando a matiz seleccionada em Shadows (avermelhada) em detrimento da escolhida em Highlights (amarelada).

USE A FERRAMENTA SPLIT TONING NUMA IMAGEM A CORES

A ferramenta Split Toning também poderá ser usada sobre uma imagem a cores, obtendo resultados potencialmente interessantes e criativos, como mostra a imagem seguinte.

Legenda: Tendo como base uma fotografia original e a cores (a da esquerda), recorreu-se à ferramenta Split Toning para produzir uma tonalização dividida e diferenciada, tingindo as altas luzes de verde (78 em Hue) e as sombras de azul (224 em Hue), ambas com intensidades diferentes (65 e 36 em Saturation, respectivamente) e com um equilíbrio distinto (+70 em Balance, privilegiando assim a matiz esverdeada). O resultado (imagem da direita) mostra de que forma a tonalização dividida influenciou as cores originais.

 FOTOGRAFE SEMPRE A CORES, MESMO QUE PRETENDA UMA IMAGEM FINAL A PRETO-E-BRANCO

Como ficou subentendido através do funcionamento da ferramenta Black & White, a qual tira partido da informação de cor para produzir a melhor imagem monocromática possível, existe todo o interesse em fotografar sempre a cores (ou, pelo menos, reter a informação de cor original), mesmo que a intenção final seja produzir uma imagem a preto-e-branco. Esta é mais uma das razões pelas quais se deverá fotografar usando o formato RAW, já que, mesmo que seja activado o modo de fotografia monocromática na câmara e que esta seja exibida a preto-e-branco no LCD, em pós-produção será possível reaver toda a informação de cor sem qualquer efeito secundário. O mesmo não acontece no formato JPEG, pois, uma vez registada uma imagem em tons monocromáticos, jamais será possível inverter o processo e resgatar a informação de cor original[183].

 CONHEÇA AS VANTAGENS E OS PERIGOS DE UMA IMAGEM MONOCROMÁTICA

Uma imagem pode ganhar um impacto completamente inesperado quando convertida para preto-e-branco, potenciando a sua mensagem de uma forma que não era conseguida através da cor. Nesse sentido, visto que não toma muito tempo, será sempre interessante testar como é que algumas imagens resultam a preto-e-branco ou, até, com uma tonalização dividida. Contudo, importa não cair na tentação de pensar que a mera passagem para tons monocromáticos irá 'salvar' uma fotografia menos boa, na esperança de que isso lhe confira um toque 'artístico' e que torne toleráveis alguns aspectos menos bons que a imagem possa apresentar.

---

[183] Ver anexo **Particularidades dos formatos RAW, JPEG e DNG, analisadas em função das especificidades da exposição digital**, p. 351.

Avaliação dos resultados

O Lr e o ACR oferecem um vasto conjunto de ferramentas e ajustes, permitindo 'revelar' o máximo potencial de uma fotografia, sem nunca esquecer que quanto melhor for o registo obtido no terreno, melhor será o resultado obtido em pós-produção.

Assim, aspectos como a exposição, a focagem, o uso da profundidade de campo, o enquadramento, a qualidade da luz, a presença de um motivo cativante, entre outros pormenores eminentemente relevantes, são a plataforma que ditará o quão longe a edição de imagem poderá chegar, permitindo criar momentos de luz que transmitem emoções e mensagens visuais únicas.

É neste contexto que a avaliação dos resultados obtidos em pós-produção se torna fundamental, devendo ser considerados precisamente os mesmos aspectos que presidiram à criação de uma fotografia no terreno. Contudo, a esses critérios deverão acrescentar-se algumas derradeiras questões: será que a imagem final beneficiou com o processo de edição de imagem? Existe mais algum ajuste por fazer? Será que se foi longe de mais nos ajustes aplicados ou chegou-se precisamente ao resultado pretendido? As respostas, como é natural, dependerão de cada fotógrafo, em função da sua sensibilidade e objectivos específicos, mas nunca poderão deixar de ser procuradas.

Independentemente dos critérios técnicos ou subjectivos adoptados pelo fotógrafo, o Lr e o ACR oferecem um modo de visualização que permite comparar o estado original da fotografia com o resultado obtido através da pós-produção – o Before/After (Antes/Depois) –, como seguidamente se verá.

Antes/Depois (Before/After)
Como ficou evidente desde os primeiros capítulos sobre as ferramentas do Lr e ACR, a maioria dos exemplos mostravam uma comparação real entre a imagem original/anterior e o resultado após a aplicação de um certo ajuste. Todas essas comparações serviram-se da interface do Lr e,

mais especificamente, do modo de exibição Before/After, recorrendo a diversos níveis de ampliação das imagens quando necessário.

Um aspecto acerca do modo de exibição Before/After que poderá ter passado despercebido é que este possui mais do que uma variante, sendo que cada uma delas potencia o acto de avaliação dos resultados de forma distinta, como se constatará através das imagens seguintes.

Legenda: Barra de trabalho, onde se poderá activar o modo de exibição Antes/Depois (Before/After).

Legenda: O modo de exibição Before/After – Left/Right, divide a área de previsualização central em duas partes iguais, a da esquerda com a imagem inicial e a da direita com o resultado obtido até ao momento. É um modo especialmente vocacionado para imagens verticais, explorando da melhor forma a área de previsualização, sobretudo quando se recolhe o painel esquerdo e se usa a ampliação FIT. Neste caso, a alteração da matiz vermelha através da ferramenta HSL retirou algum protagonismo das letras a vermelho, sendo discutível se o resultado é efectivamente melhor que o registo original.

Legenda: O modo de exibição Before/After – Top/Bottom, divide a área de previsualização central em duas partes idênticas, a de cima com a imagem inicial e a de baixo com a imagem final. É um modo indicado para avaliar imagens horizontais, já que tira bom partido da área de previsualização, embora nunca a maximize na ampliação FIT, mesmo que se recolham todos os painéis. Nesta imagem de exemplo, consegue-se avaliar a consistência luminosa entre a imagem a cores e a sua versão a preto-e-branco.

Legenda: O modo de visualização Before/After – Top/Bottom – Split, divide a área de previsualização central em duas partes iguais, uma com a metade de cima da imagem inicial e a outra com a metade de baixo da imagem final. É um modo interessante para apreciar imagens horizontais, pois maximiza a área de previsualização central, criando uma continuidade entre as respectivas metades que poderá ser relevante para comparar diferentes tipos de abordagens de edição de imagem. Neste caso, torna-se patente a alteração da ambiência induzida pela criação de uma imagem monocromática, dominada por uma tonalização efectuada com a ferramenta Split Toning.

Legenda: O modo de visualização Before/After – Left/Right – Split, divide a área de previsualização central em duas partes equivalentes, uma com a metade esquerda da imagem inicial, outra com a metade direita do resultado, existindo uma continuidade entre ambas. É um modo particularmente interessante para imagens horizontais, maximizando a área de previsualização e mantendo uma relação contínua entre o ponto de partida e o efeito alcançado pelos ajustes. Neste exemplo, entre outros aspectos, é notório o aumento de tridimensionalidade da musculatura do homem, bem como a intensificação do azul do céu.

REDUÇÃO DA LUMINOSIDADE DA INTERFACE DO LR

Um dos aspectos marcantes da interface do Lr é o facto de esta ser predominante cinza-escuro, com o claro objectivo de o utilizador poder concentrar a sua atenção nas imagens, minimizando também o cansaço visual. Como reforço desta característica, o Lr permite ainda que a luminosidade da sua interface seja reduzida de forma mais drástica, nomeadamente através da função Lights Out (Window ▸ Lights Out ou através da tecla de atalho 'L'), escurecendo parcial ou totalmente todos os painéis e barras de trabalho. Deste modo, apenas a imagem (ou imagens) na área de previsualização central ficará em destaque, minimizando quaisquer distracções.

Legenda: Ao carregar repetidamente na tecla L, é possível percorrer, ciclicamente, os três modos de luminosidade da interface existentes: painéis completamente visíveis (Lights On, o modo definido por omissão), painéis semi-visíveis (Lights Dim, o modo mostrado na imagem de exemplo) e painéis completamente escurecidos (Lights Out). Note-se que, em qualquer um dos modos, poder-se-á continuar a utilizar as ferramentas e ajustes existentes nos painéis de trabalho, muito embora seja difícil de o fazer no terceiro modo (Lights Out).

Lr – Tecla L (modos de luminosidade da interface)

Lr – Tecla \ (mostra, ciclicamente, a imagem original e o resultado, sem activar os modos de visualização Antes/Depois)

ACR – Tecla P (mostra, ciclicamente, a imagem original e o resultado)

FAÇA PAUSAS PARA QUE A CAPACIDADE DE DISCERNIMENTO NÃO SEJA AFECTADA

Ao fim de muitas horas em frente de um ecrã é inevitável que os olhos comecem a ficar cansados e, paralelamente, a tornar-se mais tolerantes aos erros de percepção. De um ponto de vista da edição de imagem, este último aspecto é particularmente notório quando se ajustam as cores de uma imagem durante um longo período de tempo. Isto porque, após uma pequena pausa para descanso, frequentemente se chega à conclusão de que os ajustes foram exagerados (tipicamente a imagem estará mais saturada do que deveria) ou incorrectos (não se detectaram certas dominantes de cor prejudiciais para o resultado final). Assim, por todas as razões, devem-se fazer pausas de, pelo menos, cinco minutos em cada meia hora de edição de imagem intensiva.

Editar imagens no Adobe Photoshop CS

Tal como foi mencionado num dos capítulos iniciais[184], o Lr foi concebido tendo em mente as necessidades específicas dos fotógrafos digitais, oferecendo múltiplas soluções para as mais variadas fases do seu fluxo de trabalho.

Contudo, naturalmente, existem funcionalidades e ferramentas muito particulares que o Lr não possui ou que não se encontram tão desenvolvidas. Por esta razão, o Lr foi pensado de raiz para poder interagir, sem grandes complexidades, com outros programas de edição de imagem, nomeadamente com o Ps.

Assim, depois de se atingirem os resultados desejados no Lr, poder-se-á tirar partido não só de ferramentas como a 'Photomerge' (criação de panorâmicas) ou 'Merge to HDR Pro' (criação de imagens com a técnica HDR – Alta Gama Dinâmica), mas também de funcionalidades relacionadas com o trabalho por camadas/*layers* (ideal para trabalhar imagens de uma forma avançada, para criar um *banner* promocional, entre muitas outras finalidades). Uma vez concluídas as operações no Ps, o Lr integrará no catálogo os resultados obtidos, permitindo que o utilizador continue a fazer uso das suas capacidades de edição, organização e partilha de imagens.

As imagens seguintes irão mostrar como se pode explorar a complementaridade existente entre o Lr e Ps, sem deixar de evidenciar alguns passos preliminares de grande relevância.

[184] Ver **Adobe Photoshop Lightroom (Lr)**, p. 21.

TRABALHAR IMAGENS NUM EDITOR DE IMAGENS EXTERNO (Ps)

01. Antes de editar uma ou mais imagens num programa externo ao Lr, neste caso o Ps, importa definir alguns aspectos acerca do formato de ficheiro que será adoptado nesse trânsito entre programas. Assim, através do menu 'Lightroom/Edit ▸ Preferences...' (assinalado a vermelho), acedeu-se à janela Preferences, mais especificamente à secção 'External Editing' (assinalada a verde). Nesta janela de preferências, assumindo que se possui o Ps instalado, aparecerá uma zona, designada de 'Edit in Adobe Photoshop CS', que estará já preenchida com algumas opções (assinaladas a azul). Contudo, neste caso, optou-se por melhorar algumas dessas opções, definindo-se TIFF[185] em File Format, ProPhoto RGB em Color Space, 16 bits / component em Bit Depth, 300 em Resolution e None em Compression. Por fim, garantiu-se que a opção Stack With Original estava activada, para que, depois de concluídos os trabalhos no Ps, o resultado seja colocado ao lado das fotografias originais (assinalado a roxo).

[185] TIFF é o acrónimo para Tagged Image File Format, um dos formatos de arquivo de imagens digitais, caracterizado pela sua universalidade, por não implicar perda de informação nas acções de leitura/escrita dos ficheiros e por conseguir acomodar a presença de camadas (layers).

Editar imagens no Adobe Photoshop CS | 271

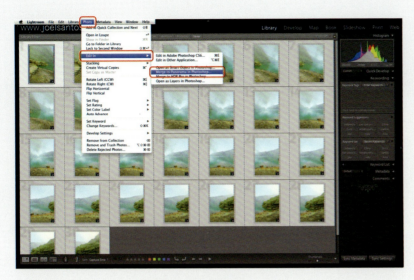

02. Uma vez que, a título de exemplo, se pretende usar o Ps como plataforma para montar um imagem panorâmica[186], em primeiro lugar escolheram-se as fotografias necessárias para a constituir – neste caso, trinta imagens, conforme é possível verificar pela selecção a cinza-claro, efectuada através do módulo Library. Importa referir que estas imagens já se encontravam devidamente trabalhadas ao nível do ajuste do equilíbrio de brancos[187], do ajuste da exposição[188], do ajuste das cores[189] e da correcção de problemas ópticos[190], tirando o máximo partido da informação contida nos ficheiros RAW (antes que sejam convertidos para TIFF) e da funcionalidade de sincronização de ajustes[191]. Já a correcção de elementos indesejados[192] e o ajuste da nitidez[193] deverão ficar para uma fase mais tardia. Continuando, no menu do Lr escolheu-se Photo ▸ Edit In ▸ Merge to Panorama in Photoshop (assinalado a vermelho) e aguardou-se alguns instantes até que o Ps fosse lançado.

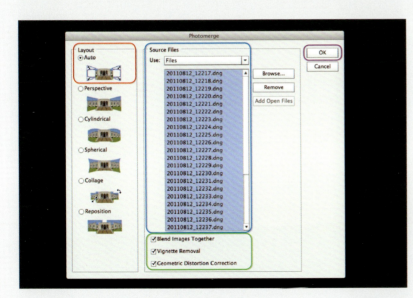

03. Após o Ps ter sido lançado, surgiu automaticamente a janela da ferramenta Photomerge, já com a lista das imagens seleccionadas anteriormente no Lr (assinalado a azul). Nesta janela optou-se por Auto em Layout (assinalado a vermelho) e activaram-se outras três opções (assinaladas a verde): Blend Images Together (para que os ficheiros sejam unidos, criando uma só imagem), Vignette Removal (para eliminar a vinhetagem[194], mesmo que esta tenha sido corrigida no Lr) e Geometric Distortion Correction (para corrigir distorções geométricas, mesmo que estas tenham sido tratadas no Lr[195]). Para dar início à montagem da panorâmica, clicou-se em OK (assinalado a roxo).

---

[186] Consultar o livro **FOTOGRAFIA – Luz, Exposição, Composição, Equipamento e Dicas para Fotografar em Portugal**, nomeadamente o capítulo 'Guia no terreno', para saber mais acerca de como registar as fotografias que servem de base a uma imagem panorâmica. Informação acerca das obras relacionadas com fotografia em http://www.centroatlantico.pt/fotografia/.
[187] Ver **Ajuste do equilíbrio de brancos**, p. 84.

[188] Ver **Ajuste da Exposição**, p. 91.
[189] Ver **Ajuste das Cores**, p. 153.
[190] Ver **Correcção de problemas ópticos**, p. 219.
[191] Ver **Sincronização de Ajustes**, p. 296.
[192] Ver **Correcção de elementos indesejados**, p. 212.
[193] Ver **Ajuste da Nitidez**, p. 173.

[194] Ver **Correcção da vinhetagem (Lens Corrections – Lens Vignetting e Effects – Post Crop Vignetting)**, p. 237.
[195] Ver **Perfis de correcção (Lens Corrections – Profile)**, p. 221, e **Correcção das distorções (Lens Corrections – Transform Distortion)**, p. 230.

04. Depois de aguardar alguns minutos até que as trinta imagens fossem processadas e unidas, a imagem panorâmica surgiu na interface do Ps. De seguida, foi necessário fundir as camadas (Layer ▸ Flatten Image) e, por fim, gravar o resultado (File ▸ Save), momento a partir do qual a imagem panorâmica irá surgir na interface do Lr, como se verá no passo seguinte. Como nota paralela, nesta fase não haveria qualquer impedimento em fechar o Ps, mas também poderá permanecer aberto, para o caso de ser necessário regressar a ele.

05. Tal como se havia definido no passo 01, a imagem panorâmica criada através do Ps surgiu junto das imagens originalmente editadas no Lr (assinalada a vermelho), já no formato TIFF e com o sufixo 'Edit' (sinónimo de que foi editada num programa externo). Uma vez no módulo Develop do Lr, efectuou-se uma série de ajustes complementares, nomeadamente os seguintes (alguns deles assinalados a azul): recorte e alinhamento da imagem[196] (para eliminar as partes excedentárias), correcção de elementos indesejados (manchas de pó), ajustes localizados da exposição[197], ajustes adicionais das cores e ajuste da nitidez.

[196] Ver **Reenquadrar a imagem**, p. 75.
[197] Ver **Filtros em gradiente (Graduated filter)**, p. 137, e **Pincéis de Ajuste (Adjustment Filtre)**, p. 145.

Editar imagens no Adobe Photoshop CS | 273

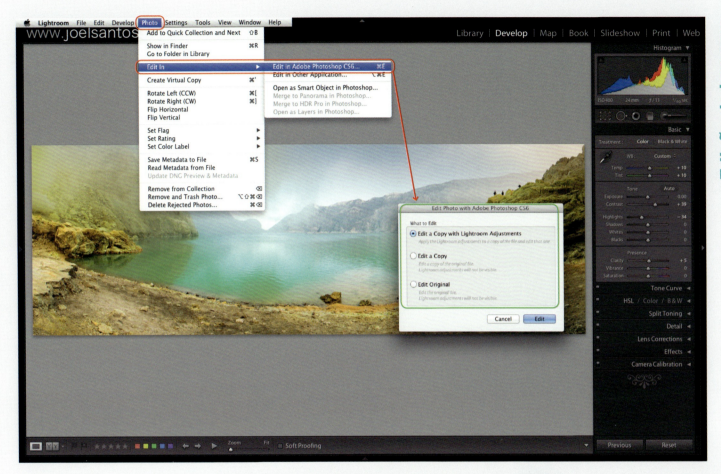

06. Embora já tenham sido aplicados todos os ajustes desejados, poderia dar-se o caso de ser necessário recorrer novamente ao Ps, designadamente para aplicar filtros criativos ou efectuar outra qualquer tarefa de edição de imagem. Neste caso, basta ir ao menu Photo ▸ Edit In ▸ Edit in Adobe Photoshop CS (assinalado a vermelho). Contudo, uma vez que o ficheiro da imagem panorâmica já não se encontra no formato RAW mas sim em TIFF, antes da imagem ser aberta no Ps surgirá uma janela com três opções (assinaladas a verde): Edit a Copy with Lightroom Adjustments (envia para o Ps uma cópia do ficheiro de imagem com todos os ajustes definidos no Lr), Edit a Copy (encaminha para o Ps uma cópia do ficheiro de imagem, mas sem lhe aplicar os ajustes definidos no Lr) e Edit Original (o Ps abrirá o ficheiro de imagem, sem criar qualquer cópia ou aplicar os ajustes definidos no Lr). Como seria de esperar, a opção ideal dependerá do objectivo final, mas, na maioria das vezes, a primeira opção será a mais segura e relevante.

Lr – Ctrl + , ('⌘ + ,' no Mac OS) para aceder à janela de preferências do Lr

Lr – Ctrl + E ('⌘ + E' no Mac OS) para editar uma imagem num programa externo

USE OUTROS PROGRAMAS DE EDIÇÃO DE IMAGEM EXTERNOS AO LR

Para além do Ps, é possível utilizar outros programas de edição de imagem externos ao Lr, bastando acrescentar essa possibilidade na secção 'External Editing' da janela Preferences (Lightroom/Edit ▸ Preferences…), mais concretamente na zona designada por Additional External Editor (assinalada a vermelho). Depois, será preciso clicar em Choose para escolher o programa desejado, procurando na pasta onde se encontra instalado o seu ficheiro de arranque (tipicamente, terá a extensão '.exe' no Windows e '.app' no Mac OS). Por fim, tal como aconteceu no passo 01 do exemplo criado neste subcapítulo, importará definir as opções pretendidas em File Format, Color Space, Bit Depth, Resolution e, se aplicável, Compression.

SAIBA MAIS SOBRE AS PREFERÊNCIAS DE EDIÇÃO EXTERNA

Como se mostrou no passo 01 do exemplo criado neste subcapítulo, quando se acede à secção 'External Editing' da janela Preferences (Lightroom/Edit ▸ Preferences…) existe um conjunto de opções, das quais se escolheram algumas delas, mas sem se explicar o significado das restantes. Assim, para que se possa tomar a melhor decisão possível em função dos objectivos específicos de cada utilizador, eis a explicação concisa de cada uma das opções:

- **FILE FORMAT** – Permite escolher entre o formato de ficheiro TIFF ou PSD. O formato TIFF é o mais universal, tendo a capacidade de reter as camadas (*layers*) criadas no Photoshop. O formato PSD também guarda as camadas e tem a vantagem de ocupar menos espaço em disco, mas apresenta alguns problemas ao nível da actualização dos metadados. Adicionalmente, para que não existam problemas de compatibilidade, requer que se seleccione a opção Maximize Compatibility ao gravar no Ps. Assim sendo, na maioria dos casos, é aconselhável a utilização do formato TIFF.

- **COLOR SPACE** – Permite definir o espaço de cor do ficheiro de imagem, sendo possível escolher entre sRGB, Adobe RGB e ProPhoto RGB, estando estes ordenados de forma crescente no que diz respeito à sua amplitude. Dada a sua universalidade, presença na maior parte das câmaras reflex digitais e popularidade junto de fotógrafos e bancos de imagens, o espaço de cor Adobe RGB constitui uma escolha segura e é capaz de representar uma grande fatia dos tons captados por uma câmara digital. Contudo, o espaço de cor ProPhoto RGB é mais extenso que o Adobe RGB, sendo o único com capacidade de preservar toda a informação tonal gerada pelo Lr à medida que os ficheiros RAW são editados. Em suma, aconselha-se o uso do ProPhoto RGB na fase de edição de imagem, mesmo que mais tarde as imagens sejam exportadas com um espaço de cor mais restrito, como o Adobe RGB ou o sRGB.

- **BIT DEPTH** – Determina a profundidade de cor usada, nomeadamente 8 bit ou 16 bit. A maioria das câmaras reflex é capaz de registar imagens a 12 ou 14 bit quando é usado o formato RAW, logo, para que não seja perdida informação e para que alguns problemas na fase de edição sejam evitados (como o aparecimento de bandas ou posterização), é recomendável escolher sempre a opção 16 bit.

- **COMPRESSION** – Define o tipo de compressão (LZW, ZIP ou None) dos ficheiros TIFF. Apesar de os modos de compressão LZW e ZIP não implicarem uma perda de informação (ou seja, ambos são algoritmos *lossless*), muitas vezes não produzem poupanças significativas de espaço, pelo que se recomenda definir None.

- **RESOLUTION** – Determina os pontos/píxeis por polegada (PPI/DPI) de uma imagem, ou seja, a sua resolução. Para assegurar a eventualidade de imprimir a imagem numa dada dimensão e com a máxima qualidade possível, poderá definir-se logo à partida um valor entre 240 e 300.

Recursos de produtividade

Histórico (History)	279
Instantâneos (Snapshots)	282
Predefinições (Presets)	285
Importação de imagens com ajustes predefinidos	289
Cópia virtual (Virtual copy)	292
Sincronização de ajustes (Synchronize)	296
Gravação de metadados para o ficheiro de imagem	299
Optimizar e fazer cópias de segurança do catálogo (Optimize catalog e backup)	302
Envio de imagens por e-mail	304

Bali, Indonésia
Canon EOS 5D Mark II
0.4 sec; f/16; ISO 100
Dist focal: 88 mm

Recursos de produtividade

Depois de terem sido extensivamente abordadas as diversas ferramentas disponibilizadas pelo Lr e ACR, lançando assim as bases para explorar o máximo potencial das imagens, importa agora analisar as funcionalidades especificamente concebidas para aumentar a eficiência do fluxo de trabalho.

Devido ao seu nome e finalidade imediata, parte dessas funcionalidades parecerão familiares e idênticas a outras que são oferecidas pelos mais diversos programas de edição. Contudo, devido à natureza específica do Lr e do ACR, existem particularidades que são dignas de nota e que podem introduzir uma nova metodologia de trabalho.

Assim, os próximos subcapítulos debruçam-se precisamente sobre essas funcionalidades, para que possam ser exploradas devidamente, facilitando e acelerando certas tarefas, das mais simples às mais complexas.

Histórico
(History)

Como foi referido inicialmente[1], o Lr e o ACR trabalham de forma não destrutiva uma imagem, aplicando os ajustes sobre uma pré--visualização gerada a partir do ficheiro original e guardando todas as alterações sob a forma de **metadados**[2]. No caso particular do Lr[3], estes dados são gravados de forma incremental e em tempo real numa base de dados – o catálogo –, pelo que todos os ajustes são registados automaticamente e exibidos na secção History do módulo Develop[4].

Legenda: Secção History, presente no painel esquerdo do Lr quando o módulo Develop está activado, mostrando as entradas que correspondem a ajustes já efectuados numa imagem. Note-se que, em alguns ajustes, aparecem duas colunas de valores, a primeira mostrando a variação operada e a segunda exibindo o valor total do ajuste. Caso se deseje apagar todas as entradas em History, algo que deverá ser raro, basta clicar na pequena cruz posicionada no canto superior direito.

[1] Ver **Os Programas de edição de imagem**, p. 19.
[2] Em rigor, o catálogo do Lr contém a informação não só dos ajustes aplicados a uma imagem, mas também toda a informação respeitante às palavras-chave (*keywords*), categorizações (*flags*, *stars*, *color labels*, etc.) e outros metadados (coordenadas GPS, informações sobre o autor ou sessão fotográfica, entre outros campos pertencentes aos dados IPTC).
[3] Ver **Adobe Photoshop Lightroom (Lr)**, p. 21.
[4] O ACR não possui a secção History, pois não conta com um catálogo como base de dados, tal como acontece no Lr. Contudo, como se verá, pode recorrer ao uso de Snapshots.

Ao contrário de outros programas de edição de imagem, o histórico de ajustes realizados não precisa de ser gravado manualmente, pois o Lr trata desse processo em tempo real e de forma automática. Assim, por exemplo, caso o Lr seja fechado, propositadamente ou não, quando se lançar novamente o programa todos os ajustes efectuados estarão presentes em History.

Uma particularidade do History é que poderá regressar, em qualquer momento e de forma instantânea, a um estado passado, mesmo que já tenham sido aplicados inúmeros ajustes após esse momento. No entanto, poderá ser complicado descobrir qual o momento a que se pretende regressar, já que os nomes dos ajustes e respectivos valores são difíceis de relacionar com a sua consequência prática na imagem. Para resolver esta questão, basta passar com o rato por cima de qualquer entrada em History e olhar para a pré-visualização que irá aparecer na secção Navigator. Na verdade, esta última também funciona como uma espécie de 'janela' para o passado, evitando que se clique em cada entrada presente em History para verificar na área de previsualização central qual o seu impacto na imagem.

Legenda: Ao passar com o rato por cima das entradas em History a pré-visualização em Navigator deixa antever o estado em que a edição se encontrava, sem necessidade de efectivamente clicar e escolher uma das entradas no histórico.

Como é possível depreender, para regressar a um momento passado basta clicar sobre a respectiva entrada em History, anulando assim as alterações que tenham sido feitas acima desta. Ainda assim, será possível voltar a estas últimas alterações, já que, desde que não se apliquem novos ajustes, o Lr os manterá guardados. Contudo, quando se pretende efectuar novos ajustes, mas, simultaneamente, não se deseja perder o resultado obtido até ao momento, então justifica-se a criação de um Snapshot, como se mostrará no próximo subcapítulo.

 CONHEÇA AS ESPECIFICIDADES DOS COMANDOS DESFAZER/REFAZER (UNDO/REDO) NO LR

Desde que o Lr não tenha sido entretanto fechado, outra forma de 'desfazer' ajustes já realizados é através do atalho Ctrl+Z (⌘+Z no Mac OS), sendo que para os 'refazer' o atalho é Shift+Ctrl+Z (Shift+⌘+Z no Mac OS) – aliás, estes atalhos são bastante frequentes em diversos programas de edição de imagem, entre outros. Todavia, a grande diferença destes comandos no caso particular do Lr é que 'desfazer' (*undo*) ou 'refazer' (*redo*) não percorrem somente os ajustes efectuados, mas também todas as acções que o utilizador levou a cabo. Assim, por exemplo, se o utilizador passar do módulo Library para o módulo Develop e, depois, aplicar uma dezena de ajustes, regressando por fim ao módulo Library, o comando 'desfazer' irá percorrer todas estas acções – ou seja, as mudanças de módulo e os ajustes. Num caso extremo, imagine-se que se escolhe uma centena de imagens e que, por lapso, estas são apagadas do catálogo[5] do Lr. Neste contexto, utilizando o comando 'desfazer' (*undo*) será possível inverter essa acção, isto desde que o Lr nunca tenha sido fechado, pois, quando tal acontece, a gravação automática de acções cessa e todas serão apagadas da 'memória' reservada para estes comandos.

[5] Note-se que, quando se apagam imagens apenas do Catálogo – a base de dados do Lr –, estas não são efectivamente apagadas do disco rígido – a não ser que essa tenha sido a opção do utilizador, caso em que recuperar as imagens poderá ser um processo irreversível.

Instantâneos
(Snapshots)

Um dos problemas associados ao histórico (secção History) é que, quando se regressa a uma entrada passada e se aplica um novo ajuste, todas as entradas que estiverem acima dela serão eliminadas, abrindo caminho para o Lr começar a registar as novas entradas. Esta situação poderá ser frequente, já que, à medida que se aplicam ajustes numa imagem, pode chegar-se a um resultado interessante, mas, depois, também poderá ser desejável regressar a um momento passado e experimentar outros ajustes, sem contudo perder o rasto do trabalho já realizado.

Perante este cenário, sempre que se atinge um estado de edição de imagem que se deseja preservar, é aconselhável a criação de um Snapshot, uma funcionalidade que está disponível tanto no Lr como no ACR.

Legenda: Interface das secções Snapshots no Lr e ACR, mostrando alguns Snapshots previamente criados para uma dada imagem.

Para criar um Snapshot no Lr basta clicar com o botão direito do rato sobre uma determinada entrada do histórico na secção History (uma actual ou outra qualquer) e escolher a opção 'Create Snapshot...'. Alternativamente, também se poderá clicar no sinal '+' existente no canto superior direito da secção Snapshots[6]. Em ambos os casos, irá aparecer uma janela denominada New Snapshot, na qual se poderá introduzir uma designação qualquer para o novo Snapshot, clicando depois em Create ou pressionado a tecla Enter para concluir o processo. Importa ter em atenção que os Snapshots ficarão organizados por ordem alfabética e não por ordem cronológica de criação.

Legenda: Depois de clicar com o botão direito sobre uma das entradas em History escolheu-se Create Snapshot (assinalado a vermelho), fazendo aparecer a janela onde se pode introduzir uma designação para o novo Snapshot (assinalado a verde). Note-se que ao passar o rato por cima de um Snapshot já criado, como aconteceu na entrada designada 'Preto-e-branco – Teste' (assinalado a azul), a previsualização em Navigator permite antever o efeito que esse Snapshot teria sobre a imagem caso fosse seleccionado (assinalado a roxo). Para eliminar um Snapshot bastará clicar com o botão direito do rato por cima do seu nome e escolher a opção Delete; opcionalmente, desde que um Snapshot esteja activo, pode clicar-se no sinal '-' que aparecerá no canto superior direito da secção Snapshots.

Outra das vantagens mais relevantes e frequentemente desconhecidas dos Snapshots é que estes poderão ficar gravados directamente no ficheiro de imagem original, nomeadamente nos ficheiros RAW que estejam no formato DNG[7]. Assim, por exemplo, é possível criar um Snapshot com uma edição totalmente a preto-e-branco, outro Snapshot com a imagem a cores e com um reenquadramento diferente, entre inúmeras hipóteses, gravando-os no ficheiro de imagem sem perder a informação original (pois trata-se de um RAW/DNG) e sem precisar de criar uma cópia desse original por cada opção de edição de imagem.

Assim, em termos práticos e recorrendo a esta técnica, existem as seguintes vantagens no uso dos Snapshots:

1. poupa-se espaço em disco e evitam-se ficheiros de imagem redundantes;
2. cria-se uma independência face ao catálogo do Lr, visto que os Snapshots podem ficar registados no próprio ficheiro de imagem[8], logo podem ser acedidos inclusivamente pelo ACR que não trabalha com base num catálogo;
3. abre-se a possibilidade de os ficheiros de imagem para arquivo final permanecerem sempre em RAW/DNG em vez de serem exportados para os formatos tradicionais, o TIFF e o PSD. Estes últimos são considerados ideais por não comprimirem a informação, mas, paradoxalmente, ocupam mais espaço do que um RAW/DNG e possuem menos informação[9].

[6] Na interface do ACR pode criar-se um Snapshot clicando num pequeno ícone com a aparência de uma folha dobrada, no fundo do separador dedicado aos Snapshots.
[7] Ver **Gravação de metadados para o ficheiro de imagem**, p. 299.
[8] Ver **Gravação de metadados para o ficheiro de imagem**, p. 299.
[9] Ver anexo **Particularidades dos formatos RAW, JPEG e DNG, analisadas em função das especificidades da exposição digital**, p. 351.

Resta sublinhar que os Snapshots não podem ser criados em Cópias Virtuais do Lr, sobretudo devido à natureza destas últimas, como se verá num próximo subcapítulo[10].

ACTUALIZE OU SINCRONIZE OS SNAPSHOTS COM NOVOS AJUSTES

Tipicamente, cria-se um Snapshot quando um determinado ponto do histórico corresponde a um resultado que se pretende preservar, podendo-se posteriormente continuar a testar outros ajustes. No caso de os ajustes adicionais se mostrarem interessantes, é possível incorporar essas modificações no Snapshot já criado, actualizando-o. Para tal, bastará clicar com o botão direito do rato sobre o nome do Snapshot em questão e escolher a opção 'Update with Current Settings'.

Alternativamente, pode surgir uma situação em que, por exemplo, se gastou um tempo considerável a eliminar pontos de pó de uma imagem, não querendo repetir esse processo para cada um dos Snapshots criados. Neste caso, uma solução será sincronizar essas correcções entre todos os Snapshots, bastando ir a 'Settings ▸ Sync Snapshots...' no menu do Lr, definindo na janela que se abrirá os ajustes que se pretendem sincronizar e não esquecendo de seleccionar a opção 'Process Version'[11].

Legenda: Exemplo de uma sincronização entre Snapshots de uma mesma imagem, activando as opções Spot Removal e Process Version (assinalados a vermelho). Para concluir o processo bastaria clicar em Synchronize (assinalado a verde).

[10] Ver **Cópia Virtual (Virtual Copy)**, p. 292.
[11] Ver **Modos de processamento (Process)**, p. 73.

Predefinições
(Presets)

Existirão situações em que se pretende explorar o maior potencial estético de uma imagem, mas as ideias para levar esse processo a cabo escasseiam ou é preciso um pequeno ponto de partida, passando depois para ajustes mais elaborados e personalizados. Neste contexto, as predefinições oferecidas nativamente pelo Lr podem revelar-se extremamente úteis, estando disponíveis na secção Presets, posicionada no painel esquerdo do módulo Develop.

Essencialmente, as predefinições são um conjunto de instruções gravadas sob um determinado nome e que, através de um simples clique, podem ser aplicadas instantaneamente a uma imagem. Como se pode verificar através dos nomes dos conjuntos de Presets oferecidos, estes cobrem as mais diversas necessidades de edição de imagem, desde ajustes básicos (Lightroom General Presets), diferentes tipos de conversão para preto-e-branco (Lightroom B&W Filter Presets, Presets e Toned Presets),

Legenda: Secção Presets nas interfaces do Lr e ACR. A grande diferença entre ambas consiste no facto de o Lr, ao contrário do ACR, oferecer nativamente um vasto leque de predefinições. Para aceder a todas, é necessário clicar nos pequenos triângulos (um exemplo assinalado a verde) ao lado dos nomes dos conjuntos de predefinições, expandindo a lista de Presets a ele anexados. Ainda assim, como se verá adiante, tanto o Lr como o ACR permitem a criação de predefinições personalizadas.

tonalização (Lightroom Color Presets) e outros efeitos (Lightroom Effect Presets).

É preciso ter em consideração que o resultado obtido por estas predefinições irá variar consideravelmente de imagem para imagem, sobretudo quando estas apresentam diferenças ao nível das suas cores originais, exposição e até género do motivo fotografado. Por esta razão, muitas vezes, as predefinições irão requerer ajustes adicionais por parte do utilizador, devendo ser encaradas como um ponto de partida e não como uma receita infalível.

A imagem seguinte mostra o que pode ser obtido por duas das muitas predefinições oferecidas pelo Lr.

Legenda: Com o objectivo de obter um resultado visual distinto do da fotografia original (assinalada a verde), experimentaram-se duas predefinições existentes na secção Presets (assinaladas a vermelho). Assim, no lado esquerdo está o resultado da predefinição 'Red Hi-Contrast filter' (parte do conjunto Lightroom B&W Filter Presets) e no lado direito o resultado de Cross Process 2 (parte do conjunto Lightroom Color Presets). Como se pode verificar, esta última predefinição aplicou automaticamente ajustes na ferramenta Split Toning (assinalados a roxo), constituindo um bom ponto de partida para enveredar por outros ajustes que conduzam a um efeito estético mais personalizado.

Apesar das predefinições incluídas no Lr serem interessantes, o verdadeiro potencial desta funcionalidade consiste em criar Presets personalizados. De facto, quando se atinge um determinado resultado numa imagem e se pretende guardar esse estilo de edição para futuras oportunidades, é possível criar uma predefinição individualizada, a qual poderá congregar todos ou apenas alguns dos ajustes aplicados nas mais variadas ferramentas. Para tal, basta seguir os passos sugeridos na imagem seguinte.

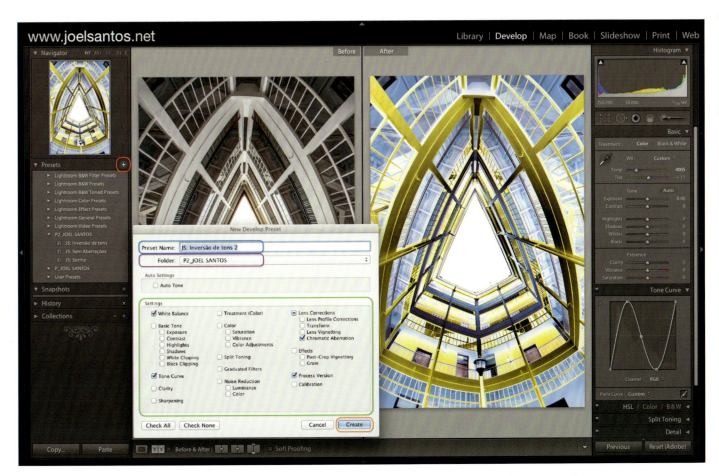

Legenda: Para criar uma predefinição personalizada clicou-se no sinal '+' existente no canto superior direito da secção Presets (assinalado a vermelho), o que fez aparecer a janela 'New Develop Preset'. Depois, seleccionaram-se os ajustes que se desejavam guardar em Settings (assinalado a verde), atribuiu-se um nome identificativo em Preset Name (assinalado a azul) e escolheu-se a pasta do conjunto de ajustes em Folder (assinalado a roxo). Para concluir o processo e gravar a predefinição, clicou-se em Create (assinalado a laranja).

Tal como acontece em History e em Snapshots, ao passar o rato por cima das diferentes predefinições, a previsualização na secção Navigator permitirá antever qual o resultado esperado na imagem, sem necessidade de clicar em todas as possibilidades para ter uma noção do efeito que cada uma proporciona.

Resta mencionar que, como se verá no subcapítulo seguinte, as predefinições também podem ser aplicadas imediatamente a todas as imagens durante o seu processo de importação para o Lr, o que poderá ser vantajoso em algumas situações particulares.

PARTILHE PREDEFINIÇÕES (PRESETS) ENTRE COMPUTADORES

Um aspecto aliciante das predefinições é que estas podem ser partilhadas entre computadores que possuam o Lr instalado. Assim, por exemplo, uma predefinição com um determinado efeito criativo não só poderá estar disponível no computador de casa e no do escritório, como também poderá ser enviada para outro utilizador em qualquer parte do mundo, promovendo um verdadeiro intercâmbio de técnicas de edição. A imagem seguinte ilustra como é que se pode 'exportar' e 'importar' predefinições no Lr.

O AUTOR DISPONIBILIZA GRATUITAMENTE UM CONJUNTO DE PREDEFINIÇÕES DE EDIÇÃO DE IMAGEM. PARA AS OBTER, POR FAVOR ENVIE UM E-MAIL PARA: fotografia@centroatlantico.pt [12]

[12] Ver **Nota de Privacidade** na ficha técnica deste livro. As predefinições para utilização no ACR possuem um formato de ficheiro distinto do Lr, envolvendo também um processo de importação pouco intuitivo. Assim, caso o leitor use o ACR, deverá ler o ficheiro de texto incluído na pasta das predefinições dedicadas ao ACR, onde está explicada a 'estratégia' de importação das mesmas.

Legenda: Para exportar uma predefinição já criada no Lr clicou-se com o botão direito do rato sobre um dos Presets existentes em User Presets (poderia ter sido noutro conjunto qualquer). No menu resultante escolheu-se a opção Export (assinalada a azul), fazendo com que aparecesse outra janela, desta vez do sistema operativo, onde foi possível digitar o nome do ficheiro correspondente à predefinição (assinalado a vermelho), criar uma pasta apropriada (assinalado a roxo) e escolhê-la como destino de gravação da predefinição (assinalado a verde). Para concluir o processo restaria clicar no botão Save (assinalado a laranja). O ficheiro da predefinição poderá agora ser colocado dentro de uma Pen USB, enviado como anexo de e–mail ou até partilhado através de serviços *online* como o Dropbox. Já para importar uma predefinição que entretanto se tenha recebido ou partilhado, bastará clicar com o botão direito do rato em qualquer área da secção Presets e, desta vez, escolher a opção Import. Novamente, surgirá uma janela do sistema operativo, onde agora terá que se escolher o local onde o ficheiro da predefinição se encontra, escolhendo-o e clicando no botão Import. A predefinição será imediatamente adicionada à secção Presets, podendo ser movida entre conjuntos de Presets, clicando a arrastando o seu nome para dentro do nome do conjunto desejado.

Importação de imagens com ajustes predefinidos

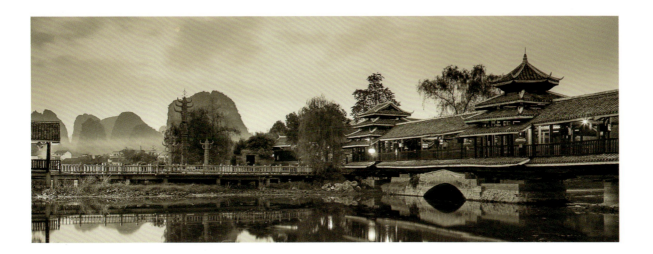

As predefinições existentes na secção Presets podem ser aplicadas às imagens não só durante a fase de edição no módulo Develop, mas também no processo de importação das imagens através do módulo Library[13]**.** Deste modo, é possível fazer com que certos ajustes rotineiros e repetitivos sejam definidos logo à partida, ou que um determinado estilo de edição (por exemplo, o preto-e-branco) seja a base comum para todas as imagens importadas, poupando dessa forma tempo e minimizando algum esforço.

Como já havia sido referido no capítulo dedicado à importação de imagens, a opção 'Develop Settings', presente na secção 'Apply During Import' da janela Import do módulo Library, permite eleger uma predefinição que será aplicada automaticamente às imagens importadas. Ainda assim, como se verá de seguida, também é possível exercer esta escolha directamente na secção Presets do módulo Develop.

[13] Ver **Importação de imagens (Import)**, p. 39.

Legenda: Depois de efectuar um conjunto de ajustes rotineiros nas ferramentas Detail e Lens Corrections (assinalado a verde), criou-se uma predefinição chamada 'JS: Ajustes Básicos' (assinalada a roxo), a qual se desejava aplicar em todas as imagens importadas futuramente. Para tal, clicou-se com o botão direito do rato sobre essa predefinição e, no menu resultante, seleccionou-se a opção Apply on Import (assinalada a azul). Note-se que só se pode escolher uma predefinição e que esta ficará identificada com um pequeno sinal "+" ao lado do seu nome (assinalado a laranja). Caso não se deseje aplicar qualquer predefinição durante o processo de importação, bastará voltar a clicar na opção 'Apply on Import' da forma já mencionada, fazendo com que esta fique desactivada.

DEFINA AJUSTES PREDEFINIDOS EM FUNÇÃO DO MODELO DA CÂMARA FOTOGRÁFICA USADA

A aplicação de uma predefinição durante o processo de importação poderá acelerar alguns processos de edição de imagem rotineiros. Contudo, como se pode calcular, os ajustes que as fotografias produzidas por uma câmara reflex ou por uma câmara compacta necessitam serão diferentes, dadas as suas especificidades ao nível do sensor de imagem, das objectivas usadas, entre outros aspectos que podem diferenciar os seus ficheiros de imagem. Neste contexto, o Lr oferece a possibilidade de estabelecer ajustes iniciais em função de um determinado modelo de câmara, como se poderá ver de seguida.

Legenda: Depois de escolher uma imagem de referência de um dado modelo de câmara fotográfica, importa definir estritamente os ajustes que se pretende que sejam aplicados às imagens provenientes desse equipamento. Esta decisão deverá ser extremamente ponderada e é crucial que se tenha a certeza que mais nenhum ajuste foi aplicado anteriormente à imagem de referência. No exemplo em questão, optou-se por activar apenas a ferramenta Remove Chromatic Aberration[14] (assinalada a laranja), já que é um tipo de correcção que faz sentido aplicar em todas as imagens, garantindo assim que, à partida, estarão isentas das aberrações cromáticas mais notórias. Depois, através do menu Develop ▶ Set Default Settings (ou do botão Set Default, que surge no fundo do painel direito quando se deixa pressionada a tecla 'Alt' no módulo Develop, conforme assinalado a vermelho), pode aceder-se à janela Set Default Develop Settings. Nesta janela surgirá o modelo da câmara (assinalado a verde) e a possibilidade de, clicando em Update to Current Settings (assinalado a azul), definir o ajuste anteriormente aplicado como parte das definições originais para as imagens realizadas com esse equipamento.

[14] Ver **Aberrações cromáticas e franjas de cor (Lens Corrections – Color)**, p. 224.

Cópia virtual
(Virtual copy)

Dada a natureza do Lr, que assenta num método de edição não destrutiva e na utilização de previsualizações dos ficheiros originais como base das suas operações, surge a possibilidade de criar cópias virtuais de qualquer imagem no seu catálogo. Em termos gerais, uma cópia virtual tem as propriedades da versão original do ficheiro de imagem, no sentido em que representa a mesma imagem e pode ser alvo de todos os ajustes existentes no Lr, mas possui uma identidade completamente distinta.

Assim, a vantagem inequívoca de realizar uma cópia virtual é a de que não passam a existir dois ficheiros originais idênticos (dois RAW, por exemplo), mas sim um original (o que sempre existiu) e um duplicado representativo deste último (que consiste numa previsualização e numa nova entrada no catálogo do Lr, ocupando um espaço mínimo no disco rígido). Como se pode depreender, a versatilidade e eficiência inerente às cópias virtuais é considerável, já que se podem criar versões ilimitadas de uma imagem, mas, na prática, existe apenas um ficheiro real/original.

As imagens seguintes mostram como se pode criar uma ou mais cópias virtuais a partir de uma imagem original, fornecendo um exemplo de como estas podem ser úteis.

CRIAR CÓPIAS VIRTUAIS

01. Para criar uma cópia virtual, clicou-se com o botão direito do rato por cima da previsualização central da imagem (também funcionaria na miniatura existente no painel inferior), fazendo aparecer um menu onde se escolheu a opção 'Create Virtual Copy'. A título de curiosidade, também seria possível seleccionar mais do que uma imagem, caso em que a designação da opção no menu mudaria para 'Create Virtual Copies'.

02. Depois de escolher a opção Create Virtual Copy, de imediato aparecerá uma imagem anexada à imagem original, sendo que esta cópia virtual é identificável pelo facto de apresentar uma ponta dobrada no canto inferior esquerdo da imagem. Neste exemplo, repetiu-se o processo mais quatro vezes, criando um total de cinco cópias virtuais (assinaladas a vermelho), nas quais se aplicaram os mais diversos ajustes, nomeadamente dois novos reenquadramentos, uma vinhetagem com contornos vincados, uma dessaturação parcial e uma conversão para tons monocromáticos. Importa sublinhar que apenas uma das imagens diz respeito ao ficheiro RAW/DNG original (assinalado a verde), o qual, neste caso, ocupa cerca de 30 MB em disco já contando com a sua previsualização no Lr, enquanto as cinco cópias virtuais são apenas previsualizações que não implicaram uma replicação do RAW/DNG original, não tomando mais do que 10 MB na sua totalidade (contra os 5x30= 150 MB que ocupariam cinco RAW/DNG) .

Cópia virtual (Virtual copy) | 295

 ENCONTRE AS CÓPIAS VIRTUAIS (VIRTUAL COPIES)

A utilidade e eficiência inerentes às cópias virtuais é tão significativa que, com elevada probabilidade, se irão multiplicar pelo catálogo do Lr. Assim, para não se perder o rasto às cópias virtuais, pode activar-se um filtro com base nesse critério, mais concretamente através da função de pesquisa do módulo Library (Library ▸ Filter by Kind ▸ Virtual Copies ou, como se verá no exemplo seguinte, usando a barra de filtros na parte superior da interface)[15].

Legenda: Neste caso, pretendia-se encontrar todas as cópias virtuais criadas num conjunto de pastas, as quais foram seleccionadas na secção Folders (assinaladas a verde). Depois, activou-se a função de pesquisa do módulo Library (através do atalho Ctrl+F no Windows ou ⌘+F no Mac OS), fazendo aparecer a barra de filtros Library Filter na parte superior da interface. De seguida, seleccionou-se a opção Attribute (assinalada a azul), a qual dá acesso a um vasto conjunto de critérios de pesquisa, entre eles o que diz respeito às cópias virtuais (assinalado a vermelho). Ao clicar neste pequeno ícone as cópias virtuais foram instantaneamente encontradas entre mais de seis mil imagens originais, sendo exibidas na área de previsualização central e no painel inferior.

 Lr – Ctrl+ ' ou ⌘ + ' [Criação de uma Cópia Virtual (Virtual Copy)]

[15] Ver **Pesquisa de imagens (Filter e Find)**, p. 68.

Recursos de produtividade

Sincronização de ajustes
(Synchronize)

Como foi anteriormente referido, a criação de predefinições (Presets) é uma das formas de guardar um determinado conjunto de ajustes e, posteriormente, aplicá-lo a outras imagens, quer durante a fase de importação, quer durante o processo de edição. Contudo, especificamente quando as imagens já se encontram importadas, o uso das predefinições implica que se percorra imagem a imagem para as aplicar, algo impraticável quando se deseja levar a cabo esta tarefa num elevado número de imagens. Adicionalmente, nem sempre um determinado tipo de edição de imagem justifica a criação de uma predefinição, pelo menos não sem antes o testar noutras imagens e comprovar o seu interesse.

Tendo estas questões em vista, o Lr permite que os ajustes definidos numa imagem sejam sincronizados com quaisquer outras imagens, acelerando tremendamente o fluxo de trabalho. Com efeito, através da funcionalidade Sync Settings, é possível corrigir, em breves instantes, o equilíbrio de brancos, a exposição, a saturação, a nitidez, os problemas ópticos, as manchas de pó, a rotação, entre outros aspectos, num qualquer número de imagens.

O exemplo seguinte mostra como se pode transformar um conjunto de imagens para preto-e-branco, sincronizando os ajustes de uma dada imagem com as restantes.

Sincronização de ajustes (Synchronize) | 297

SINCRONIZAR AJUSTES ENTRE IMAGENS

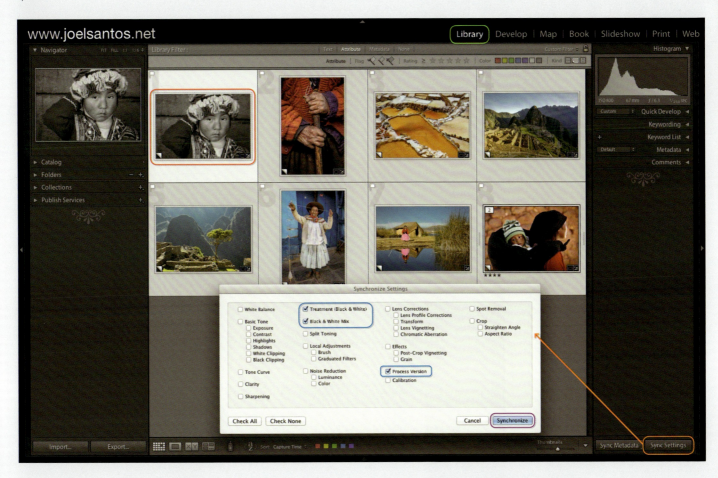

01. Após se ter escolhido um conjunto de imagens através do módulo Library (assinalado a verde), converteu-se uma delas para preto-e-branco[16], clicando sobre esta última para que ficasse seleccionada e, consequentemente, marcada a cinza-claro. Depois, mantendo a tecla Ctrl (ou ⌘, no Mac OS) clicou-se sobre as restantes imagens, as quais também ficaram marcadas a cinza-claro, mas num tom menos brilhante. Esta diferença de tons permite perceber qual a imagem que será a origem dos ajustes (assinalada a vermelho) e quais as imagens que serão alvo da sincronização dos ajustes. De seguida, clicou-se no botão Sync Settings presente na parte inferior do painel direito (assinalado a laranja), fazendo aparecer a janela Sync Settings, na qual foi possível seleccionar apenas os ajustes a sincronizar – neste caso, 'Treatment – (Black & White)', 'Black & White Mix' e 'Process Version' (assinalados a azul). Para iniciar o processo, restou clicar no botão Synchronize (assinalado a roxo).

[16] Ver **Preto-e-branco**, p. 248.

02. Depois de consumado o passo anterior, poucos segundos depois todas as imagens seleccionadas passarão a partilhar os mesmos ajustes ao nível da ferramenta Black & White. Este processo poderia ser realizado com qualquer número de imagens, permitindo, com grande brevidade, analisar quais as imagens que poderiam resultar melhor em tons monocromáticos. Para reverter esta sincronização de ajustes poder-se-ia fazer Undo (Edit ▸ Undo, desde que entretanto não se tenha realizado mais nenhuma acção), fazer uma nova sincronização (desta vez com base numa imagem sem a ferramenta Black & White activada) ou, por fim, recorrer à secção History do módulo Develop para seleccionar uma entrada passada no histórico das imagens em que não se pretenda esta sincronização de ajustes.

COPIE AJUSTES DE UMA IMAGEM PARA OUTRA

Para além do uso das predefinições[17] e do recurso à sincronização de ajustes, existe uma forma adicional de copiar os ajustes efectuados numa imagem para uma outra qualquer, como será mostrado na imagem seguinte. ⊠

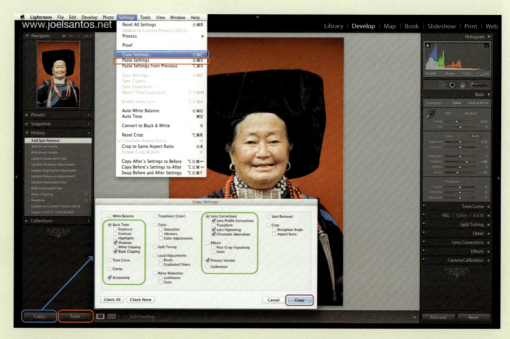

Legenda: Para copiar os ajustes de uma imagem para outra, primeiro será preciso recorrer à função Copy Settings, a qual poderá ser acedida através do menu Settings ▸ Copy Settings ou, de forma mais simples, clicando no botão Copy presente na parte inferior do painel esquerdo do módulo Develop (assinalado a azul). Na janela correspondente à função Copy Settings, seleccionaram-se os ajustes que se desejavam copiar (assinalados a verde), clicando no botão Copy (assinalado a roxo) para concluir esta primeira parte do processo. Por fim, restaria escolher a imagem de destino dos ajustes copiados, os quais seriam transferidos através do menu Settings ▸ Paste Settings ou do botão Paste (ambas as opções assinaladas a vermelho).

[17] Ver **Predefinições (Presets)**, p. 285.

Gravação de metadados para o ficheiro de imagem

A introdução de palavras-chave[18], alterações nos campos de IPTC[19] e, acima de tudo, os ajustes efectuados nas mais variadas ferramentas são gravados automaticamente no catálogo do Lr, sem a necessidade de existir uma função de gravação específica[20], como as habituais 'Save' ou 'Save as', transversais a todas as aplicações de edição de imagem.

Contudo, apesar de ser bastante conveniente esta gravação em tempo real, a verdade é que ela acontece apenas ao nível do catálogo[21] – a base de dados do Lr –, mas não ao nível do ficheiro de imagem original. Assim, no cenário catastrófico de o catálogo ficar danificado e de não se possuir uma cópia de segurança do mesmo, tal significa que todos os ajustes efectuados serão perdidos, bem como os demais metadados atribuídos às imagens.

Uma forma de minimizar este problema consiste em 'obrigar' o Lr a gravar toda essa informação também nos ficheiros originais, designadamente nos ficheiros XMP (quando se usa o RAW criado pela câmara), DNG (isto se, durante o processo de importação ou numa fase posterior, se tenha optado pela conversão dos RAW para o formato DNG), JPEG ou TIFF. O exemplo seguinte mostra como é que este processo poder ser conduzido.

[18] Ver **Descrição das imagens (Metadados – EXIF, IPTC e Keywording)**, p. 64.
[19] Ver **Descrição das imagens (Metadados – EXIF, IPTC e Keywording)**, p. 64.
[20] Este também foi abordado em **Histórico (History)**, p. 279.
[21] Ver **Importação de imagens**, p. 289, e **Importação e Exportação do Catálogo**, p. 325, para ter uma noção mais precisa sobre o que é o catálogo do Lr.

Legenda: Para gravar os metadados no ficheiro de imagem original, recorreu-se à função Save Metadata to File, presente no menu Photo do Lr (assinalado a azul). Alternativamente, também se poderia ter usado o atalho ⌨ Ctrl+S (Windows) ou ⌘+S (Mac OS). De imediato aparecerá uma janela (assinalada a verde), informando que os metadados serão gravados directamente no ficheiro de imagem caso estes estejam no formato JPEG, TIFF, PSD ou DNG, ou gravados num ficheiro 'sidecar' (XMP) caso a imagem se encontre no formato RAW proveniente da câmara fotográfica. Para concluir o processo, bastará clicar no botão Continue (assinalado a vermelho). Note-se que este processo poderia ter sido aplicado a várias imagens ao mesmo tempo, escolhendo-as previamente através do módulo Library[22], por exemplo.

[22] Ver **Gestão das imagens importadas**, p. 51.
[23] Ver **Importação das imagens**, p. 39.
[24] Ver anexo **Particularidades dos formatos RAW, JPEG e DNG, analisadas em função das especificidades da exposição digital**, p. 351.

Caso se tenha optado por converter os ficheiros RAW para o formato DNG[23], existe a clara vantagem de os ajustes e os *snapshots* ficarem directamente embebidos no ficheiro de imagem, tornando possível retomar a edição de imagem noutro computador que tenha o Lr ou ACR instalados, sem complicações adicionais e sem existir uma dependência do catálogo.

Adicionalmente, para além de ser preservado todo o trabalho de edição realizado, manter-se-á como base o ficheiro original — o que, por outras palavras, significa que poderá aplicar outros ajustes ou eliminar os já existentes sem que isso signifique qualquer perda da informação original[24].

ENCONTRE TODAS AS IMAGENS QUE JÁ SOFRERAM ALTERAÇÕES AO NÍVEL DOS METADADOS

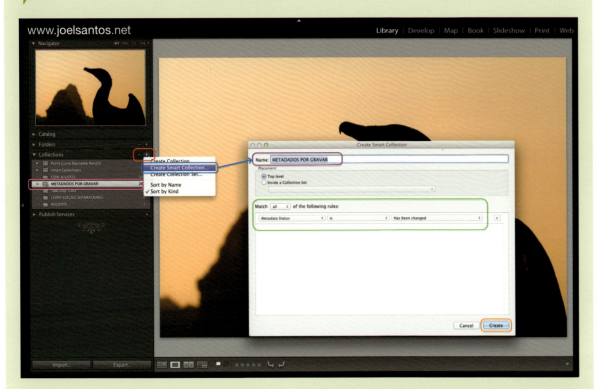

Quando o número de imagens num catálogo é muito elevado, torna-se complicado saber quais as que já sofreram ajustes ou alterações nos seus metadados – ou seja, precisamente aquelas em que se deverá ter o cuidado de gravar a informação directamente no ficheiro de imagem. Para resolver esta dificuldade, a solução passa por criar uma colecção inteligente (Smart Collection), onde o Lr irá colocar, de forma automática, todas as imagens cujos metadados no catálogo mudaram face ao ficheiro original. O exemplo seguinte mostra como se poderá criar este tipo de colecção.

Legenda: Para criar uma colecção inteligente clicou-se no sinal '+' presente no canto superior direito da secção Collections (assinalado a vermelho), escolhendo a opção 'Create Smart Collection...' no pequeno menu (assinalado a azul). Na janela correspondente a esta opção, escolheu-se o seguinte encadeamento de opções: 'Metadata Status' – 'is' – 'Has been changed' (assinalado a verde). Depois, deixando as restantes opções inalteradas, inseriu-se um nome apropriado para esta colecção inteligente, neste caso 'Metadados por gravar' (assinalado a roxo). Por fim, clicou-se no botão Create (assinalado a laranja), fazendo aparecer esta nova colecção na secção Collections, a qual dá acesso às imagens cujos metadados devem ser gravados para o ficheiro original (assinalado a magenta). Resta salientar, a título de curiosidade, que os ícones das colecções inteligentes distinguem-se dos ícones dos restantes tipos de colecções por apresentarem uma pequena roda dentada[25].

[25] Ver **Localização e Organização das imagens (Catalog, Folders e Collections)**, p. 53, para obter algumas noções introdutórias sobre as colecções criadas no Lr.

LOCALIZE AS IMAGENS QUE JÁ SOFRERAM AJUSTES

Independentemente de os metadados terem sido gravados ou não no ficheiro original de imagem, por vezes interessará descobrir as imagens que já sofreram qualquer tipo de ajuste. Para tal, bastará executar alguns dos passos da dica anterior, mas definindo outra opção na janela Create Smart Collection, como mostra a imagem seguinte.

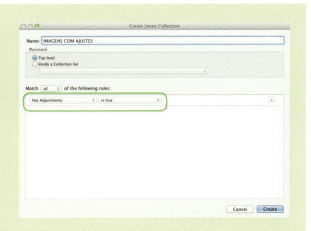

Legenda: Seguindo os passos indicados na dica 'Encontre todas as imagens que já sofreram alterações ao nível dos metadados', bastará agora, na janela 'Create Smart Collection', definir as seguintes opções: 'Has adjustments' – 'is true' (assinalado a verde).

Optimizar e fazer cópias de segurança do catálogo
(Optimize catalog e backup)

Optimizar e fazer cópias de segurança do catálogo (Optimize catalog e backup)

O Lr depende umbilicalmente do catálogo (ficheiro .lrcat, no disco rígido), a base de dados onde são gravadas e da qual são lidas todas as informações relativas às imagens importadas[26]. Assim, à medida que se importam novas fotos, que se apagam entradas indesejadas e que aplicam novos ajustes, essa base de dados vai crescendo e, paralelamente, vai ficando desorganizada, dois aspectos que conduzem a uma redução significativa do desempenho do Lr. Assim, é aconselhável que se proceda à optimização regular do catálogo, conforme será exemplificado na imagem seguinte.

Legenda: Para optimizar o catálogo foi-se a File ▸ Optimize Catalog (assinalado a azul), fazendo surgir uma janela que informa acerca da data/hora do último processo de optimização, dando também a entender que este poderá melhorar o desempenho do Lr. Para prosseguir, basta clicar no botão Optimize (assinalado a verde) e, depois, aguardar o tempo necessário até a tarefa estar concluída (assinalado a roxo).

[26] Ver **Importação de imagens**, p. 39, e Importação e Exportação do Catálogo, para obter noções adicionais sobre o catálogo do Lr.

Para além da optimização do catálogo, é fortemente recomendável que se efectuem cópias de segurança frequentes do catálogo. Deste modo, quando se fecha o Lr, deverá escolher-se a opção 'Backup', assinalando as opções 'Test Integrity Before Backing Up' e 'Optimize The Catalog After Backing Up', resolvendo desta forma três questões de uma só vez: verificação da integridade do catálogo, optimização do catálogo e criação de uma cópia de segurança do catálogo. A conclusão deste triplo processo poderá demorar poucos instantes ou vários minutos, dependendo da dimensão do catálogo.

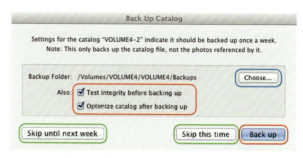

Legenda: A janela Back Up Catalog aparece quando se encerra o Lr, oferecendo as opções de verificação, optimização e duplicação do catálogo (assinaladas a vermelho). Adicionalmente, é possível escolher a localização da cópia de segurança (assinalado a azul), uma preferência que dependerá do método de trabalho de cada utilizador. O processo poderá ser adiado por uma semana ou apenas até à próxima vez que se fechar o Lr (assinalado a verde).

Envio de imagens por e-mail

Mesmo antes de chegar à fase de exportação das imagens, a qual será abordada no próximo capítulo, o Lr tem a capacidade de enviar imagens por e-mail, sem necessidade de recorrer a qualquer outro programa ou serviço de *webmail*, **potenciando uma partilha simples e rápida dos resultados obtidos.**

As imagens seguintes mostrarão quais os passos essenciais para configurar uma conta de e-mail e enviar imagens através dela.

CONFIGURAR CONTA DE E-MAIL E ENVIAR IMAGENS

01. Para usar o serviço de e-mail do Lr seleccionaram-se as imagens que se pretendiam enviar e, depois, clicou-se com o botão direito sobre uma delas. De seguida, no menu resultante, escolheu-se a opção 'E-mail Photos...', fazendo aparecer a janela que se verá no passo seguinte.

02. Na janela aqui mostrada, clicou-se em 'From' para ter acesso à opção 'Go to Email Account Manager', a qual foi seleccionada para poder ter acesso à janela de configuração das contas de e-mail.

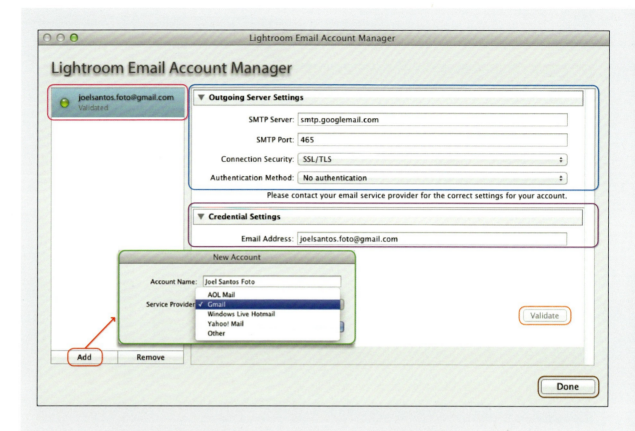

03. Uma vez na janela 'Lightroom Email Account Manager', clicou-se em Add (assinalado a vermelho) para poder escolher um serviço de e-mail [Service Provider] e inserir uma designação para a nova conta de e-mail [Account Name] (assinalado a verde). Neste exemplo, na secção 'Outgoing Server Settings' (assinalado a azul) e devido ao facto de se ter escolhido o serviço Gmail, o Lr definiu automaticamente os campos 'SMTP server', 'SMTP port', 'Connection Security' e 'Authentication Method' (neste último foi necessário alterar a opção para 'No authentication'). O campo 'Email Address', na secção 'Credential Settings', foi preenchido manualmente, correspondendo ao endereço de e-mail desejado (assinalado a roxo). Depois, bastou clicar em 'Validate' (assinalado a laranja) para verificar e validar a configuração da nova conta, momento a partir do qual esta aparecerá com um círculo a verde na secção esquerda desta janela (assinalado a magenta). Note-se que esta última acção exige que o computador tenha uma ligação activa à Internet. Por fim, restou clicar em Done para concluir o processo de criação da nova conta de e-mail (assinalado a castanho), um passo que só se realizará uma vez (a não ser que se pretenda configurar outras contas de e-mail).

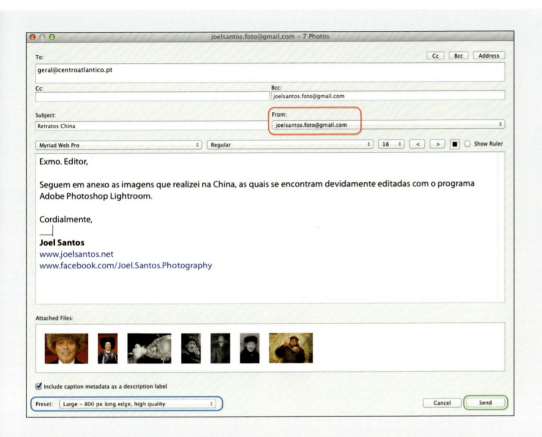

04. Já com a nova conta de e-mail configurada e seleccionada no campo 'From' (assinalado a vermelho), definiu-se a dimensão e qualidade das imagens em 'Preset' (assinalado a azul). Para terminar, preencheram-se os campos habituais de um e-mail (destinatário, assunto, texto principal) e clicou-se em 'Send' (assinalado a verde) para proceder ao envio de uma mensagem de e-mail com as imagens previamente seleccionadas em anexo.

Exportação/ gravação das imagens

Exportação de imagens no Lr	311
Exportação de imagens no ACR através do Ps	322

Huangshan, China
Canon EOS 5D Mark II
1/125 sec; f/10; ISO 400
Dist focal: 22 mm

Exportação/ gravação das imagens

Independentemente de se ter usado o Lr ou ACR como plataforma para editar os ficheiros de imagem 'originais'[1], existirá um ponto a partir do qual se desejará consumar a fase de pós-produção e dar um passo em frente no fluxo de trabalho, exportando as imagens de forma a que estas possam ser usadas com outras finalidades em mente – para arquivo, impressão, partilha numa rede social, entre muitas outras.

No entanto, apesar da exportação das imagens ser um processo relativamente simples, é preciso ter em consideração que este ocorre de forma distinta no Lr e no ACR, já para não mencionar que as opções de exportação deverão variar em função dos objectivos de utilização da imagem e do tipo de ficheiro de imagem 'original'. Com efeito, no caso exemplificativo dos ficheiros RAW, partilhar um ficheiro neste formato não será a opção mais conveniente, não só pelo espaço que ocupa e pelo necessário cuidado que se deve ter na cedência de originais a terceiros, mas também pela sua reduzida universalidade (pois nem todos os programas ou computadores os conseguirão interpretar e abrir).

Assim, nos próximos subcapítulos, irão explorar-se algumas das possibilidades mais comuns de exportação das imagens, para que estas possam ganhar vida fora do programa de edição de imagem e sejam partilhadas com terceiros da forma mais apropriada.

---

[1] Admite-se que foram editados ficheiros no formato RAW (ou DNG), mas também poderiam ter sido ficheiros no formato JPEG, TIFF ou PSD.

Exportação de imagens no Lr

Como já foi mencionado anteriormente[2], o Lr trabalha as imagens de forma não destrutiva, ou seja, a informação do ficheiro original de imagem nunca é tocada no processo de edição de imagem, sendo todos os ajustes aplicados sobre previsualizações e guardados no catálogo do Lr (a base de dados sobre a qual este programa trabalha).

Deste modo, da mesma forma que inicialmente ocorreu um processo de importação[3] (as imagens passaram a estar integradas no catálogo Lr), é necessário agora um processo de exportação para que as imagens editadas sejam usadas 'fora' do Lr – ou seja, estas tornam-se independentes do Lr, sendo criados *outros* ficheiros de imagem (tipicamente nos formatos JPEG, TIFF, PSD ou DNG), deixando intocados os 'originais'.

Antes de abordar alguns destinos típicos das imagens exportadas, primeiro é essencial saber como se inicia o processo de exportação e quais são as principais opções disponíveis, algo que será demonstrado através das imagens seguintes.

---

[2] Ver **Os programas de edição de imagem**, p. 19.
[3] Ver **Importação de Imagens**, p. 39.

EXPORTAR IMAGENS

[4] Ver **Cópia Virtual (Virtual Copy)**, p. 292.

01. Para iniciar o processo de exportação das imagens, em primeiro lugar escolheram-se algumas candidatas através do painel inferior no módulo Library (assinalado a azul), entre elas uma cópia virtual[4] (assinalada a roxo). Depois, clicou-se no botão Export, posicionado na parte inferior do painel esquerdo (assinalado a vermelho). Também se poderia ter usado o menu File ▸ Export... (assinalado a verde), já que esta opção também levaria à janela que se verá no próximo passo.

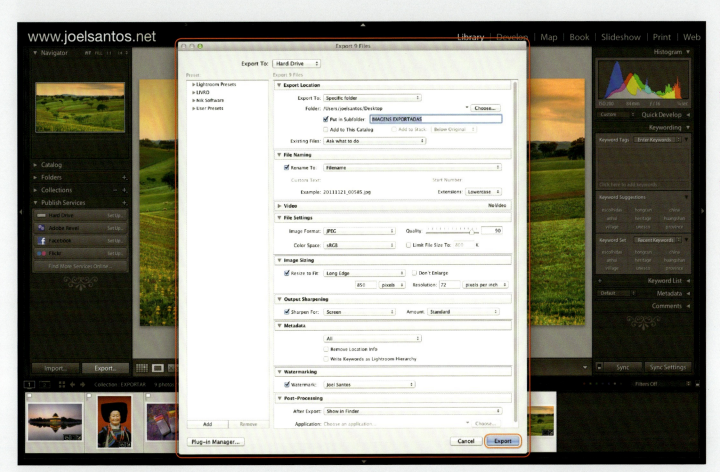

02. Na janela Export surge uma vasta lista de opções (assinalada a vermelho), as quais foram seleccionadas e definidas de acordo com os objectivos finais de utilização das imagens exportadas, neste caso para partilha numa rede social. Assim, foi escolhido o destino das imagens (Export Location), o método de renomeação dos ficheiros (File Naming), o formato do ficheiro de imagem e respectivos parâmetros (File Settings), a dimensão das imagens (Image Sizing), o método de aplicação de nitidez (Output Sharpening), os metadados a incluir (Metadata), a aplicação de uma marca de água (Watermarking) e a acção a tomar depois de exportadas as imagens (Post-Processing)[5]. Para começar a exportação propriamente dita, restou clicar em Export (assinalado a laranja).

[5] Ainda neste subcapítulo, um pouco mais adiante, serão apresentados três casos típicos de exportação, sugerindo alguns parâmetros relevantes que o utilizador, em função das suas necessidades, poderá definir nas opções da janela Export.

03. Depois de aguardar alguns instantes, as imagens exportadas encontravam-se na pasta de destino escolhida, respeitando todas as opções definidas no passo anterior.

Como se pôde constatar, na janela Export apresentada no passo 02, existia uma grande variedade de opções, as quais, propositadamente, não foram explicadas com a devida profundidade. Isto porque se pretende dar a conhecer três casos típicos de exportação – Online, Impressão e Arquivo –, cada um deles com as suas especificidades, como se verá de seguida.

Online

Um dos usos mais prováveis das imagens editadas será a partilha através da Internet, seja através do e-mail, de uma rede social, de uma comunidade fotográfica *online* ou de um *website* pessoal. Tipicamente, por questões de praticabilidade e segurança, este tipo de utilização deve corresponder a um certo número de requisitos ao nível dos ficheiros de imagem exportados, razão pela qual se justificam as seguintes opções, ficando as restantes ao critério de cada utilizador.

Exportação de imagens no Lr | 315

- **EXPORT LOCATION** (assinalado a vermelho)
  Para que as imagens a usar na Internet não fiquem misturadas com outras, sugere-se que se escolha uma pasta do disco rígido em Choose (por exemplo, a do ambiente de trabalho, vulgo *desktop*) e a criação de uma subpasta com o nome 'Online', por exemplo.

- **FILE NAMING** (assinalado a verde)
  Para manter uma ligação com a designação original dos ficheiros de imagem (posteriormente, facilitará uma operação de pesquisa com base no nome), é conveniente que esta se mantenha idêntica, bastando adicionar um sufixo que diferencie a imagem exportada das restantes. Para tal, basta activar a opção Rename to, criando um método de renomeação automática que corresponda à seguinte lógica: 'Filename_*Online*'[6].

- **FILE SETTINGS** (assinalado a azul)
  Uma vez que a imagem será partilhada pela Internet, é conveniente que o formato usado seja universal (para que todos os utilizadores possam visualizar a imagem sem problemas) e que envolva alguma compressão (para que o ficheiro ocupe menos espaço). Neste sentido, é aconselhável escolher o formato JPEG em *Image Format*, 80 a 90 em *Quality* (privilegia a qualidade sobre a compressão, mas sem deixar de tornar o ficheiro mais 'leve') e sRGB em Color Space (o mais utilizado pelos *browsers* de Internet).

- **IMAGE SIZING** (assinalado a laranja)
  Para evitar o uso indevido das imagens por parte de terceiros, bem como para minimizar o espaço que o ficheiro de imagem ocupa, é vital que se defina uma dimensão em píxeis reduzida. Assim, depois de activar a opção *Resize to Fit* e de seleccionar *Long Edge* (lado mais longo), é recomendável definir um valor entre 700 e 1000 (*Pixels*), acompanhado de uma definição indicada

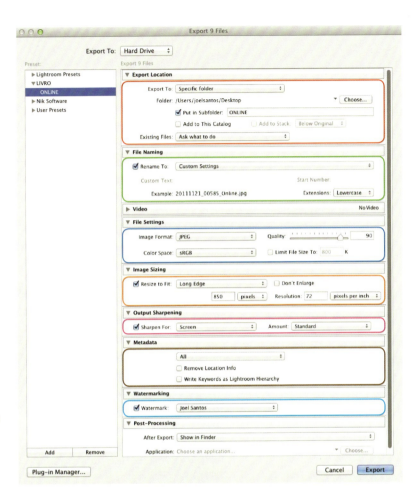

para ecrãs de computador em Resolution – 72 (pixels per inch – ppi), será uma boa opção.

- **OUTPUT SHARPENING** (assinalado a magenta)
  Sempre que uma imagem sofre uma redução na sua dimensão em píxeis, tal como foi definido em *Image Sizing*, é necessário que lhe seja aplicada nitidez adicional, mesmo que já tenha existido um ajuste de nitidez durante o processo de pós-produção[7]. Como tal, admitindo que a imagem vai ser exibida num ecrã, deverão seleccionar-se

[6] 'Filename' corresponde ao nome do ficheiro original. Assim, uma renomeação com o sufixo 'Online' resultaria, por exemplo, numa designação do tipo 'ferias_Online.jpg'.
[7] Ver **Ajuste da nitidez**, p. 173.

as opções *Screen* (em *Sharpen For*) e *Standard* (em *Amount*).

- **METADATA** (assinalado a castanho)
Na maior parte dos casos, é aconselhável preservar os metadados, até porque podem incluir informação sobre a imagem e respectivo autor, entre outros dados potencialmente relevantes para identificação da imagem. Assim, aconselha-se a opção *All*, deixando desactivadas as restantes opções.

- **WATERMARKING** (assinalado a ciano)
A colocação de marca de água é uma questão subjectiva, pois pode comprometer o impacto da imagem. Ainda assim, é muito útil como forma de protecção das imagens (embora, em alguns casos, possa ser habilmente eliminada) e, sobretudo, como meio de divulgação do seu autor (particularmente na Internet, onde facilmente uma imagem se propaga, sem um controlo efectivo sobre o seu paradeiro). Neste contexto, é aconselhável seleccionar a opção *Watermark* e criar uma marca de água personalizada.

CRIE UMA MARCA DE ÁGUA PERSONALIZADA

Como se pôde verificar, a janela Export oferece a possibilidade de aplicar uma marca de água, um processo que visa inscrever um texto ou adicionar uma assinatura gráfica às imagens exportadas, identificando o seu autor e minimizando a possibilidade de estas serem usadas indevidamente quando forem disponibilizadas através da Internet.

Legenda: A marca de água poderá ser directamente criada na janela Export, seleccionando a opção Edit Watermarks, ou escolhendo a mesma opção através do menu Lightroom/Edit ▸ Edit Watermarks (assinalado a vermelho). Depois, na janela Watermark Editor e escolhendo a opção Text, restará digitar o texto pretendido e configurá-lo de acordo com as necessidades, num processo idêntico ao de ajustar um texto num processador de texto. Alternativamente, seleccionando a opção Graphic, há a possibilidade de usar uma imagem no formato JPEG ou PNG como assinatura gráfica, colocando-a sobre a imagem exportada.

Arquivo

Apesar de o Lr deixar intocados os ficheiros originais, de todos os ajustes serem preservados no seu catálogo e de ser possível fazer cópias destes últimos (originais e catálogo), é fortemente aconselhável exportar 'as melhores' imagens, já devidamente editadas, com o intuito de as arquivar.

Num primeiro momento e para facilitar as operações, a exportação destas imagens poderá ser feita para dentro de uma pasta no computador em uso. Porém, com a urgência possível e por motivos de segurança, as imagens deverão transitar para outro disco rígido ou DVD, o qual deverá ser guardado num local fisicamente diferente e distante (outra casa, por exemplo, para evitar as consequências de qualquer infortúnio).

- **EXPORT LOCATION** (assinalado a vermelho)
  Por uma questão de organização, é aconselhável colocar as imagens exportadas dentro de uma subpasta com um nome apropriado, por exemplo 'Arquivo DNG' ou 'Arquivo' TIFF, caso se deseje diferenciar o formato de ficheiro usado.

- **FILE NAMING** (assinalado a verde)
  Novamente, para existir uma relação entre o nome do ficheiro original e o do ficheiro exportado, é preferível que a designação se mantenha, bastando adicionar um sufixo diferenciador, como 'Filename_arquivo'[8], na opção Rename to.

- **FILE SETTINGS** (assinalado a azul)
  Os formatos típicos para arquivo de fotos editadas são o TIFF ou o DNG, já que ambos não implicam compressão com perda de informação, como acontece no formato JPEG. Caso se escolha TIFF, é recomendável escolher None em Compression, ProPhoto RGB em Color Space e 16 bits / component em Bit Depth. Caso se opte pelo formato DNG (o qual apresenta vantagens sobre o TIFF, como se pode ler na dica 'Arquive as imagens no formato DNG', pág.318), poderão manter-se as definições originalmente sugeridas pelo Lr.

- **IMAGE SIZING** (assinalado a laranja)
  Pressupondo que o ficheiro exportado deverá estar na sua máxima qualidade, não deverá existir qualquer redimensionamento, o qual poderá ser realizado posteriormente em função de um objectivo específico (impressão, *online*, entre outros). No caso de se ter escolhido o formato TIFF, poder-se-á definir 300 (pixels per inch – ppi) em Resolution.

[8] 'Filename' corresponde ao nome do ficheiro original. Assim, uma renomeação com o sufixo 'Arquivo' resultaria, por exemplo, numa designação do tipo 'viagem_Arquivo.dng'.

- **OUTPUT SHARPENING** (assinalado a laranja)
  Os ajustes de nitidez deverão ser realizados durante a fase de pós-produção, aplicando nitidez somente onde é necessário[9], ao contrário do que acontece com este algoritmo de nitidez na exportação, que actua de forma homogénea sobre toda a imagem. Adicionalmente, não existindo um redimensionamento da imagem, não se justifica uma 'segunda passagem' de ajustes de nitidez. Em suma, para a finalidade em questão – arquivar – é aconselhável desligar esta opção.

- **METADATA** (assinalado a laranja)
  Sendo a imagem para arquivo, todos os metadados deverão ser preservados.

- **WATERMARKING** (assinalado a laranja)
  Dado que se criará uma imagem de arquivo, deve evitar-se que esta fique degradada com a colocação de uma marca de água, pelo que se aconselha a desactivar esta opção.

[9] Ver **Ajuste da Nitidez**, p. 173.
[10] Ver **Instantâneos (Snapshots)**, p. 282.
[11] Ver **Palavras-chave (Keywords)**, p. 66.
[12] Ver **Particularidades dos formatos RAW, JPEG e DNG, analisadas em função das especificidades da exposição digital**, p. 351.

ARQUIVE AS IMAGENS NO FORMATO DNG

Tradicionalmente, o formato TIFF tem sido o que reúne maior consenso como opção para gravação de imagens para arquivo, sobretudo devido a um conjunto relevante de características: a informação não é comprimida ou perdida, é consideravelmente universal, pode conter camadas e comporta 16 bits. Contudo, por exemplo, um ficheiro RAW criado por uma câmara de 22 megapíxeis ocupará cerca de 127 MB quando gravado em TIFF, admitindo que este último não foi comprimido e que está a 16 bit. Adicionalmente, uma vez criado, e apesar de o TIFF não perder informação durante as operações de leitura/escrita, este já não contém a informação original contida no ficheiro RAW. Assim, por mais paradoxal que possa parecer, um ficheiro RAW de 30 MB (espaço médio ocupado por um RAW quando usada uma câmara de 22 megapíxeis), contém mais informação do que o TIFF de 127 MB resultante da exportação. Neste contexto, o ideal seria poder preservar o ficheiro RAW, mas sem que esse perdesse os ajustes aplicados através do Lr. Tal é possível com os pouco práticos ficheiros *sidecar* (XMP), os quais contêm os mais diversos metadados (inclusivamente os referentes aos ajustes), mas possuem o inconveniente de não estarem embutidos no próprio RAW, ficando, literalmente, atrelados. Uma forma de resolver este problema passa por exportar as imagens para arquivo no formato DNG, também ele um formato RAW (logo, toda a informação original é preservada), mas com a particularidade de permitir a gravação de metadados (logo, preserva ajustes, *snapshots*[10], palavras-chave[11], entre outros dados). Em suma, desde que um dado ficheiro de imagem sofra todos os ajustes no seio do Lr, sem ser exportado para um programa de edição externa que implique uma gravação noutro formato que não o RAW, então o formato DNG congrega todas as vantagens do TIFF, acrescentando o facto de ocupar uma fracção do espaço (na verdade, até um pouco menos que o RAW original), de preservar os ajustes e, acima de tudo, de não perder a informação originalmente registada pela câmara fotográfica. Importa sublinhar que é necessário fotografar em RAW para mais tarde poder converter o ficheiro de imagem para o formato DNG, algo impossível quando se opta por fotografar em JPEG[12].

Impressão

Exportar uma imagem com a finalidade desta ser impressa pode ser uma operação mais sinuosa do que inicialmente parece, já que as definições de exportação indicadas dependem muito da tecnologia de impressão, do tipo e dimensão do papel, dos espaços de cor que o sistema de impressão consegue interpretar, entre outros aspectos.

Assim, uma vez que não cabe aqui explorar todas as variantes possíveis, será mais útil perceber as razões que devem presidir à selecção de determinadas opções. Note-se que este tipo de exportação não está relacionado com o uso do módulo Print do Lr, mas sim com a necessidade de exportar um ficheiro de imagem para que este seja impresso fora do Lr, por exemplo, num laboratório profissional.

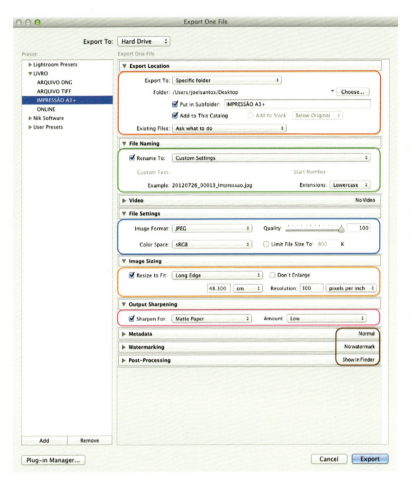

- **EXPORT LOCATION** (assinalado a vermelho)
  Tal como foi sugerido anteriormente, é aconselhável colocar as imagens exportadas dentro de uma subpasta com um nome adequado, por exemplo, 'Impressão'.

- **FILE NAMING** (assinalado a verde)
  Caso se opte por manter uma ligação entre o nome do ficheiro original e o do ficheiro exportado, bastará adicionar um sufixo diferenciador em Rename to e que corresponda à seguinte lógica: 'Filename_*Impressão*'[13].

- **FILE SETTINGS** (assinalado a azul)
  Admitindo que a impressão ocorre sem recurso ao Lr, é preciso considerar que a maioria dos laboratórios de impressão, quiosques de impressão e impressoras caseiras não possuem programas que consigam interpretar e imprimir a partir de um ficheiro RAW. Adicionalmente, muitas vezes não será prático usar ficheiros TIFF, dado o espaço que ocupam, nem será particularmente vantajoso ter um ficheiro a 16 bit. Assim, apesar de o formato JPEG envolver alguns compromissos (apenas 8

bit e compressão com perda de informação, por exemplo), na prática essas desvantagens não se notam de forma evidente (pois, a compressão, desde que mínima, não se traduz numa perda visível da qualidade de imagem, além de que a maioria das impressoras não imprime a 16 bit). Assim, sugere-se a escolha de JPEG em Image Format, 100 em Quality (ou seja, compressão mínima) e sRGB em Color Space (excepto quando se tem a certeza de que a impressora consegue reproduzir o espaço de cor AdobeRGB, caso em que este último deverá ser o escolhido).

[13] 'Filename' corresponde ao nome do ficheiro original. Assim, uma renomeação com o sufixo 'Impressão' resultaria, por exemplo, numa designação do tipo 'exposição_*Impressão*.jpg'.

- **IMAGE SIZING** (assinalado a laranja, pág. anterior)
Aqui importará ter uma noção exacta da dimensão do papel. Imaginando que se pretende imprimir no formato A3+ (329mm x 483mm), em *Resize to Fit* deverão definir-se as opções *Long Edge* e 48.300 cm, e, em Resolution, 300 *pixels per inch* (ppi). Note-se que se a dimensão em píxeis não permitir imprimir num formato tão grande (o que será típico em ficheiros com menos de 22 megapíxeis), então o Lr irá redimensionar o ficheiro de imagem exportado, interpolando a informação original até obter a dimensão em píxeis necessária. Quanto maior for a necessidade de interpolação, maior será a perda de qualidade de imagem.

- **OUTPUT SHARPENING** (assinalado a magenta, pág. anterior)
Regra geral, uma imagem impressa perde sempre alguma da sua nitidez, especialmente quando comparada com a nitidez observada num ecrã de computador. Como tal, admitindo que já se efectuaram os devidos ajustes da nitidez em pós-produção[14], ainda assim poderá ser aconselhável um reforço do ajuste de nitidez na fase de exportação. Neste sentido, para que o algoritmo seja o mais eficaz possível, em *Sharpen For* é possível optar entre *Matte Paper* (papel mate) e *Glossy Paper* (papel brilhante), doseando-se a gosto a intensidade deste ajuste em Amount (*Low, Medium ou High*).

- **METADATA** (assinalado a castanho, pág. anterior)
Não existe qualquer desvantagem em preservar os metadados, excepto quando não se deseja partilhar de forma inadvertida algumas informações neles contidas.

- **WATERMARKING** (assinalado a castanho, pág. anterior)
Não será comum aplicar uma marca de água a uma imagem impressa, pelo que, na maioria das vezes, poderá desactivar-se esta opção.

[14] Ver Ajuste da Nitidez, p. 173.
[15] Ver dica Crie, exporte, importe e actualize predefinições de exportação de imagens.
[16] Ver Nota de Privacidade na ficha técnica deste livro.

O AUTOR DISPONIBILIZA GRATUITAMENTE UM CONJUNTO DE PREDEFINIÇÕES DE EXPORTAÇÃO DE IMAGENS[15]. PARA AS OBTER, POR FAVOR ENVIE UM E-MAIL PARA:
fotografia@centroatlantico.pt[16]

 CRIE, EXPORTE, IMPORTE E ACTUALIZE PREDEFINIÇÕES DE EXPORTAÇÃO DE IMAGENS

Depois de efectuadas as escolhas desejadas na janela Export, é possível gravar esse conjunto de opções como uma predefinição, poupando mais tarde o esforço de reconfigurar tudo em função de uma nova necessidade de exportação.

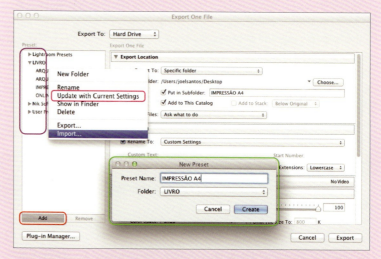

Legenda: Para criar uma predefinição de exportação basta clicar no botão Add (assinalado a vermelho) e, na janela New Preset (assinalada a verde), digitar uma designação em Preset Name e escolher uma pasta de destino em Folder. Uma vez criada a nova predefinição, esta poderá ser seleccionada sempre que necessário na secção esquerda da janela Export (assinalada a roxo). Clicando com o botão direito do rato sobre uma das predefinições nessa secção, aparecerá um menu a partir do qual será possível, entre outras opções, exportar (Export) ou importar (Import) as predefinições, transitando-as entre computadores e utilizadores. No mesmo menu, através da opção Update with Current Settings, poderá actualizar-se uma predefinição já existente com novas opções (assinalado a magenta).

EXPORTE IMAGENS COM AS MESMAS DEFINIÇÕES DA ANTERIOR

Para exportar imagens exactamente com as mesmas configurações usadas da última vez, mas sem necessidade de passar pela janela Export, então basta ir ao menu File ▸ Export with Previous.

USE OS SERVIÇOS DE EXPORTAÇÃO EXTERNOS DO LR

O Lr permite a configuração de alguns serviços de partilha *online* de fotografias, entre eles os célebres Facebook e Flickr, sem a necessidade de passar por todo o processo de exportação e subsequente acesso às respectivas páginas na Internet.

Legenda: Na secção Publishing Services, presente no painel esquerdo do módulo Library (assinalado a vermelho), é possível configurar alguns serviços de partilha de imagens *online*. Para tal, admitindo que possui uma conta nos respectivos *sites*, basta clicar sobre o serviço pretendido e, na janela Lightroom Publishing Manager (assinalada a verde), iniciar um processo de configuração tradicional, parte dele dedicado ao acesso à conta e outra parte dedicada às opções de exportação já conhecidas. Uma vez consumado esse processo preliminar, que será realizado apenas uma vez, resta escolher as imagens que se desejam partilhar e clicar novamente sobre o serviço pretendido, seguindo os passos então sugeridos pela interface do Lr.

Exportação de imagens no ACR através do Ps

No ACR, o acto de exportação de uma imagem editada surge com uma designação mais tradicional – Save Image (gravar imagem) –, sendo que as opções disponíveis são reduzidas face às existentes na janela Export to Lr.

As diferenças mais notórias residem na ausência de opções vocacionadas para a gestão de metadados e para a introdução de uma marca de água. Contudo, como foi referido nos capítulos iniciais deste livro, estas diferenças são perfeitamente explicáveis, visto que o Lr prevê várias fases do fluxo de trabalho através dos seus sete módulos, enquanto o ACR é um *plugin* do Ps equiparável somente ao módulo Develop do Lr[17]. Como tal, as necessidades que o ACR não satisfaz directamente, são compensadas pela integração que pode existir com o Adobe Bridge (que permite uma gestão dos ficheiros de imagem semelhante à proporcionada pelo módulo Library do Lr, daí a gestão de metadados estar ausente das opções de exportação do ACR) e com o Photoshop CS (através do qual vastas possibilidades de edição estão em aberto, inclusivamente a criação de uma marca de água).

Diferenças à parte, as restantes opções de exportação estão disponíveis no ACR, nomeadamente ao nível da escolha do formato de ficheiro de gravação (JPEG, TIFF, PSD ou DNG), da renomeação dos ficheiros, selecção do espaço de cor, resolução, ajuste de nitidez adicional, entre outras, pelo que não se irá repetir o que já foi descrito no subcapítulo anterior, nomeadamente a propósito das opções oferecidas pela janela Export do Lr.

Assim, de forma muito sucinta, importa saber como é que as imagens podem ser exportadas (em rigor, gravadas através da criação de outro ficheiro de imagem, distinto do original) na interface do ACR, algo que se verá de seguida.

[17] Ver **Os Programas de Edição de Imagem**, p. 19.

GRAVAR IMAGENS FINAIS NO ACR

01. Para 'exportar' uma imagem no ACR basta clicar no botão Save Image, posicionado no canto inferior esquerdo da interface (assinalado a vermelho). De imediato, surgirá a janela Save Options, na qual se pode escolher a pasta de destino (secção Destination, assinalada a verde), definir o método de renomeação (secção File naming, assinalada a azul) e seleccionar o formato do ficheiro a gravar (secção Format, assinalada a roxo). Para concluir o processo, bastaria clicar no botão Save (assinalado a laranja). Complementarmente, caso se desejasse abrir a imagem no Ps com os ajustes já efectuados no ACR, prosseguindo a edição no Ps, então bastaria clicar no botão Open Image (assinalado a magenta), levando ao passo seguinte. Mas, antes desse passo, importa mencionar a presença de uma discreta linha de texto sublinhado a azul na parte inferior da interface do ACR (assinalada a castanho) — ao clicar nesta linha ter-se-á acesso à definição do espaço de cor (sRGB, Adobe RGB ou ProPhoto RGB), da profundidade de informação (8 bits ou 16 bits), da resolução (ppi) e da nitidez adicional.

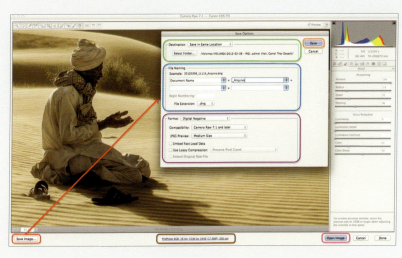

02. Uma vez aberta a imagem no Ps, resultado do comando Open Image mencionado no passo anterior, será possível utilizar todas as ferramentas que este programa disponibiliza, trabalhando a imagem até obter o resultado desejado. Por fim, a imagem poderá ser gravada nos formatos já conhecidos, excepto em DNG (RAW, portanto).

Importação e exportação do catálogo

Exportação do catálogo	327
Importação do catálogo	330

Yangshuo, China
Canon EOS 5D Mark II
1/60 sec; f/4.0; ISO 1600
Dist focal: 32 mm

Importação e exportação do catálogo

Como foi mencionado noutros capítulos, o catálogo é a base de dados criada pelo Lr, na qual está inserida toda a informação relativa às imagens importadas (ajustes, metadados, colecções, classificações, cópias virtuais, histórico, entre outros aspectos).

Inicialmente, esta base de dados consiste num único ficheiro (com a extensão .lrcat), posicionado dentro de uma pasta criada pelo Lr ou pelo utilizador. Assim que se importam imagens, o Lr irá criar, precisamente na mesma pasta, outros ficheiros de apoio ao catálogo, nomeadamente o 'Previews.lrdata', onde estão contidas todas as previsualizações das imagens originais[1].

Sendo o catálogo o pilar de trabalho do Lr, muito provavelmente chegará o momento em que se pretende exportar uma parte ou a totalidade deste, abrindo-o depois noutro computador com o Lr instalado ou, inclusivamente, importando-o de modo a este se fundir com outro catálogo já criado. Serão precisamente estas operações que serão abordadas, de forma muito sucinta, nos próximos subcapítulos.

[1] Ver **Importação de imagens**, p. 39, para uma descrição mais detalhada deste processo.

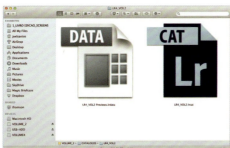

Legenda: Ficheiros correspondentes ao catálogo (.lrcat) e às previsualizações (Previews.lrdata), neste caso ambos alojados dentro de um disco rígido externo (Volume_2/CATALOGOS/LR4_VOL2). Ao clicar duas vezes no ficheiro '.lrcat' o Lr será lançado, abrindo este mesmo catálogo. Enquanto o Lr está aberto, aparecerão alguns ficheiros temporários, nomeadamente os 'lrcat-journal' e 'lrcat.lock', os quais irão desaparecer assim que o Lr for encerrado.

Exportação do catálogo

Em termos gerais, ao exportar um catálogo, o Lr irá criar um novo catálogo com uma parte ou a totalidade das imagens que nele existam, sendo possível incluir neste processo os ficheiros de imagem originais e/ou as previsualizações. Evidentemente, o catálogo exportado levará consigo todas as informações e metadados respeitantes às imagens incluídas na exportação, permitindo que o trabalho de edição aos mais variados níveis seja preservado.

Deste modo, o catálogo exportado será uma entidade autónoma, funcionando no mesmo computador ou noutro que tenha o Lr instalado, sem implicar que se apague o catálogo que lhe deu origem.

Veja-se, então, como exportar um conjunto de imagens como um catálogo.

EXPORTAR O CATÁLOGO DO LR

[2] Ver **Localização e Organização das imagens (Catalog, Folders e Collections)**, p. 53.

01. Antes de iniciar a exportação do catálogo é preciso seleccionar quais as imagens que se pretendem exportar. Para tal, no módulo Library, deverão escolher-se as miniaturas das imagens que serão alvo desta operação, indo depois a File ▸ Export as Catalog (assinalado a vermelho). Opcionalmente, caso se pretenda exportar uma colecção ou pasta em particular, bastará seleccioná-las na secção Collections ou Folders no painel esquerdo do Lightroom[2]. Depois, clicando com o botão direito sobre a colecção ou pasta pretendida, restará escolher a opção 'Export this Collection as a Catalog' (assinalado a verde) ou 'Export this Folder as a Catalog', consoante o caso.

02. Independentemente do método eleito para exportar as imagens sob a forma de um catálogo, irá aparecer a janela 'Export as Catalog'. Nesta, escolheu-se o destino (assinalado a vermelho) e o nome do novo catálogo (assinalado a verde). Antes de prosseguir, activaram-se as opções 'Export negative files'[3] (fará com que os ficheiros originais das imagens – RAW, JPEG, TIFF ou PSD – sejam incluídos no processo) e 'Include available previews'[4] (anexa ao catálogo as previsualizações criadas até então pelo Lightroom), já que se pretendia que o novo catálogo fosse completamente independente e pudesse ser lançado noutro computador (assinalado a azul). A título de curiosidade, note-se que esta janela inclui a informação de quantas imagens originais (Master Photos) e cópias virtuais (Virtual Copies)[5] são incluídas na exportação (assinalado a roxo). Por fim, basta clicar no botão 'Export Catalog' (assinalado a laranja) e esperar o tempo necessário para que a exportação do catálogo seja concluída.

03. Depois de concluído o processo de exportação do catálogo, este poderá ser encontrado na pasta de destino eleita no passo anterior (assinalado a vermelho), bem como o ficheiro relativo às previsualizações (assinalado a verde) e as pastas que contém os ficheiros de imagem originais (assinaladas a azul). Saber onde se encontra o catálogo exportado é vital não só para se poder lançar o Lr com ele, mas também, caso assim se deseje, para o poder importar (como se verá no próximo subcapítulo).

[3] Regra geral, é aconselhável activar esta opção, já que o catálogo exportado ficará completamente independente, pois será suportado pelos ficheiros de imagem originais. Todavia, poderão existir situações em que não será preciso/desejável juntar os ficheiros originais ao catálogo, por exemplo, quando se quiser ceder o catálogo a terceiros (com o propósito de este ser alvo de introdução de metadados, de categorizações, selecções, etc.), mas sem fornecer a possibilidade de estes terem acesso às imagens originais sem autorização. Alternativamente, também se pode querer exportar um catálogo suficientemente ligeiro para as capacidades de um portátil, no qual se poderá trabalhar os aspectos já referidos, reimportando mais tarde somente essas alterações para o catálogo principal existente noutro computador.

[4] Esta opção permite anexar à exportação do catálogo as previsualizações já criadas pelo Lightroom, nomeadamente as miniaturas presentes nos mais variados modos de visualização (Grid View, Loupe View) e ampliações (1:1, por exemplo, vitais para as ferramentas de nitidez, de redução do ruído digital, entre outras). Importa reiterar que se estas previsualizações não tiverem sido já criadas (automaticamente pelo Lr ou manualmente via Library ▸ Previews ▸ Render 1:1 Previews), então elas nunca serão exportadas juntamente com o catálogo. Adicionalmente, seleccionar a opção 'Include available previews' é particularmente importante caso não tenha escolhido a 'Export negative files', pois o computador que importar o catálogo em questão não conseguirá gerar previsualizações com qualidade e resolução suficientes sem os ficheiros originais, o que limitará o uso do catálogo exportado.

[5] Ver **Cópia Virtual (Virtual Copy)**, p. 292.

Importação do catálogo

Qualquer catálogo já criado no Lr ou exportado pelo utilizador poderá ser posteriormente importado, seja no mesmo computador ou noutro qualquer que tenha o Lr instalado.

Tipicamente, existem duas situações em que a importação de um catálogo se justifica. A primeira situação será quando o utilizador exportou um catálogo 'parcial' (ou seja, com apenas uma parte das imagens contidas no catálogo 'original'), efectuando depois alterações nas imagens (ajustes, metadados, entre outras) que deseja agora ver incorporadas no catálogo 'original' – isto é conseguido importando o catálogo 'parcial' com o 'original' aberto no Lr, fundindo as alterações do primeiro com o segundo. A segunda situação será quando o utilizador pretende unir dois catálogos num só catálogo, ou seja, por exemplo, 'transferir' um catálogo que se encontre no disco rígido do computador para outro que esteja alojado num disco rígido externo – isto é conseguido importando o catálogo que estava no computador com o que está no disco externo já aberto no Lr, incorporando o primeiro no segundo.

Seja qual for a situação que motiva a importação de um catálogo, e para que este processo aparentemente complicado se torne mais simples, as imagens seguintes ilustram os passos necessários para consumar este tipo de operação.

IMPORTAR UM CATÁLOGO DO LR

01. Já com o Lr lançado e com o catálogo pretendido aberto, foi-se a File ▸ Import from Another Catalog (assinalado a vermelho) para iniciar a importação de outro catálogo já existente. Depois, na janela do sistema operativo que imediatamente surgiu, escolheu-se o local onde estava guardado o ficheiro '.lrcat' do catálogo anteriormente exportado (assinalado a verde). Será sempre necessário aguardar alguns instantes enquanto o Lr confronta o catálogo aberto com o que irá ser importado (assinalado a azul).

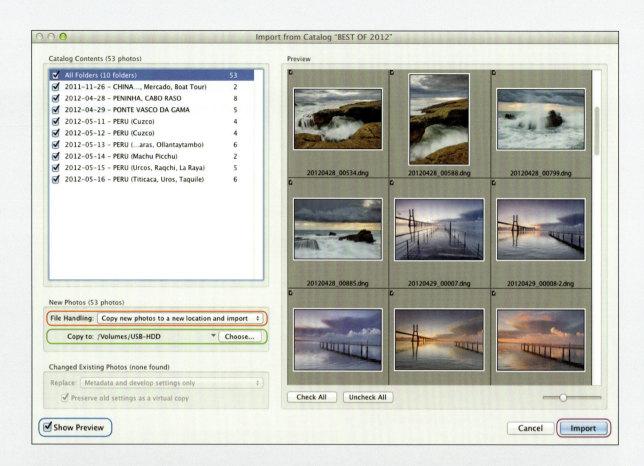

[8] A outra opção seria 'Add new fotos to catalog without moving', o que iria adicionar as novas fotos ao catálogo (em rigor, as suas previsualizações e metadados), mas sem copiar os ficheiros de imagem originais de um disco rígido para o outro (ou seja, estes permanecem na sua localização inicial).

02. Após o Lr ter terminado o processo de análise dos catálogos, apareceu a janela 'Import from Catalog', onde se pôde verificar a listagem de pastas com as fotos a importar e as respectivas previsualizações (pois activou-se a opção 'Show Preview', assinalada a azul). De seguida, em File Handling, escolheu-se a opção 'Copy new photos to a new location and import'[6] (assinalado a vermelho), para que os ficheiros de imagem originais sejam copiados da sua localização presente para outro destino (definido em Copy to, assinalado a verde). Por fim, clicou-se em Import (assinalado a roxo) para dar início ao processo de importação do catálogo, o que fundirá este último com o catálogo inicialmente aberto, levando consigo as previsualizações, os metadados e os ficheiros de imagem originais.

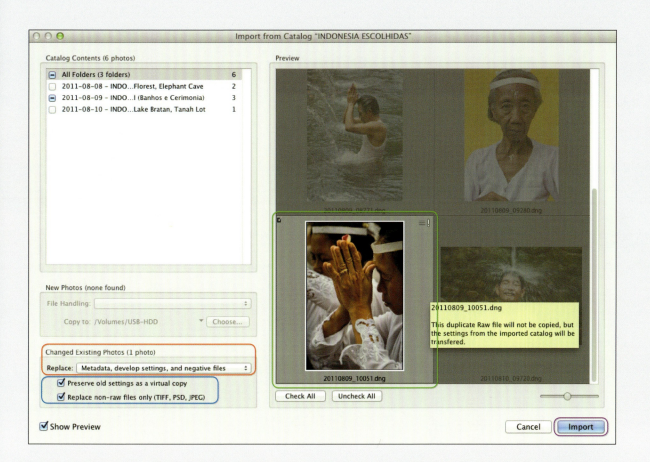

03. Em rigor, este passo corresponde a uma situação alternativa à descrita no passo anterior. Com efeito, neste caso, quando o Lr confrontou o catálogo a importar com o que já se encontrava aberto, este detectou que não existia nenhuma imagem nova (ou seja, as mesmas imagens estavam em ambos os catálogos), mas que uma delas (assinalada a verde) apresentava alterações ao nível dos seus metadados (ajustes diferentes, por exemplo). Neste contexto, escolheu-se a opção 'Metadata, develop settings, and negative files' em Replace (assinalada a vermelho), para que os metadados e o ficheiro de imagem original sejam importados. Adicionalmente, activaram-se outras duas opções (assinaladas a azul): 'Preserve old settings as virtual copy' (permite manter os ajustes antigos sob a forma de uma cópia virtual, por uma questão de segurança) e 'Replace non-raw files only (TIFF, PSD, JPEG)' (deste modo, apenas serão substituídos os ficheiros que não sejam RAW). Por fim, clicou-se em Import (assinalado a roxo) para começar o processo de importação do catálogo, o qual somente incidirá sobre a transferência dos novos metadados para o catálogo aberto e, quando aplicável, também dos ficheiros de imagem originais.

Caso prático

Pequim, China
Canon EOS 5D Mark II
10.0 sec; f/10; ISO 200
Dist focal: 28 mm

Caso prático

No decorrer dos vários capítulos deste livro, ficou implícito que uma fotografia jamais exibirá o seu máximo potencial assim que se pressiona o botão disparador da câmara fotográfica, existindo questões técnicas, estéticas e criativas que podem ser trabalhadas na fase de pós-produção, a qual é uma extensão natural do processo fotográfico.

Assim, uma vez abordados os principais ajustes, ferramentas e técnicas de edição de imagem, chega agora o momento de colocar os conhecimentos em prática. Para tal, irá usar-se uma fotografia como ponto de partida para exemplificar um possível fluxo de trabalho no módulo Develop do Lr (que seria equivalente no ACR), tendo em vista o melhoramento global da fotografia original.

Antes de iniciar o exemplo, importa ter em consideração que nem todas as fotografias exigem o uso das mesmas ferramentas ou a mesma intensidade nos ajustes aplicados – da mesma forma que, recorrendo a uma simples analogia, a confecção de um bom prato não implica o uso de todos os ingredientes à nossa disposição. Adicionalmente, tal como o acto de fotografar, a edição de imagem é um processo subjectivo, pelo que os passos adiante mencionados representam apenas uma sugestão do autor, entre muitas possíveis.

SOLICITE E RECEBA A IMAGEM USADA NESTE CASO PRÁTICO

Para que o leitor possa seguir este caso prático, o ficheiro de imagem no formato RAW (DNG, em rigor) poderá ser solicitado à editora Centro Atlântico, através do e-mail **fotografia@centroatlantico.pt**[1]. A título pessoal, e no âmbito do treino e aprendizagem, o autor permite que o leitor tire amplo partido do ficheiro de imagem enviado, aplicando ajustes e usando ferramentas para além das sugeridas no exemplo criado. Todavia, importa sublinhar que os direitos de imagem pertencem exclusivamente ao autor, Joel Santos, não estando autorizado qualquer uso editorial ou comercial, incluindo a partilha ou a distribuição através de qualquer meio ou sob qualquer forma, sem o seu consentimento expresso.

[1] Ver **Nota de Privacidade** na ficha técnica deste livro.

CASO PRÁTICO – EXEMPLO DO FLUXO DE TRABALHO FOTOGRÁFICO

01. Já com o Lr aberto e com o módulo Library activado (assinalado a azul), o ficheiro de imagem deverá ser importado[2]. Para tal, bastará arrastar o ficheiro para a área de previsualização central do Lr (assinalado a verde) ou clicar no botão Import (assinalado a vermelho), fazendo abrir a janela de importação que se poderá ver no passo seguinte. No caso de se usar o ACR, bastaria abrir o ficheiro de imagem no Ps, passando imediatamente para o passo 03.

[2] Ver **Importação de imagens**, p. 39.

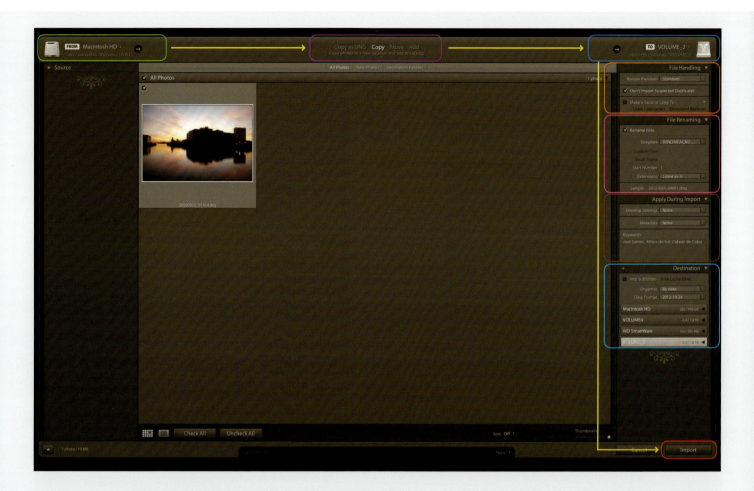

02. Independentemente da forma escolhida para despoletar a importação da imagem, surgirá uma janela de definições relativa a este processo. Através dela será possível escolher a origem do ficheiro de imagem (assinalado a verde), o método de importação (neste caso, escolheu-se Copy, conforme assinalado a roxo, pois o ficheiro já se encontra no formato DNG), o destino da imagem importada (que fica ao critério do utilizador, conforme assinalado a azul), o modo de gestão do ficheiro e respectiva criação de previsualizações (File Handling, assinalado a laranja), o método de renomeação do ficheiro (File Renaming, assinalado a magenta), os ajustes e outros metadados a aplicar (Apply During Import, assinalado a castanho) e o método de organização por pastas no destino anteriormente escolhido (Destination, assinalado a ciano). Para iniciar a importação propriamente dita, momento em que o ficheiro de imagem será copiado e adicionado ao catálogo do Lr com a respectiva previsualização, resta clicar no botão Import (assinalado a vermelho).

03. Uma vez importado o ficheiro de imagem, poderá activar-se o módulo de trabalho Develop (assinalado a vermelho), onde todos os ajustes serão levados a cabo. Para ter a certeza que se está a usar o modo de processamento mais recente, será conveniente verificar, na secção Camera Calibration, que está activada a opção 2012 em Process[3] (assinalado a verde). Como se pode verificar através do histograma (assinalado a azul), a exposição original da imagem é a ideal, explorando toda a gama dinâmica da câmara fotográfica, sem existirem zonas sub ou sobreexpostas dignas de nota[4]. Contudo, visto que se trata de uma fotografia em contraluz, existe uma moderada silhueta, além do natural desequilíbrio luminoso entre o céu e o reflexo na água – duas questões que podem ser trabalhadas recorrendo aos ajustes de exposição, conforme se verá de seguida.

04. Para ajustar a exposição global, começou por se recorrer à secção Basic (assinalada a verde), aplicando um ajuste de +75 em Shadows[5], o qual permitiu revelar uma considerável quantidade de detalhes nas zonas de sombra, nomeadamente nos edifícios no meio do enquadramento (assinalado a azul). Depois, para resgatar a informação contida nas altas luzes do céu (assinalado a laranja), definiu-se um ajuste de -100 em Highlights[6], o que tornou a luminosidade do céu mais próxima à do reflexo, tal como se havia testemunhado visualmente na altura do registo. Para compensar a falta de contraste provocada pelos fortes ajustes em Shadows e Highlights, aplicou-se um ajuste de +20 em Contrast[7]. Como se pode comprovar, é considerável a melhoria obtida ao nível da exposição com apenas três ajustes (assinalados a vermelho), mas existem outras questões técnicas que carecem de uma correcção.

---

[3] Ver **Modos de processamento (Process)**, p. 73.
[4] Ver **Histograma (Histogram)**, p. 92.
[5] Ver **Sombras (Shadows)**, p. 109.
[6] Ver **Realces (Highlights)**, p. 105.
[7] Ver **Contraste (Contrast)**, p. 103.

[8] Ver **Antes/Depois (Before/After)**, p. 265.
[9] Ver **Ajuste do equilíbrio de brancos (White Balance)**, p. 84.

05. Concentrando a atenção na fachada do edifício central, e activando o modo Antes/Depois[8], torna-se evidente uma dominante de magenta (exemplo assinalado a castanho), a qual poderá ser atenuada através de um ajuste do equilíbrio de brancos[9]. Visto que a cor complementar do magenta no círculo de cores digital é o verde, então optou-se por efectuar um ajuste de -25 em Tint (assinalado a vermelho). Ou seja, o ponteiro foi movido para a esquerda, lado em que o fundo da barra é verde, fazendo com que a introdução de verde na imagem anulasse a dominante de magenta até um ponto aceitável (exemplo assinalado a azul).

06. Uma vez reduzida a dominante de magenta, o caminho ficou aberto para efectuar outros ajustes ao nível das cores. Assim, ainda na secção Basic, começou por se definir um ajuste de +30 em Vibrance[10] (assinalado a vermelho), saturando de forma inteligente e sem demasiada intensidade as cores presentes na imagem. Visto que o algoritmo subjacente à ferramenta Vibrance evita a sobressaturação das cores mais próximas do laranja, recorreu-se à ferramenta HSL no modo Saturation para intensificar especificamente os laranjas do céu, aplicando um ajuste de +15 em Orange e de +2 em Red (assinalado a verde). Através do trabalho combinado das ferramentas Vibrance e HSL conseguiu-se uma reprodução de cor muito próxima daquela que se observou no momento do registo.

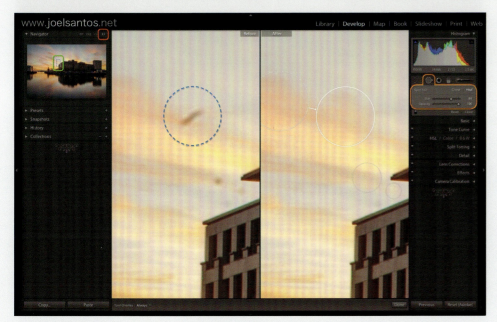

07. Evoluindo agora para correcções mais pormenorizadas, activou-se o modo de visualização 2:1 (assinalado a vermelho), para que a imagem pudesse ser escrutinada com o máximo de atenção. Assim, ao percorrer a imagem, arrastando o pequeno rectângulo existente na secção Navigator (assinalado a verde), rapidamente se encontraram múltiplas manchas de pó. Para eliminar este problema, activou-se a ferramenta Spot Removal[11] (assinalada a laranja) e clicou-se sobre as várias dezenas de manchas causadas pelo pó depositado no sensor de imagem (um exemplo assinalado a azul), ajustando a dimensão do círculo de correcção (Size) em função do seu tamanho.

[10] Ver **Vibração (Vibrance)**, p. 156.
[11] Ver **Remoção de manchas (Spot Removal)**, p. 213.

[12] Ver **Aberrações cromáticas e franjas de cor (Lens Corrections – Color)**, p. 224.

08. Enquanto se levava a cabo o processo de eliminação das manchas na imagem, e dada a ampliação de 2:1 anteriormente definida, facilmente se detectou a presença de aberrações cromáticas e franjas de cor[12] (dois exemplos assinalados a castanho), especialmente nas zonas de alto contraste mais próximas dos cantos da imagem (assinalado a vermelho). Para eliminar este problema óptico, activou-se a opção Remove Chromatic Aberration, presente no modo Color da secção Lens Corrections (assinalada a verde). Apesar da elevada eficácia desta última opção, restaram algumas franjas de cor que, para serem eliminadas, necessitaram de um ajuste complementar em Purple Hue (que passou de 30/70 para 30/87), definindo 6 em Amount. O resultado patente na imagem da direita mostra a eficácia combinada dos ajustes aplicados.

09. Passando agora para o modo Profile da secção Lens Corrections, activou-se a opção Enable Profile Correction (assinalada a vermelho), fazendo com que o Lr detectasse automaticamente a objectiva usada para fotografar – neste caso, uma Canon EF 24-105 f/4 L IS USM, como surge especificado em Model (assinalado a azul). Em função das características ópticas desta objectiva, foi aplicado um perfil de correcção[13] adequado, corrigindo a vinhetagem[14] (assinalada a amarelo) e a distorção óptica[15] existente a 24mm (foi esta distância focal usada nesta fotografia, conforme se pode comprovar nos dados técnicos inscritos imediatamente abaixo do histograma, assinalado a laranja).

[13] Ver **Perfis de correcção** (Lens Corrections – Profile), p. 221.
[14] Ver **Correcção da vinhetagem** (Lens Corrections – Lens Vignetting e Effects – Post-Crop Vignetting), p. 237.
[15] Ver **Correcção das distorções** (Lens Corrections – Transform – Distortion), p. 230.

[16] Ver **Filtros em gradiente (Graduated filtre) – ajuste da exposição**, p. 137.

10. Depois dos ajustes da exposição definidos no passo 04 e das correcções ópticas definidas no passo anterior, verificou-se que subsistia uma diferença de luminosidade entre o céu (mais claro) e o reflexo (mais escuro). Para conseguir equilibrar a exposição entre essas duas áreas, mas sem afectar o que já foi conseguido anteriormente, activou-se a ferramenta Graduated Filtre[16] (assinalada a vermelho). Depois, 'desenhou-se' um filtro de baixo para cima (assinalado a laranja) e com uma área de transição reduzida e posicionada sobre a linha de horizonte, definindo +0.36 em Exposure (para aclarar o reflexo) e +64 em Contrast (para aumentar a tridimensionalidade das nuvens reflectidas). Complementarmente, clicando em New (assinalado a azul), criou-se um segundo filtro, desta vez 'desenhado' de cima para baixo, mas fazendo com que também ele fosse coincidente com a linha de horizonte e que possuísse uma área de transição reduzida. Por fim, neste último filtro, definiram os seguintes ajustes (assinalados a verde): -40 em Highlights (para reduzir a luminosidade das altas luzes) e +15 em Contrast (para aumentar ligeiramente o 'volume' das nuvens).

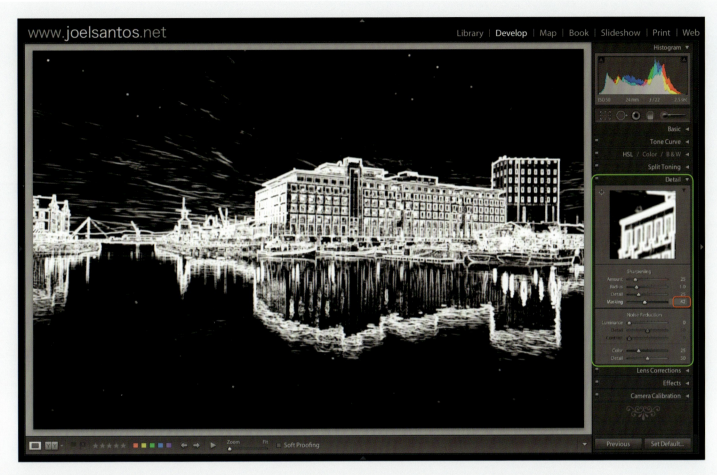

11. Já perto de chegar a um resultado final, falta ainda um ajuste essencial ao nível da nitidez. Visto que as zonas mais ricas em detalhes estão concentradas nas estruturas edificadas, importa proteger as restantes partes da fotografia, nomeadamente o céu e grande parte do reflexo, da degradação que um aumento de nitidez provocaria nessas áreas. Como tal, na secção Detail (assinalada a verde), começou por se movimentar o ponteiro de ajuste Masking[17], deixando a tecla Alt sempre pressionada, activando dessa forma um modo de visualização alternativo. Quando o valor de Masking atingiu 42 (assinalado a vermelho) a máscara mostrava que apenas as zonas a branco seriam alvo de um ajuste de nitidez (edifícios e respectivos contornos reflectidos na água), estando as áreas a negro protegidas (céu e grande parte do reflexo). Como nota de curiosidade, são visíveis vários pontos brancos espalhados pelo céu e pelo reflexo – estes correspondem a manchas que não foram devidamente eliminadas no passo 07, pelo que é recomendável usar novamente a ferramenta Spot Removal nas áreas negligenciadas[18].

[17] Ver **Controlo da nitidez – Máscara (Sharpening – Masking)**, p. 184.

[18] Ver mais sobre esta estratégia para identificação de manchas indesejadas na imagem em Remoção de manchas (Spot Removal), mais concretamente na dica **Descubra as manchas de pó mais imperceptíveis**, p. 216.

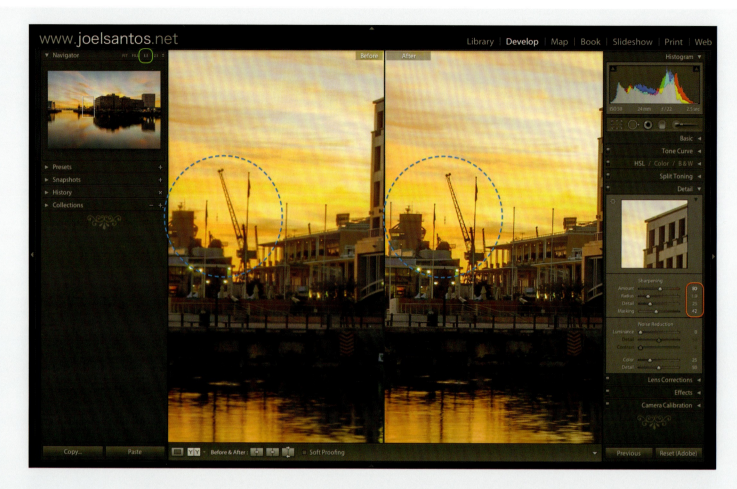

[19] Ver **Aumento da nitidez – Quantidade** (Sharpening – Amount), p. 175.

[20] Ver **Aumento da nitidez – Raio** (Sharpening – Radius), p. 178.

[21] Ver **Controlo da nitidez – Detalhe** (Sharpening – Detail), p. 181.

12. Depois de definida a máscara ideal e de garantir que se está a usar o modo de visualização 1:1 (assinalado a verde), resta aumentar o ajuste predefinido em Amount[19] (25), para que o algoritmo de aumento de nitidez se faça sentir, mas sem nunca ultrapassar o ponto a partir do qual existe uma degradação da qualidade de imagem. Neste caso, o ponto de equilíbrio foi conseguido com um ajuste de 80 em Amount, não operando qualquer ajuste em Radius[20] ou Detail[21] (assinalados a vermelho). Tomando como referência a zona da grua (assinalada a azul), é evidente o ganho de nitidez nessa estrutura, mas sem qualquer deterioração na área correspondente ao céu.

13. Dando por concluídos os ajustes basilares, resta comparar as substanciais diferenças entre a imagem no seu estado inicial (imagem da esquerda) e o resultado obtido (imagem da direita), não esquecendo os ajustes pormenorizados que foram efectuados e que, embora não sejam visíveis neste modo de visualização mais abrangente (Fit), são importantes para outros potenciais usos (impressão em grandes formatos, publicação numa revista, entre outros).

[22] O ficheiro de imagem original não possui coordenadas geográficas inseridas nos seus metadados, pois a câmara com que foi registada a fotografia não possuía sistema de GPS integrado ou externo.

[23] Esta operação requer que o computador em que se está a usar o Lr possua uma ligação à Internet activa, para que o programa aceda ao ao serviço Google Maps.

14. Como derradeiro passo, embora o tema não tenha sido explorado neste livro, poder-se-á fazer uma incursão no módulo Map (assinalado a vermelho), com o objectivo de georreferenciar esta imagem[22]. Assim, sabendo que a foto foi realizada na Cidade do Cabo, África do Sul, bastará digitar o nome da cidade na barra de pesquisa (assinalada a verde) ou, para um maior rigor, inserir nessa mesma barra as coordenadas 33°54'28" S 18°25'17" E, pressionado a tecla Enter para que surja o mapa da zona em questão[23]. Depois, será necessário clicar com o botão direito do rato sobre uma secção do mapa, fazendo aparecer um pequeno menu com a opção Add GPS Coordinates to Selected Photos (assinalada a magenta). Como consequência, as coordenadas serão inseridas nos metadados da imagem, conforme se pode verificar no campo GPS da secção Metadata situada no painel direito do Lr (assinalado a azul). Ao passar o rato sobre o pequeno ícone laranja (assinalado a laranja) surgirá a previsualização da foto georreferenciada, uma funcionalidade útil quando existe um elevado número de fotografias georreferenciadas e se pretende descobrir quais são as imagens 'anexadas' a um determinado ponto no mapa.

Os catorze passos que constituíram o caso prático aqui demonstrado são apenas uma amostra das possibilidades de edição de imagem mais correntes, mas que certamente marcarão uma considerável diferença na maioria das fotografias.

De facto, como se referiu no início deste capítulo, as imagens nem sempre exigem que se faça uso de todas as ferramentas disponíveis no Lr ou ACR, o que se confirmou com esta fotografia. Por exemplo, não se mostrou necessário qualquer ajuste ao nível da redução de ruído[24] e, por opção criativa, não se enveredou pelo uso de ferramentas como a Black & White[25] ou Split Toning[26]. No entanto, o leitor está convidado a testar outras ferramentas e outros ajustes, chegando a um resultado que seja mais do seu agrado.

Legenda: Algumas sugestões adicionais para edição da imagem usada no caso prático.

[24] Ver **Redução de ruído (Noise Reduction)**, p. 203.
[25] Ver **Preto-e-branco (Black & White) e Grão (Grain)**, p. 255.
[26] Ver **Preto-e-branco (Black & White) e Tonalização Dividida (Split Toning)**, p. 261.

Anexo

Particularidades dos formatos RAW, JPEG e DNG, analisadas em função das especificidades da exposição digital — 352

Bali, Indonésia
Canon EOS 5D Mark II
1/60 sec; f/5.6; ISO 800
Dist focal: 105 mm

Particularidades dos formatos RAW, JPEG e DNG, analisadas em função das especificidades da exposição digital

Ao usar uma câmara fotográfica digital como meio para fazer fotografias, e sabendo que a edição de imagem é uma extensão natural do processo fotográfico, é crucial deter um bom entendimento acerca das especificidades da exposição digital. As razões são simples e cruas: o que não for registado no terreno, não poderá ser usado em pós-produção; e o que ficar ineficazmente registado no terreno, levantará problemas em pós--produção e condicionará fortemente os resultados.

Tendo estas noções primordiais em mente, a primeira decisão a ser tomada no terreno reside na escolha do formato de ficheiro de imagem – ou seja, JPEG ou RAW? Se os resultados em pós-produção estão dependentes da quantidade de informação registada no momento da exposição, então o formato RAW é o único que garante que a informação disponível se encontra maximizada. Com efeito, um ficheiro no formato RAW contém a informação registada pelo sensor de imagem, sem que esta esteja processada como acontece num JPEG. Tanto assim é que, para obter uma imagem finalizada, os ficheiros RAW necessitam de ser processados por um programa que os consiga interpretar, como o Lr ou o ACR. Fazendo uma analogia tradicional, o formato RAW é o equivalente digital do negativo em filme, o qual também precisava de ser revelado para, numa fase seguinte, se obter a fotografia finalizada.

Antes de desenvolver de uma forma mais concreta as vantagens do formato RAW, que excedem sobremaneira o que as linhas acima deixam antever, importa conhecer os motivos que têm levado a uma certa resistência na sua adopção generalizada. Na verdade, cada fotógrafo apresentará as suas razões, mas, tipicamente, resumem-se às seguintes:

1) os ficheiros RAW necessitam de ser processados, implicando o uso de programas específicos, bem como de um investimento em tempo e aquisição de conhecimentos para levar a cabo esse processo;

2) os ficheiros RAW ocupam mais espaço do que os ficheiros JPEG, obrigando a usar cartões de memória de grande capacidade e com uma considerável velocidade de leitura/escrita, já para não mencionar nas exigências que colocam ao nível do armazenamento em disco;

3) os ficheiros RAW são pouco universais, sobretudo porque as diversas marcas e modelos de câmaras apresentam formatos diferentes e proprietários (.CRW e .CR2 na Canon, .NEF na Nikon, .ORF na Olympus, entre outros), limitando o seu uso generalizado por qualquer outro utilizador, que precisará sempre de um programa apropriado para os abrir e usar.

Certamente existirão outros argumentos que condicionem o uso generalizado dos ficheiros RAW, mas os três apresentados são, actualmente, facilmente contestáveis. De facto, começando pelo primeiro ponto, graças a programas como o Lr e o ACR, nunca o processo de edição de ficheiros RAW foi tão fácil, intuitivo, rápido e entusiasmante, estando longe da complexidade oferecida pelas interfaces e menus impenetráveis de outros programas. Passando para o segundo ponto, nunca o custo por megabyte foi tão baixo, mesmo em cartões de memória ou discos de armazenamento com um bom desempenho de leitura/escrita, não sendo preciso um investimento avultado para cobrir as necessidades médias de espaço para guardar imagens. Por fim, relativamente ao terceiro ponto, também graças à generalização de programas como o Lr e ACR, deixou de ser difícil abrir um ficheiro RAW e, sem grande complexidade e em caso de necessidade, transformá-lo num formato mais universal como o JPEG, mas sem se ficar confinado à priori pelas restrições qualitativas deste último.

Uma vez assinaladas as possíveis desvantagens do formato RAW, importa agora analisar com maior detalhe as suas significativas vantagens, enquadrando-as nas especificidades da exposição digital, um pormenor vital para que se possa extrair o máximo potencial de uma fotografia.

Como é processada a informação: RAW vs JPEG

Não só a quantidade de informação registada é diferente quando se compara o formato RAW com o JPEG, um tema que se aprofundará adiante, mas também a forma como a informação é tratada no momento em que estes ficheiros de imagem são criados pela câmara fotográfica.

Assim, quando se fotografa no formato JPEG, a informação registada pelo sensor será processada em função das definições de imagem configuradas na câmara fotográfica, sendo aplicados ajustes de exposição, contraste, nitidez, saturação, equilíbrio de brancos, entre outros. Este processo é levado a cabo pelo processador de imagem, que actua como uma espécie de programa de edição de imagem no seio da câmara fotográfica, alterando de forma homogénea e irreversível a informação registada originalmente.

Quando se opta pelo uso do formato RAW, todo o processo de edição de imagem transita para o fotógrafo, o qual deverá recorrer a um computador com um programa como o Lr para aplicar os mais diversos ajustes. Os benefícios desta opção são vastos, já que todo o processo é controlado pelo utilizador, o qual poderá modificar as definições de imagem anteriormente configuradas na câmara como se estivesse no terreno, com a vantagem de o poder fazer de forma selectiva e localizada, verificando o seu efeito em tempo real no ecrã do computador. Por fim, uma vez que a informação contida no ficheiro RAW não é tocada no processo de conversão, este poderá ser processado múltiplas vezes e de variadas formas, permitindo atingir resultados completamente distintos.

Legenda: Diagrama ilustrativo sobre a forma como a informação registada pelo sensor de imagem é processada pela câmara fotográfica em função do formato de ficheiro de imagem escolhido – RAW ou JPEG.

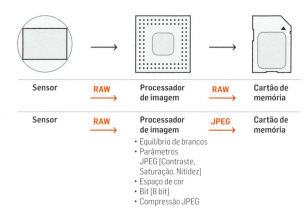

- Equilíbrio de brancos
- Parâmetros JPEG (Contraste, Saturação, Nitidez)
- Espaço de cor
- Bit (8 bit)
- Compressão JPEG

Preservação da informação registada: RAW vs JPEG

Como ficou explícito anteriormente, a quantidade de informação disponível ditará a qualidade dos resultados finais, sendo que, frequentemente, um ficheiro de imagem poderá ser alvo de pós-produção mais do que uma vez. Assim, será importante escolher o formato de ficheiro que melhor consiga preservar a informação à medida que é trabalhado pelos programas de edição de imagem.

No caso do JPEG, este formato é conveniente por ser universal e ocupar pouco espaço. Porém, para que esta última característica seja possível, a informação originalmente registada precisa de ser comprimida e, durante esse processo, parte da informação é descartada, sendo que quanto maior for a compressão, maior será a perda de informação e, consequentemente, menor será a qualidade de imagem. Como tal, para além da perda de informação existente no momento da criação do JPEG pela câmara, voltarão a existir novas perdas sempre que esse ficheiro seja aberto, trabalhado e gravado num programa de edição, levando a uma degradação substancial da informação original[1].

Quanto ao formato RAW, depois de criado pela câmara fotográfica este só pode ser lido, pelo que nunca perderá a informação relativa à imagem originalmente nele inscrita. Adicionalmente, no momento em que um ficheiro RAW é convertido para um ficheiro de imagem tradicional, existe a possibilidade de optar pelos formatos TIFF ou PSD, os quais não envolvem um processo de compressão que origine perda de informação, independentemente do número de vezes que são abertos e gravados[2].

[1] Os processos de compressão que originam uma perda de informação são muitas vezes apelidados de '*lossy*', um termo inglês que surge por oposição à designação '*lossless*', que descreve processos de compressão em que não existe perda de informação.

[2] No seguimento da nota anterior, estes formatos de ficheiros de imagem são considerados *lossless*, pois não implicam compressão com perda de informação.

Legenda: A metade esquerda da imagem exibe os efeitos prejudiciais da compressão JPEG, visíveis através das 'bandas' presentes no céu e da perda do detalhe fino da paisagem nevada. A degradação será tanto mais acentuada quanto maior for o nível de compressão e quantas mais vezes o ficheiro for aberto-alterado-gravado.

Redefinição das configurações originais: RAW vs JPEG

Na sequência do que foi já referido, nomeadamente no que diz respeito à forma como a informação é processada em função do formato de ficheiro escolhido, importa sublinhar o facto de o formato RAW permitir a redefinição de algumas das configurações estabelecidas originalmente na câmara. Entre essas merecem ser destacadas duas: equilíbrio de brancos e a conversão para preto-e-branco.

Quanto ao equilíbrio de brancos, ao fotografar em JPEG este é aplicado ao ficheiro de imagem, condicionando a representação das cores de uma forma bastante rígida. Assim, no caso de se ter escolhido uma predefinição de equilíbrio de brancos incorrecta, apenas restará a esperança de corrigir os desvios de cor em pós-produção, mas sem qualquer garantia acerca da qualidade final da imagem. Já quando se fotografa em RAW, o equilíbrio de brancos poderá ser modificado à posteriori, tal como se essa acção fosse levada a cabo *antes* da fotografia ter sido feita, sem qualquer penalização ao nível da representação das cores. Mais ainda, a temperatura de cor poderá ser ajustada em valores Kelvin (K), com uma precisão inatingível por qualquer predefinição de equilíbrio de brancos existente numa câmara fotográfica.

Outra das definições de imagem mais comuns é o modo de fotografia monocromática, muitas vezes associada às imagens a preto-e-branco. Se esta opção for activada quando se usa o formato JPEG, então toda a informação de cor será descartada pela câmara fotográfica de forma irreversível, condicionando fortemente o trabalho dos tons em pós-produção, além de ser perdida a hipótese de aproveitar a imagem a cores para outra finalidade. No entanto, quando se usa o formato RAW, não só a opção de fotografia monocromática é totalmente reversível (ou seja, é possível reaver a imagem a cores), como toda a informação de cor poderá ser usada para trabalhar de forma avançada os tons monocromáticos da imagem.

Quantidade de tons/informação: RAW vs JPEG

Regra geral, a qualidade de imagem está correlacionada com a quantidade de tons que a câmara fotográfica digital é capaz de registar. Nesse contexto, a maioria dos equipamentos permite registar fotografias a 12 ou a 14 bit, sendo que a quantidade de tons gravados aumenta exponencialmente à medida que o valor em bit cresce.

No caso do formato JPEG, os ficheiros de imagem são de 8 bit, o que significa que cada canal de cor só poderá conter 256 tons (ou seja, 2^8 tons), perfazendo um total de 16,7 milhões de cores possíveis em cada píxel (ou seja, 256^3 cores, considerando os três canais de cor –RGB). Este último número poderá parecer impressionante, mas é consideravelmente inferior ao apresentado por um ficheiro RAW de 12 bit, já que cada canal de cor poderá conter 4096 tons (ou seja, 2^{12}), perfazendo um total de 68,7 mil milhões de cores possíveis por cada píxel (ou seja, 4096^3).

Deixando de lado a calculadora, os resultados apurados significam que um JPEG não é capaz de guardar tantos tons como um RAW. Assim, numa câmara que consiga registar fotografias a 12 bit, vários milhões de tons serão irremediavelmente perdidos quando se grava uma imagem em JPEG, o que nunca aconteceria com um ficheiro RAW. Em termos práticos, este menor número de tons revela-se problemático na fase de pós-produção, pois as variações induzidas pelos ajustes, sobretudo ao nível da exposição e das cores, resultarão em gradações tonais pouco suaves, dando origem a fenómenos como o da posterização.

Assim, para precaver a perda de tons e maximizar as possibilidades de pós-produção, deverá definir-se o formato RAW na câmara. Já no computador, depois de aplicados os ajustes necessários, o formato RAW poderá ser convertido noutros formatos, nomeadamente 16 bit, que não impliquem perda de informação ao serem abertos, gravados ou comprimidos. Para este efeito, as soluções típicas são os formatos TIFF e PSD, mas, admitindo que todo o processamento ocorre no seio do Lr ou do ACR, o formato DNG será a melhor opção, como se demonstrará adiante.

As especificidades da exposição digital

Todas as características dos formatos JPEG e RAW abordadas até agora devem ser enquadradas pelas especificidades da exposição digital, pois só assim se perceberá melhor a sua pertinência, nomeadamente quando se procura extrair o máximo potencial de uma imagem.

Assim, como ponto de partida, importa notar que a maioria das câmaras fotográficas digitais permitem activar avisos de sobreexposição, os quais, tipicamente, surgem a piscar sobre a imagem, mostrando as áreas em que as altas luzes ficaram comprometidas, ou seja, as zonas em que a informação tonal foi perdida/cortada. A simples presença desta funcionalidade mostra como, no âmbito da exposição digital, é crucial evitar a perda de informação nas altas luzes, pois, quando tal verdadeiramente acontece, não há forma de a recuperar.

Para evitar o problema das altas luzes sobreexpostas (picos de informação na parte direita do histograma[3]), a solução parece passar por, deliberadamente, provocar uma subexposição no momento em que a fotografia é registada, aclarando depois as zonas escurecidas na fase de pós-produção. Todavia, existe um problema nesta abordagem, pois, à medida que se aplicam ajustes de exposição para aclarar uma parte ou a totalidade da imagem, começará a surgir ruído digital nas zonas registadas como sombras (parte esquerda do histograma[4]). Tal acontece porque a intensidade do sinal registado pelos fotocaptores existentes no sensor de imagem é bastante fraco nas zonas menos luminosas, criando ruído de luminância (frequentemente designado por 'grão') e de crominância nas zonas de sombra[5].

Chega-se, assim, a um impasse: por um lado não convém cortar as altas luzes (pois existe perda de informação), mas, por outro lado, não se deve subexpor demasiadamente uma fotografia (já que, para além de também se perder informação, será gerado mais ruído digital, comprometendo a qualidade de imagem). Para resolver este problema a solução passará por maximizar a quantidade de informação registada pela câmara, o que, inevitavelmente, está relacionado com a exposição realizada. No âmbito da fotografia digital, a melhor forma de analisar a exposição é o histograma, pelo que importa perceber como é que a quantidade total de tons registados[6] se encontra distribuída neste tipo de representação gráfica.

Assim, assumindo que a gama dinâmica[7] registada por uma câmara corresponde a cinco *stops*, este pressuposto traduzir-se-ia num histograma dividido em cinco partes, cada uma delas correspondente a um *stop*, como se mostra na figura seguinte.

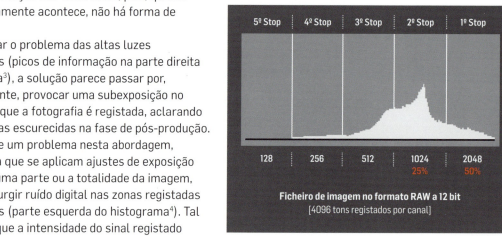

Ficheiro de imagem no formato RAW a 12 bit
[4096 tons registados por canal]

[3,4] Para uma melhor compreensão dos histogramas, é fortemente aconselhável a leitura do subcapítulo **Histograma (Histogram)**, p. 92.
[5] Para mais informação sobre o ruído digital de luminância e de crominância, sugere-se a leitura do capítulo **Redução do Ruído Digital**, p. 202.
[6] Não confundir quantidade total de tons registados, com a quantidade de píxeis (eixo vertical do histograma) existente para um dado nível de luminosidade (eixo horizontal do histograma). Ver **Histograma (Histogram)**, p. 92.
[7] Gama dinâmica é um termo que descreve o rácio entre a medição da intensidade máxima (branco) e mínima (preto) da luz registada (neste caso, por uma câmara fotográfica). Mais sobre gama dinâmica em http://www.cambridgeincolour.com/tutorials/dynamic-range.htm

A análise da exposição obtida por essa câmara fotográfica[8] iria mostrar que o primeiro *stop* representado no histograma, aquele que contém os tons mais brilhantes, possui 50% de todos os valores tonais registados. Assim, retomando o que já foi referido acerca dos ficheiros RAW a 12 bit, tal significa que metade da quantidade de tons registados por canal – neste caso 4096/2 = 2048 – estão concentrados num quinto dos píxeis mais brilhantes registados – isto é, no lado direito do histograma, no primeiro *stop*. Assim, novamente com a ajuda da figura anterior, percebe-se que a quantidade de tons registados em cada *stop* decresce linearmente, sendo que o quinto *stop* (o que contém os píxeis menos brilhantes, posicionado no lado esquerdo do histograma) contém um máximo de 128 tons. Resumindo, ao subexpor uma fotografia em apenas um stop serão perdidos metade de todos os tons passíveis de serem registados – neste exemplo, os já referidos 2048 tons.

Em suma, cruzando o conhecimento sobre esta especificidade da exposição digital, com o entendimento do histograma e com as particularidades dos ficheiros RAW, chega-se a uma conclusão final: deverá procurar expor-se uma fotografia de forma a que o seu histograma fique o mais à direita possível, mas sem nunca provocar uma sobreexposição das altas luzes (ou seja, sem cortar informação nas altas luzes, criando um pico de informação encostado à margem direita do histograma). Se este pressuposto for cumprido, mesmo que a imagem pareça demasiado clara, a sua luminosidade poderá ser ajustada em pós-produção, mas com a garantia que foi registada a máxima quantidade de valores tonais e que a presença de ruído digital foi minimizada.

Como nota final, numa interpretação mais avançada do histograma, este pressuposto criado para o histograma de luminância poderá (e muitas vezes deverá) ser aplicado ao histograma de RGB (o qual mostra, em três gráficos separados, a quantidade/luminosidade dos píxeis por cada um dos três canais de cor). Aliás, o histograma RGB tem a vantagem de não ocultar problemas de sub ou sobrexposição num dado canal, algo que, por vezes, surge camuflado no histograma de Luminância, o qual é uma espécie de média dos três gráficos do histograma RGB.

A validade do formato JPEG

Dada a quantidade de vantagens inerentes ao formato RAW, pode surgir uma dúvida bastante pertinente: será o JPEG um formato com pouco interesse? Numa palavra, a resposta é: não.

A versatilidade, universalidade e reduzida dimensão de um JPEG são trunfos que não podem ser ignorados, especialmente quando o objectivo fotográfico não requer a máxima qualidade ou quando não existe outra alternativa. De facto, se no cartão de memória restar espaço para apenas um punhado de fotografias em RAW, então fotografar em JPEG pode permitir algo muito mais importante do que a qualidade de imagem: registar um momento que, por natureza, será irrepetível. Mais ainda, se existir urgência na partilha de uma imagem ou se o número de fotografias feitas em rajada é crucial, novamente não existem dúvidas de que o JPEG é uma boa opção.

Adicionalmente, se as definições de gravação do JPEG forem as melhores (máxima resolução da câmara fotográfica, com um mínimo de compressão), se a exposição for bem conseguida no terreno e se o equilíbrio de brancos estiver correcto, então o ficheiro resultante poderá não necessitar de ajustes significativos e ser perfeitamente utilizável, inclusivamente para impressões de alta qualidade e de grande dimensão.

Ainda assim, para quem procura o melhor resultado possível, escolher o formato RAW é um passo incontornável. Salvaguardadas as devidas diferenças, seria como optar entre possuir o negativo de uma fotografia (o RAW) e a impressão em papel dessa mesma fotografia (o JPEG). Muito

[8] Mais informação sobre este tipo de análise em http://www.luminous-landscape.com/tutorials/expose-right.shtml

simplesmente, não existe comparação possível entre a quantidade de informação disponibilizada por um RAW face à que é oferecida por um JPEG, logo, desde que devidamente processado, o RAW permitirá obter resultados substancialmente superiores, tirando o máximo partido das ferramentas existentes no Lr, no ACR e, consequentemente, no Ps. Além disso, um RAW poderá ser sempre convertido num JPEG, mas o contrário não.

Seja como for, existe um lugar próprio para cada formato, pelo que, em caso de dúvida, poder-se-á sempre definir a câmara para registar simultaneamente as imagens em RAW e JPEG, tirando partido do melhor dos dois mundos.

Uma palavra final: o formato DNG

Na sequência do que já foi mencionado, apesar de possuir uma mesma designação, o formato RAW varia consoante a marca e o modelo da câmara usada, uma das razões que condiciona a sua universalidade. Adicionalmente, no caso de uma dada versão do formato RAW não ser suportada por alguns programas de edição de imagem, então não se poderá abrir e trabalhar esse ficheiro.

Com estas preocupações em mente, a Adobe criou um novo tipo de formato RAW – o DNG, como diminutivo de Digital Negative –, o qual é nativamente suportado por diversos programas pertencentes ao ecossistema da Adobe, nomeadamente o Lr e o Ps (através do ACR). Visto que são raras as câmaras fotográficas que gravam uma fotografia directamente no formato DNG, existe a possibilidade de os ficheiros RAW serem convertidos para DNG na fase de importação ou de exportação no Lr, bem como através de um programa de conversão independente, o Adobe DNG Converter[9]. Uma vez convertido o ficheiro RAW para o formato DNG, este último retém todas as propriedades do primeiro[10], mas apresenta algumas vantagens significativas, para além da sua maior universalidade.

Assim, em primeiro lugar, o formato DNG permite que sejam gravados metadados directamente no ficheiro de imagem, evitando o uso dos ficheiros XMP (sidecar) que andam de mãos dadas com os ficheiros RAW tradicionais apenas para cumprir o desígnio de guardar metadados. Como se pode calcular, o inconveniente de gerir dois ficheiros (RAW+XMP) é substancialmente superior ao de gerir apenas um ficheiro DNG, além da possibilidade de os ficheiros XMP se perderem, por exemplo, durante as habituais tarefas de organização dos discos de armazenamento.

[9] O Adobe DNG Converter poderá ser obtido gratuitamente em *http://www.adobe.com/downloads/*

[10] Caso haja alguma 'desconfiança' relativamente ao facto de a conversão RAW-DNG não implicar uma perda da informação original, existe a possibilidade de o DNG (ele próprio um ficheiro RAW) conter o RAW original (aquele que foi criado pela câmara fotográfica). Neste caso, como seria expectável, o DNG ocupará, no mínimo, o dobro do espaço de um DNG tradicional.

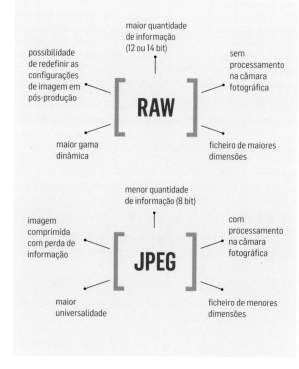

Legenda: Características associadas aos formatos JPEG e RAW.

Em segundo lugar, no seguimento do que foi mencionado no parágrafo anterior, os DNG podem preservar os ajustes efectuados através do Lr[11] ou ACR, inclusivamente diversas versões desses ajustes quando se recorre aos Snapshots[12]. Deste modo, admitindo que uma imagem não precisa de ser editada fora do Lr ou ACR, o DNG evita que se recorra aos formatos TIFF e PSD como forma de armazenamento das imagens finalizadas[13]. Neste caso, não só o espaço poupado em disco será considerável, como o DNG contém mais informação que o TIFF (pois o DNG é, na prática, um ficheiro RAW, que contém toda a informação originalmente registada pela câmara fotográfica).

Por fim, em terceiro lugar, o processo de conversão RAW ▸ DNG optimiza a informação contida no RAW original, fazendo com que o DNG resultante ocupe um pouco menos de espaço em disco. Todavia, importa deixar bem claro, esta poupança não acontece por ter sido descartada informação, mas sim porque foi possível comprimir os dados sem comprometer a integridade dos mesmos[14] – tal como acontece quando se comprime um documento de texto através do método de compressão zip, o qual nunca implicará uma alteração/perda do texto quando o ficheiro de arquivo vier a ser descomprimido.

A opção pelo formato DNG caberá a cada fotógrafo, mas as vantagens inerentes merecem total consideração, sendo que o único prejuízo evidente reside no tempo consumido no processo de conversão RAW ▸ DNG, o qual, dependendo do computador e da velocidade do cartão/disco, poderá tomar um par de segundos ou mais por cada RAW convertido.

---

[11] Ver **Gravação de Metadados para o Ficheiro de Imagem**, p. 299.
[12] Ver **Instantâneos (Snapshots)**, p. 282.
[13] Ver dica **Arquive as imagens no formato DNG**, p. 318.
[14] Ou seja, o DNG também é um formato *lossless*, tal como explicado em nota anterior, a propósito do tema 'Como é processada a informação: RAW vs JPEG' presente neste mesmo anexo.